COLLOQUE 76:   VOLTAIRE

ACTS OF THE EIGHTH

COLLOQUIUM

organized by the

Department of French

The University of Western Ontario

Edited by Robert L. Walters

Published by the Department of French

London, Ontario: 1983

ISBN 0 7714 0431 X

To the memory of Ira Owen Wade

Table of Contents

Introduction

The eighth annual colloquium organized by the Department of French of the University of Western Ontario was devoted to Voltaire. After Bernanos, Baudelaire, Zola, Flaubert, Racine, the Modern Theatre, and the French-Canadian Novel we decided to honour Voltaire, as the bicentenary of his death approached. It also seemed an appropriate moment to honour Ira O. Wade, an important Voltaire scholar, who had begun his academic career in 1925 in the Department of Romance Languages at the University of Western Ontario. He remained only two years before returning to Princeton University, where he taught for almost forty years until his retirement in 1965.

After retirement Professor Wade got his second breath and had a further career as visiting professor in several universities and as author of four large volumes on Voltaire and the Enlightenment. There was Voltairian irony in the title he submitted for the paper that was to mark his return to Western: "Inventory: 1896 - 1976." These dates represented Ira Wade's own lifetime. He celebrated his eightieth birthday the week before he returned to London, Ontario, after a fifty-year absence. He wished to talk essentially about Voltaire studies during his own lifetime, from the time when Gustave Lanson was inspiring a generation of scholars to the close of Theodore Besterman's active career. Wade had met Lanson, he had found inspiration in his theories and example. He had lived through the New Criticism of the American critics of the thirties and fourties, on into explosion of Voltaire scholarship inspired in large degree by the work of the late Theodore Besterman: his critical edition of Voltaire's *Correspondence*, his founding of *Studies on Voltaire and the Eighteenth Century*, his fathering of the International Society for Eighteenth Century Studies.

We publish the texts of the Voltaire colloquium as submitted by the various contributors, which do not always correspond to the papers they presented orally. That is particularly true in the case of Professor Wade's. In departing from his manuscript and talking to us in his witty manner, his message was even clearer than it seems to me now in rereading his text. He still defended his own view of literary study that I heard in his seminars years ago. But he did not urge us to live in the past. New ages need new methods; old methods may not apply to the mass of new materials, books and articles Voltaire scholars now face. He asked the scholars who had come to hear him to look for new ways of dealing with Voltaire, new ways that do not ignore the past but rather seek to evolve beyond the past, to incorporate the worthwhile research of past scholars as well as their methodologies into new theories and methods. He spoke as a true descendant of Voltaire and Diderot, a son of the Enlightenment, situating himself between history and evolution. But the task could no longer be his. He could only make an inventory of the material he considered in need of a new synthesis.

The scholars who followed Professor Wade took a series of approaches. Some were involved in editing Voltaire texts for the *Oeuvres complètes*, important texts that had never been examined critically. Their papers are based in part on unknown variants to the *Examen important de Mylord Bolingbroke* and the *Eléments de la philosophie de Newton*. Reliable critical editions of all Voltaire wrote remains a need now about to be filled. Others examined Voltaire's reputation in the journals of the second half of the eighteenth century and his place in the medical scene of his age, thus deepening out knowledge of Voltaire in his century. Still others examine the sources for his literary works, the poems in the case of Professor Fleischauer, or the structure of the *contes* especially *Candide* in the case of Professors Macary and Sareil, the *Dictionnaire philosophique* in case of Professor Moureaux. Professor Pappas set out to modify the general view of Voltaire's attitude toward luxury.

The publication of this group of papers will, we hope, contribute to Voltaire scholarship, recognize the debt we owe to the Wades and Bestermans of our age and inspire others to undertake the task put to us by Ira Wade in his keynote address.

Colloque 76: Voltaire was made possible through a generous grant from the Canada Council and by grants from the Faculty of Arts of the University of Western Ontario and the Department of French. We express our thanks for this financial help. Funds from the Faculty of Arts are also making this volume possible. We express our special thanks to Dean John G. Rowe and to Professor Douglas Creighton, acting chairman of the Department of French at the time of the colloquium.

Robert L. Walters

INVENTORY: 1896 - 1976

By Ira O. WADE

        I would like to begin my search for the *meaning of things* with
a few cautious remarks about my position as an interested student in the
Enlightenment. I don't feel at all that my search for that meaning dif-
fers in nature from your own search for that same meaning. I would not
for an instant grant that fundamentally there is anything bizarre about
the search nor about the desire, nor probably about the result which seems
to me to be at times extremely meagre but certainly worth the effort and
the time. I confess that if I were forced to admit a serious weakness in
my own efforts, it would undoubtedly be that I have great liking for that
kind of logic where things appear to be continuous, consistent, and coherent. When these conditions appear, or, at least, when I think I can
recognize their appearance, I am at peace with the universe. I am inclined to apply to that situation the term *organic unity* signifying that,
in my opinion, all of the elements we have noted to bring out a set of
qualities in the subject at hand are also coherent, consistent and continuous, and finally, that the object as formed is, due to its *unity* and
its *livingness,* very acceptable. It is true that I don't often succeed
in making that point terribly clear. I find that at that moment of frus-
tration, I am inclined to revert to some sort of symbolism, such as the
Kafka remark: "to seize it like a little ball," or to quote the remark
dropped by a former choir-master at Princeton when a practice session was
not going very well, probably because it was the night before a *big* game
and the students' minds were busied with other matters. His remark was:
"Gentlemen, Gentlemen, sing it like a bunch of grapes."

        I not only often hide behind what I judge a *witticism* in the
eighteenth-century sense of the term as defined by my friend Voltaire in
the article *Esprit* in the *Dictionnaire philosophique*. I often take great
pains also to hide behind my present-day colleagues when I think they have
succeeded in making my meaning clear. Thus, as I reviewed this summer the
massive volumes of the *Studies on Voltaire and the Eighteenth Century,* I
would jot down such remarks as the few I wrote·here:

4

1. We should by all means look back at both 59 and 59[a]
   of *SVEC*: C. Kiernan: *The Enlightenment and science
   in eighteenth-century France*, 1973. It brings up
   the possibility of using science as a means of organizing the unity of thought in the Enlightenment.
   Then, too, the author refers to Roger and his *Sciences
   de la vie* which was also a thesis, and which also
   faced the same issue.

2. *SVEC* 60, pp. 109-200: R.H. Howells: *The Metaphysic
   of Nature:* basic values and their application in
   the social philosophy of Rousseau.

   Cf. My argument is that all the basic elements of
   Rousseau's philosophy are first expressed in the latter work (the *Inégalité*), and that it is to these
   elements that we must look in order to understand the
   purpose of *Emile,* the purpose of the *Contrat social,*
   and the relationship between them.

   IOW: This is a fairly explicit statement *re* "organic
   unity in J.J.R."

3. The shorter articles are, at times, concerned with
   this question of organic unity also. In *SVEC* 57,
   there is a "Rousseau and Nineteenth-century French
   Socialism" where the author seems to have fallen un-
   intentionally into the problem. J. Pappas: "Le
   Rousseauism de Voltaire" is led to consider the problem
   also. I should not overlook either H. Dieckmann's
   article in *SVEC* 55, 417 ff: "Diderot's Promenade du
   sceptique: a study in the relationship of thought and
   form."

   IOW: As a matter of fact, any study concerned with
   comparison, relationship, elements will likely be very
   much involved in the problem of organic unity.

   I wish I could tarry upon each of these articles along with others
I have jotted down for future refernce. I shall have to content myself,
though, with a direct quotation from two: one by Professor Starobinski and
the other by Professor Mortier. I have taken Starobinski's from a study in
the *Etudes sur le Contrat social de J.J.R.*, pp. 96-109:

Cf. p. 96: Il faut écouter Rousseau dans son système, tout se tient, tout est lié, tout découle de quelques grands principes. Nous voici obligés de concilier *Le Second Discours* et *Le Contrat*, là même où ils paraîtraient se contredire.

IOW: D'après Starobinski: "*Le Second Discours* est une philosophie de l'histoire; *Le Contrat* une théorie de droit politique." Donc, il accepte que le problème: "C'est de savoir si la philosophie de l'histoire et la philosophie politique de J.J. s'accordent l'une avec l'autre."

Here is his conclusion, p. 109:

La conscience achève ainsi de se percevoir comme une origine absolue, et l'automonie humaine, exprimée par la loi et par l'obéissance à la loi qu'on s'est prescrite, fonde un ordre où ce qui est *premier* n'est plus la torpeur heureuse de l'existence animale, mais l'éveil d'une liberté qui s'affirme en disant *nous*.

For Professor Mortier, whom we are very happy to have with us to-night, I have taken a short passage from his *Clartés et ombres du siècle des lumières*, 1969: p. 60:

En se définissant lui-même comme l'âge des lumières, le XVIIIe siècle s'est arrogé une position assez exceptionnelle dans la longue histoire de l'émancipation de l'esprit humain. Non seulement l'époque se posait par là comme une entité cohérente et organisée, mais elle s'assignait aussi une finalité particulière en s'affirmant par une opposition tranchée avec les périodes précédentes, tenues pour des âges d'erreur, de ténèbres et de préjugés.

I am going to venture at this point the remark that although Professors Mortier and Starobinski and myself are talking about three very distinct contents we are in reality reaching out to contact the very same thing as absolutely central to our work. And the reason for this common identity of purpose will be clear with a small quotation from Professor G. Gusdorf's *Traité de l'existence morale*, Conclusion:

Le temps personnel, l'histoire d'un homme a un sens d'en-semble. Elle s'organise comme une destinée. Des intentions maîtresses se trouvent en oeuvre qui animent nos comportements

> et justifient nos réactions dans les circonstances
> les plus diverses. Il y a, pour chaque vie person-
> nelle, une structure essentielle, principe dernier
> de regroupement, qui seul, nous rend intelligible,
> dans sa totalité, chacun des hommes qui nous en-
> tourent.

Since I have presumed upon your good nature by introducing myself
into the picture to the point of defending one of my *questionable principles*,
I wonder if you will be patient with me while I attempt to gather them all
together at this moment as a means of getting myself out of the way. I
promise to be brief. I not only proclaim my allegiance to this particular
principle of organic unity, I feel that it is our proper task to pursue it
as a goal whether we are concerned with a biography, a work of art, a key
word, the *Oeuvres complètes* of a very substantial writer, the philosophy of
a philosopher, the history of a movement of thought, the doctrine of a
period of thought, or the civilization of an epoch. I don't pretend to be
competent in all these areas. I merely accept as a rule of thumb that one
leads a life as he writes a book or even a masterpiece, or makes philosophy,
and when I slip as I often do, I admit that I have, as my students say about
me, *goofed*, and try again. Fortunately, there are more simple ways of proceeding, and certainly less pretentious, and I don't hesitate to adopt them.
For example, I lay a lot of emphasis upon the fact that an author himself
states what he is doing. I know several statements of this sort which seem
to me of consequence in the Enlightenment:

VOLTAIRE:	Je ramène tout à la morale. *Traité de Méta-physique.*
ROUSSEAU:	Tout tient à la politique. *Confessions.*
MONTESQUIEU:	Moeurs et lois. *Esprit des lois,* Book XIX.
DIDEROT:	La chose importante, c'est que vous et moi, nous soyons, et que nous soyons vous et moi ··· *Neveu de Rameau.*

We should try to remember that in the French Enlightenment people
are always seeking some satisfactory way of organizing life. They eventually
did so both technically and spiritually. The technical divisions of life
were: Religion, Politics, Morale, Economics, Esthetics, Science, Self. The
spiritual determination of life was guided by Reason - *l'Esprit humain* - the
power of the human mind to conjure up and organize ideas. This power is what
constantly enlarges life. We call that operation *moeurs,* and we add that
esprit plus ideas create *moeurs* and *laws* constantly try to put them - or keep
them - in order. Finally, the Enlightenment thought that a massive codifica-
tion of these things was necessary. As a consequence, we have the *Encyclopédie*
with Diderot's and D'Alembert's statements about its purpose.

I accept that the origin of the word is *En Kyklos païdeia* and I accept the definition: "A work in which all the current branches of knowledge are discussed separately and usually alphebetically, and then put together organically until they form a unity; a dictionary of things, not words." Obviously the important words are *branches of knowledge, things not words,* and this word *païdeia.* I suggest that for the moment we accept as its modern equivalent the term *civilization,* which appeared in the Enlightenment.

During the past twenty years, those of us interested in Voltaire and the Enlightenment have witnessed a phenomenal activity in that area with the result that we now have a hundred and seven volume edition of Voltaire's *Correspondence,* a hundred and fifty-five volume series of *Studies on Voltaire and the Eighteenth Century,* and still increasing in volumes every year, and now arrangements seem completed for producing a hundred and fifty volume edition of Voltaire's *Complete Works.* All of us would agree that much credit should be given to the genius of Mr. Theodore Besterman, the leader in all these enterprises. But credit should also go to all those, and they are many, who have contributed to this undertaking.

The problem I wish to explore here is the following: in general, do we have any notion of the ways in which all this new material is to be used? Can we make explicit statements which will bring out our desires or our intentions? Do we, in short, possess a critical methodology for the job which still lies ahead? And if perchance we don't, do we have the courage to get together for a bit and consider the possibilities?

These questions may be quickly asked. They are best answered in my opinion by quiet reflection and friendly discussion. We agreed, Professor Walters and myself, that I would do my best to invite that reflection and discussion. I would like to use the time allotted to me to present some organized thoughts on the critical methodology and epistemology of Wilhelm Dilthey and Professor Georges Gusdorf, who claims to be his successor. But first, with your permission, I would like to make some few further remarks about the new material with which we shall now be able to work, along with some cautious statements about the way we usually proceed when we are faced with situations of the sort. I suppose that we possess, although we don't often discuss them, certain ways of operating whenever we make an inventory and decide upon the best method of putting the material to the service of ourselves and our colleagues.

The *Studies on Voltaire and the Eighteenth Century* comprise practically all the kinds of work we ever undertake: the critical edition, the Ph. D. thesis, bibliographical studies, those of a historical, political, and aesthetic nature, those concerned with science, with history of ideas, with philosophy, with criticism in its more current sense, with political, social, moral, and economic thought. There is at least one volume (vol. 86: a very interesting one, in my opinion, since I am particularly interested in what might be called *the meaning of things*) comprising four different works intimately concerned with the organic meaning of the Enlightenment. And there are articles galore of all lengths and dealing with an untold number of aspects of eighteenth-century literature, art, thought and their origins in preceding periods. On some occasions, all of the papers presented at one

of the International Conferences are brought out together in four or more
volumes. I can assure you, now that I get around less easily than in the
past, it is a great joy to me to be able to have all this material assembled
as a unit and to study the way the thought and action of the Enlightenment
and the eighteenth century in Europe have been brought together in its
assumed organic unity.

During the past summer, I have used much of my time trying to get
more than a superficial acquaintance with all this massive work. I wanted
very much to find out if there is a special pattern to this criticism, if
it exhibits tendencies which should be called to your attention as a fellow-
worker in this area. I must state that I find the undertaking conducted
with exceeding care and judiciousness and above all very thoroughly and cir-
cumspectly.

I have sometimes heard the comment that the material presented is
uneven: meaning, I suspect, that some articles, larger studies, general
syntheses are remarkably good, while others are less attractive, less significant, and badly written. I imagine that if we wished to find these
works of lesser importance, we could do so: I would say, though, as far as
my limited experience goes, that the quality of these presentations is by
no means inferior to that of any other publications in the field of literary
studies, history of ideas, or of history, politics and economics (what Professor Gusdorf has been calling since 1960 the history of the natural sciences,
and that of the human sciences). This series of studies appears to me, in
fact, the equal of our finest journals or series in our work, and not at all
unworthy of our admiration. Moreover, it is evident that the editor or
editors have been broad-minded in their selections, open to new approaches,
as well as generous in offering suggestions, and, I judge from many of the
acknowledgements at the beginning of the work, generous also in providing
financial support.

I don't dare tarry too long upon all the fine things I admire in
these volumes, though. I naturally would ask nothing better than to discourse
at much length, upon them. My main concern, however, in presenting this
paper is to bring up that *organic unity* and the role I foresee it will likely
play in our renewed activities. I must, consequently, hurry or I will have
enjoyed myself very much indeed, but I will not have left you the thought for
which I dared make the investigation and the trip. Perhaps you will permit
me to cite a few more cases, where this problem of *organic unity* is involved.
I found, for instance, Mr. Harry Ivker's remarks in his article in *SVEC* 73,
p. 228, a bit intriguing. The article is entitled "Towards a Definition of
Libertinism in Eighteenth-century French Fiction." I've been involved in
that libertinism, though less than Professors Lanson, Pintard, and later,
Professor Spink. In referring to my book on the clandestine writers of the
early part of the century which was only a modest extension of Lanson's articles in the *RHL* and the *RCC* on the same material, Mr. Ivker has written,
"Wade's study of these *MSS* does not show them to be essentially erotic in nature, however radical their thought might be." I am afraid that neither

Wade nor Mr. Lanson would have been very competent in handling an *erotic* subject. And yet, I am confident that Mr. Ivker is quite correct. There is an immense amount of literature which is both *erotic* and *clandestine,* as I am sure you all know. One of the greatest of Enlightenment novels- *Les Liaisons dangereuses* - fits precisely that definition, and those who handle beautifully its erotic character often overlook its clandestine nature.

Mr. Bonneville, in his "Candide as Symbolic Experience," *SVEC*, 76, p. 8, has mentioned my study. Once again, I must state that my little presentation has been given its due, perhaps a bit more than was due. "The best treatment of *Candide* from this standpoit (of organic unity) is Ira Wade's work *Voltaire and Candide* (1959) which does a definitive job of demonstrating the unity of the work. According to Professor Wade, Voltaire's masterpiece arises from and is arranged to prove the final proposition with a formal rigour worthy of Berkeley or Descartes." Bonneville, however, continues: "As minimally as they are developed, plot, characterization, motivation and atmosphere are admirably conceived and realized. As I hope to establish later, Candide's success as fiction makes it more than a philosophical tale or apologue." I heartily commend Mr. Bonneville's intentions.

I think it would be profitable also to study carefully Mr. Geoffrey Murray's work entitled *Voltaire's Candide: The Protean Gardener, 1755-1762, SVEC*, 69. Mr. Murray's instrument for the interpretation is said to be for the *initié*. I am not entirely certain that these two statements can now be fully justified. I am committed, however, to the two fundamentals which are involved in them. I do believe that one purpose we have in dealing with works of art is to seek ways of interpreting them and the fairest statement I know in trying to explain their meaning is that we analyse the elements in order to bring out the qualities whether literary, moral, social, philosophical or religious. Notice that in this respect elements can often turn into qualities *without even knowing it*. Mr. Murray's decision to treat Voltaire's *Correspondence* as one of the principal elements in the formation of *Candide's* qualities seems to me entirely legitimate and praiseworthy. Furthermore, his determination to treat the events as another element meets with my full approval, too, since I accept fully the idea that the historical events surrounding the creation of a masterpiece are very significant to the life of that masterpiece. I would be willing to go much further and insist upon the principle that one analyzes a life, a historical period, a work of art, a civilization in the same critical way, proceeding from an analysis of its elements in order to interpret its qualities and its consequences.

Consequently, the more we know about the development of *SVEC,* the more we will understand how reasonable it is to move from these articles to the one hundred and fifty volumes of Voltaire's *Complete Works.* I shall use a final example of how one moves from one massive porduction to another sort of massive production. It so happens that Professor Taylor's publication of the *Henriade* will furnish us with an example of how organic all this work really is.

When it appeared in *SVEC*, my old friend, Professor Taylor, wrote the following note as an "Avant-propos" to his critical edition (I.10):

> Nous ne nous proposons donc point une réhabilitation de ce poème, à notre goût si peu épique et si peu poétique; nous voudrions seulement apporter une contribution à cette vulgate voltairienne qui sortira peut-être un jour des presses, et étudier de plus près un épisode peu connu= de l'histoire littéraire.

I, for one, would not want to criticize this modest apology, for which I have much respect. I commend it, on the contrary, seeing that *de longue date* I am a partisan of that group who feels that the highest praise one can give to our work is that it is a contribution to our knowledge and that we take pleasure in doing it.

Some analogy, in fact, can be drawn between Professor Taylor's remark and that of Professor Ages, another good worker in this area. In speaking of Mr. Besterman's remarkable publication of the Voltaire *Correspondence* in an article on "The Private Voltaire," *SVEC* 81, p. 8, he has written:

> In examining the new edition of the Voltaire *Correspondence*, critics have generally praised its critical apparatus and editorial excellence, but contended that aside from some piquant details about Voltaire's relationship to his niece, virtually nothing had been added to our knowledge of Voltaire or of his work.

Professor Ages has rejected with some vehemence this judgment. He insists that scholars who entertain this view have been misled on this point because they have been accustomed to utilizing the *Correspondence* as a kind of mechanical adjunct to the Moland *Oeuvres complètes*. Even now, he states, the *Correspondence* is consulted primarily to ascertain what Voltaire was doing on the alleged date a work was written, or whether a particular poem or essay was indeed mentioned in his letters... "When the *Correspondence* becomes merely an auxiliary tool," he notes, "its value *per se* is neglected. But when Voltaire's letters are read as a separate entity, there are indeed new and valid insights into Voltaire and his times which emerge." This is a conclusion, he states, "which I have reached after compiling an inventory of significant themes which figure in the twenty thousand letters."

I take it from these judicious remarks that Mr. Ages certainly feels that while the letters can very profitably be used to establish a historical background to Voltaire's biography and the history of his time, they can reasonably be used also for their own literary merit, or whatever other merit we may be able to demonstrate, whether historical, political, philosophical, social, or any other. What Mr. Ages is defending here is our right to use all this material to demonstrate some noteworthy purpose, or some significant human value, or some important aspect of our performance in dealing with its content or expression. It may occur in any area of human experience, thought, or action. I think that the days when each felt constrained to take a particular attitude against that of his other colleagues are just about over. I must remark that for my part I do not regret their passing, nor do I regret having lived through the choices we have had to make, nor the defenses we have been forced to present in support of those choices. Still, there is much satisfaction in reaching a plateau on which each of us can use his talents in organizing the unity of our effort as he deems best.

I feel that we should not forget, though, what we have learned in those discussions. Perhaps as a last remark in this introduction, you will permit me to sum up what seem the most important schools of criticism through which we have lived. I feel certain that there are already among you those who have been wondering why I pick such strange dates for my *Inventory*, 1896-1976. The answer is in one way simple: they are the years I have been hanging around trying to find out what I am doing and why? But that was not my only reason for picking the year 1896. I must grant that really I had nothing to do with the selection of 1896 as a *terminus ab quo*. It was around that time that the first editions of Lanson's *Histoire de la littérature française* began to appear and that was an important event in French literary history. I don't think I exaggerate in stating that both the author and the book conditioned all my literary education. I was raised, in fact, upon *histoire littéraire*. I met Lanson, though, even before I became acquainted with his book or its method. Curiously enough, it was at a MLA meeting in Princeton in 1912 just when I was finishing my High School Course and before going to College. What charmed me was his courtesy to me, a pretty naive little boy, in chatting with me as if I were a somebody. I learned a lot that day about what *la politesse mondaine* meant, and only later what *histoire littéraire* means. Incidentally Lanson's *Voltaire* dates from 1909, but of course I had never heard of it in 1912. So our conversation certainly did not turn upon what I still consider the finest biography ever written on Voltaire.

Some years later after the completion of my undergraduate work, I asked my teacher at Columbia if I might prepare for him a paper on Sainte-Beuve. When he granted me permission, I spent the whole month of August and early September pouring over the *Lundis* and the *Nouveaux Lundis*, and some of the *Port-Royal* at the Library of Congress. I was much impressed with the way Sainte-Beuve united biography, historical background and literature in articles of modest length prepared upon subjects of importance. It seemed

to me that nothing could be finer than a continual round of these essays.
I quickly learned that Taine could do similar work with a greater emphasis
upon history and less emphasis upon literature. Morize introduced at this
time at Harvard the method of combining the study of history with the study
of literature which spread from Harvard to many of our colleges and universities. Acquaintance with Brunetière's *Etudes critiques* taught us around
the same time that the method would apply not only to literature and history,
but literature and any kind of thought; philosophy, politics, economics,
social studies of all kinds, all sorts of ideas and that there were many
more of these essayists: P. Bourget, A. France, and even Emile Zola. It
was so to speak the age of the essay in which all kinds of analyses were
encouraged in the whole realm of thought and life.

Between 1928 and 1935, I had an entrance into the debate between
what was then known as the *literary historians* and the *new critics*. This
time I had Richard Blackmur to guide me, and two of his friends: Kenneth
Burke at Bennington, and Francis Fergusson at Rutgers. Most of all,
Blackmur's own students at Princeton, especially those later connected with
the *Hudson Review*, would spend hours instructing me in the reading of literature, when I suspect it should have been the other way around.

In addition, Professor Américo Castro had become my closest
Priceton colleague. It was he, in fact, who acquainted me with the work
of Wilhelm Dilthey, and when it was clear that I read German with great dif-
ficulty and had no experience whatever with *Geistes-wissenschaft* as a method
of criticism, he would share his most valuable time in giving me personal
instruction in that method. I owe him very much.

The result of these fortunate contacts, a long life, and a modest
effort always spent in attempting to learn what I was doing and in what way
I could more effeciently accomplish it has been at least an opportunity to
follow closely the changes in literary methods of analysis which have oc-
curred between the First World War and the present in Europe and America.
I merely wish to record that I have had the good fortune to live through
these movements, these methods, to get acquainted with their tendencies and
some of their achievements, and to understand some of their aims. I am certainly not an expert in this field, and all of my minor acquaintance with
it has not been approved by my many friends, who find I show fanatic
tendencies with "organic unity" and other silly words of the sort.

I should also point out here that my training in the various methods of criticism has been in no way exceptionable. Ever since Lanson's
day and his *Histoire*, scholars in the field of the Enlightenment have been
particularly preoccupied with the problem of organizing in some unified
way the thought and action of that movement. The general tendency of
Lanson and his students (Mornet, Hazard, Morize, Baldensperger, Ascoli particularly, but there are many more) has been to see France and the other
advanced European countries engaged in organizing a body of thought which
leads to a concerted European action. This activity can be regarded at any
given period as a movement of ideas which is European in scope, organic in nature,

intellectual in character. Looked at in its broad outlines, it is
consistent in nature, and its elements which combine in a unified way
contribute to the formation of a European Civilization in which each coun-
try of Europe and America partakes, in accordance with its interests and
ability. At first, it was thought that the best medium of analysis was
literature; in time, history was judged more important; eventually, all
the elements of civilization were deemed equally important: arts and letters, political and social institutions, science and technology. Many
of the studies which were brought out in France were of this comparative
nature. The one which stood out above all the others was Hazard's *Crise
de la Conscience européenne*, but Cassirer's *Philosphy of the Enlightenment*
was also appreciated very highly, especially in America. It was felt that
the age of general syntheses had finally arrived. Between 1932 and 1964
a whole corps of works of this nature appeared: at that time Professor
Crocker gathered them all together along with two which he had composed,
and wrote a lengthy review article for Unesco (See *Cahiers d'histoire
mondiale*, Vol. 83, 1964).

What I want to emphasize at this point is that all these syntheses have profited greatly from the combination of methodologies which
we now know as *histoire littéraire*, the *New Criticism*, and *Geisteswissen-
schaft*. I should like to add my own personal conviction that they have
been as successful as they have been, because of the ability of scholars
of Germany, France, England, Italy, Spain and America to forge these methodologies into a new kind of philosphy and a new esthetic, what we have
been calling for the past three decade the *history of ideas* and the creation
of art as life, that is *erleben* as conscious experience and *erleben* as life
and art: it is still the combination of history and art. For want of a
better concept, we have fallen into the habit of referring to the result
as the making of civilization. I am afraid that we don't always explain
with care what the procedure is, nor what the purpose is, nor what the
creative form becomes forever. But fortunately, there are other scholars
who have seen the point: Lucien Febvre, Braudel, Ortega, Castro, Jaspers,
Heidegger, and undoubtedly many others.

Crocker notes in his lengthy article that before 1951 there is
a "relative rarity of works which attempt to understand the Enlightenment
as a whole, and to interpret its character and its significance." The two
early works he considered were R. Hubert, *Les Sciences sociales dans l'Encyclopédie* (1923) and K. Martin, *French Liberal Thought in the Eighteenth
Century* (1929). These works are, properly speaking, general works on an
aspect of the Enlightenment's political and social thought; they did not
go beyond a category of thought. A third work, Karl Becker's *Heavenly
City of the Eighteenth-century Philosophers* (1932) which became very popu-
lar in America, was really not a book of general synthesis, but a series
of public lectures at Yale. Crocker, speaking of these lectures, declares
them a sort of glorious failure. He adds: "It would be just as easy to
draw an analogy between the Enlightenment and the Renaissance, or antiquity-
but what matters is the peculiar character, the organic wholeness, of each
period." (p. 430) On the contrary, Crocker calls Cassirer's study an

"outstanding and basic work on the period." He finds, nonetheless, that many of Cassirer's interpretations "either need corrections or are positively erroneous." He judges Mornet's *Origines intellectuelles de la Révolution française* "incomparably less valuable" than Cassirer's work, due to the fact that Mornet was the "exponent of a narrowly conceived Lansonian method." "He gives," said Crocker, "no evaluation of ideas, problems, or currents of thought." This judgment is, in all probability, a bit harsh. After condemning the work rather thoroughly, he adds: "though it is a book which no longer seems important, it may still be consulted as a reference work."

On the other hand, Crocker expresses the opinion that P. Hazard's *Crise* (1935) was "worthy to take its place alongside Cassirer as the second great work of synthesis between the two world wars." Crocker finds, though, that it has none of the defects of Cassirer: "It is truly a panorama of the eighteenth century, including many of its lesser, as well as its greatest writers, embracing life and letters, as well as philosophy." (p. 438) Crocker was much impressed with Hazard's performance in the *Crise,* as all of us at the time, to the point that I suspect he adopted Hazard's concept of crisis as the motif of one of his two fine general syntheses of the Enlightenment - *An Age of Crisis* (1959) which was followed by *Nature and Culture* (1963). I shall not treat further these works with which we work every day, nor shall I do more than mention Professor Gay's *The Enlightenment, An Interpretation* which appeared Part I. *The Rise of Modern Paganism* (1966) and Part II. *The Science of Freedom* (1968).

I shall add, though, with your permission, R.R. Palmer's two volumes entitled *The Age of the Democratic Revolution, A Political History of Europe and America,* 1760-1800. Part I. *The Challenge* (1959), and Part II. *The Struggle* (1764). Finally, I should remark in concluding this part of my inventory that while we have had since the second world war brilliant attempts at syntheses on the Enlightenment in Europe and America, France has been attempting to develop general syntheses upon the Enlightenment organized upon the principle of dominant themes. There are five of these works which I should mention here, but still without comment and merely as a reminder: R. Pomeau's *La Religion de Voltaire,* 1956; R. Mauzi's *L'Idée du bonheur dans la littérature et la pensée française au XVIIIe siècle,* 1960; J. Ehrard's *L'Idée de nature en France dans la première moitié du XVIIIe siècle,* 2 vols., 1963; J. Proust's *Diderot et l'Encyclopédie,* 1962; and J. Roger's *Les Sciences de la vie dans la pensée française du XVIIIe siècle,* 1963. What I find interesting as method in these works is a very intelligent effort to bring together men, ideas, works, and the double concept of art and life and to organize these elements into a very dynamic unity, which I believe to be the accredited methodology of the present age.

When these more recent syntheses are added to those from Lanson to Professor Gay's two volumes, we will begin to see what a vast bibliography we can assemble dealing precisely with the question: what are we trying to

do, and how are we attempting to do it, and in what way do our efforts
combine to bring out the soundness of our methodology. The outstanding
consequence of this activity is the effective modifications we have introduced into the whole field of epistemology. Since these two results are
always given now as the outstanding preoccupations of Professor Gusdorf's
massive compendium, you can readily understand why I propose him as one of
the superb leaders in the field of eighteenth-century synthesists.

VOLTAIRE ET LA *BIBLE*,

OU LES RUSES DU POLEMISTE

Par Roland Mortier

A partir de la cinquantaine, Voltaire semble littéralement fasciné
par les problèmes de critique biblique, tant néo-testamentaire que vétéro-
testamentaire et les ouvrages qui s'y rattachent occupent dans sa production
une place toujours croissante. Les exercices de table des années de Cirey
ont sans doute préparé le terrain à ces préoccupations, mais c'est après
1750 que le thème biblique se fait envahissant, jusqu'à devenir obsédant
après 1765. Après le *Sermon des Cinquante*, c'est le tour à l'*Examen important*,
aux nombreux articles *bibliques* du *Dictionnaire philosophique*, puis des
Questions sur l'Encyclopédie, à *Dieu et les Hommes*, à *La Bible enfin expliquée*,
enfin à l'*Histoire de l'Etablissement du Christianisme*, sans parler des nombreux factums et pseudo-sermons qui en constituent le prolongement *(Sermon du
Rabbin Akib, Discours de l'empereur Julien, Le Taureau blanc*, etc.).

Je ne reviendrai pas ici sur le fond du débat, encore que certaines
de mes conclusions m'y ramènent obligatoirement. L'attitude de Voltaire à
l'égard de la tradition religieuse juive a fait l'objet de nombreuses études
au cours des dernières décennies, et ces travaux ont jeté un éclairage plus
pénétrant et plus correct sur des textes souvent interprétés assez hâtivement
ou de manière tendancieuse. Un pamphlétaire antisémite français a publié,
pendant le dernière guerre, un *Voltaire antijuif* (1) dont les quelque deux
cent quarante pages consituent le plus extraordinaire florilège de textes
voltairiens sur la barbarie et sur l'immoralité de l'*Ancien Testament*. L'auteur se gardait bien de faire remarquer que tous ces textes visaient une
histoire sainte plus de deux fois millénaire, et non le judaïsme contemporain,
de même qu'il voilait soigneusement l'absence de toute référence à un concept
racial. Si Voltaire a sa place dans l'*Histoire de l'Antisémitisme* de Léon
Poliakov (2), ce n'est qu'au prix de l'extrapolation de certains passages
particulièrement violents, coupés de leur propos fondamental et isolés ainsi
de façon quelque peu artificielle. On comprend, après Auschwitz, la gêne de

M. Poliakov devant telle page de l'*Examen important*, tout comme est légitime
l'analyse du rabbin Arthur Herzberg dans son étude sur *The French Enlightenment and the Jews* (New York, 1968). Encore faut-il juger Voltaire en fonction de son projet et dans le cadre culturel qui est le sien. On évitera
ainsi les pièges de l'anachronisme et les risques d'injustice.

        René Pomeau, se fondant sur les travaux d'Adolphe Lods, a mis en
lumière à la fois les défauts et les mérites, les aveuglements et l'originalité de la critique biblique voltairienne (3). Arnold Ages a scruté de près
les mécanismes de cette critique, l'utilisation qu'elle fait de ses sources
et les procédés qu'elle met en oeuvre (4). Mais personne n'est allé aussi
loin, dans la réhabilitation de ces analyses, dans la mise en évidence de
leur immense mérite objectif, que Bertram Eugene Schwarzbach dans son excellent livre sur *Voltaire's Old Testament Criticism* (5): Voltaire y apparaît,
dans les limites de l'exégèse testamentaire de son temps, comme un des hommes
les mieux informés et comme un précurseur de la critique biblique contemporaine, moins paralysée que celle de Bossuet, de Calmet, de Huet ou de Warburton
par le carcan de l'orthodoxie.

        Ceux qui mènent le combat contre les idées régnantes, contre les
tabous et les crédo, ceux qui remettent en question l'intangible *sainteté*
d'une tradition vénérée sont contraints de frapper alternativement avec force
et avec astuce, et c'est ce qu'a fait Voltaire. Ne retenir de son oeuvre
que l'image d'un antisémite quasi paranoïaque est d'abord un grave contresens
et c'est ensuite une inadmissible trahison. Le propos de Voltaire était de
désacraliser la pensée et l'histoire, tout comme il voulait les dégager de
leurs perspectives trop exclusivement européocentriques ou nationales. On
pourrait, en alignant les textes sarcastiques de Voltaire sur les *Welches*,
compiler sans peine un *Voltaire antifrançais*, et ce serait, de toute évidence,
se méprendre radicalement sur ses intentions. L'ironie est toujours une
arme à double tranchant, et bien des lecteurs sont, hélas, imperméables à l'humour. De même, il est injuste et faux d'insinuer qu'une polémique antijuive
était, en France, au XVIII siècle, à la fois commode et sans danger. C'est
oublier de propos délibéré que Voltaire n'est anitjuif que parce qu'il est,
essentiellement et fondamentalement, antichrétien et anticatholique; or nul
n'osera avancer que la critique de la religion d'état était, autour de 1760,
une position commode et dépourvue d'effets redoutables. La violence de certains passages voltairiens doit s'éclairer, non par le contexte des années
1940-1945, mais par celui de l'époque des Calas, des Sirven, du chevalier de
la Barre et de son ami d'Etallonde, par la véritable terreur que l'orthodoxie
fait régner quand sa survie est en cause, par la persécution de l'*Encyclopédie,*
par la chasse aux sorcières déchaînée contre Helvétius.

        Dans de telles conditions, Voltaire se trouve soumis à des con-
traintes passablement contradictoires. Il doit être à la fois agressif et
prudent, polémique et persuasif, puisqu'il s'agit simultanément de faire passer un message, d'éviter les coups et de séduire le lecteur dont on ébranle
les habitudes mentales. La solution consiste à ruser avec une habileté con-
sommée, en observant les règles d'un jeu complexe et subtil qui lui assurera

à la fois l'efficacité et l'impunité.   Toutes les astuces de la rhétorique
seront donc mises à contribution: l'ironie, l'antiphrase, l'ellipse, la
prétérition, mais aussi le pathétique, l'indignation, la plainte, le cri.
Forme et structure s'adapteront avec souplesse à la diversité des publics,
depuis la feinte simplicité de l'article de dictionnaire jusqu'à l'érudition
accablante de l'analyse critique.   Pour sauver la face, et pour permettre
à l'autorité établie de ne pas se déjuger, on se dissimulera derrière des
auteurs prétendus, de préférence étrangers pour faire bonne mesure.   Il
suffira de faire parler un imaginaire rabbin Akib, un philosophe célèbre,
mais défunt comme Bolingbroke, un fantomatique Dr. Obern aussi illustre
qu'inconnu.   Ces roueries d'auteur deviennent, pour Voltaire, une source
d'amusement à laquelle il prend un plaisir personnel, mais sa délectation
ne peut nous faire oublier qu'il s'agit aussi d'une obligation imposée, et
qui ne laisse à l'écrivain qu'une étroite marge de manoeuvre.   Dans la situation de l'auteur non-orthodoxe, le choix du style et des moyens d'expression
résulte de contraintes extrêmement pesantes, auxquelles Diderot fait expli-
citement référence dans son commentaire sur la *Lettre sur l'homme et ses
rapports* de F. Hemsterhuis.   Si, quant à lui, il a opté pour les générali-
tés (6), le laconisme et l'obscurité, Voltaire recourt à des procédés plus
conformes à son tempérament impétueux et à ses goûts de pamphlétaire.   Ces
ressources stylistiques et rhétoriques ont été soigneusement relevées et
analysées dans des travaux récents (7), et je n'y reviendrai donc pas.

Je voudrais, par contre, attirer l'attention sur une des astuces
les plus efficaces et les mieux dissimulées de la polémique voltairienne
en matière biblique: je songe ici à l'usage extrêmement étudié et dosé des
variantes et des notes.

Les travaux les meilleurs et les plus récents en matière de critique voltairienne des textes *sacrés* ont dû, forcément, traiter en bloc les
ouvrages qui s'y réfèrent, vu l'absence d'une édition critique qui en dis-
tinguerait les strates successives et qui ferait ainsi doublement la part
de l'étude thématique et de l'analyse formelle.   Or plusieurs de ces livres
ont été construits par couches superposées, les ajouts venant s'agglutiner
à un texte que parfois même ils contestent ou nient.   La chronologie interne
des oeuvres de Voltaire est restée, dans bien des cas, un terrain en friche.
Elle autorise cependant d'intéressantes remarques sur l'évolution idéologique
du *patriarche de Ferney* et sur ses procédés de composition, plus proches du
comportement de Balzac que de celui de Flaubert.   La fécondité d'une telle
étude m'est apparue avec évidence lorsque je fus amené, naguère, à mettre en
chantier l'édition critique de l'*Examen important de Milord Bolingbroke*

On me permettra de rappeler que la version originale de cet ouvrage capital remonte à 1766, année où il paraît dans le *Recueil nécessaire*.
Diverses éditions reproduiront ce premier texte, amendé et augmenté ensuite
dans les rééditions de 1771 et de 1776, de telle sorte que l'état définitif
de l'*Examen important* est pratiquement contemporain de *La Bible enfin expliquée*,
alors que son état initial correspondait à la publication du *Philosphe ignorant*.

Les ajouts de 1771 et ceux de 1776 auraient pu, en principe, être de simples corrections de fait, issues d'une information plus étendue ou plus précise. Ils n'auraient eu, dans cette hypothèse, qu'un intérêt documentaire. Tel n'est pas le cas, si ce n'est en de rares occasions.

Pour éclairer le problème, prenons un exemple très concret, en l'occurrence le sixième paragraphe du chapitre VII, *Des Moeurs des Juifs*. Voltaire y traite, avec un mélange de délectation scandalisée et de révulsion indignée, de certaines pratiques sexuelles mentionnées dans l'*Ancien Testament*, et par la même occasion, de la barbarie de l'ancien peuple juif.

> Parlerons-nous d'un Lévite qui vient sur son âne avec sa concubine et de la paille et du foin dans Gabaa, de la tribu de Benjamin? et voilà les Benjamites qui veulent commettre le péché de sodomie avec ce vilain prêtre, comme les Sodomites avaient voulu le commettre avec des anges. Le Lévite compose avec eux et leur abandonne sa maîtresse ou sa femme, dont ils jouissent toute la nuit, et qui en meurt le lendemain matin. Le Lévite coupe sa concubine en douze morceaux avec son couteau, ce qui n'est pourtant pas une chose si aisée, et de là s'ensuit une guerre civile.

C'est sous cette forme, dont la condensation et l'accélération accentuent jusqu'au grotesque l'horreur et le ridicule de la situation, que Voltaire résume en 1766 le chapitre XIX du livre des *Juges*.

En 1771, il fait suivre le mot *anges* d'un appel de note, et il feint de compléter une lacune de Bolingbroke, c'est-à-dire de lui-même.

> L'illustre auteur a oublié de parler des anges de Sodome. Cependant cet article en valait bien la peine. Si jamais il y eut des abominations extravagantes dans l'histoire du peuple juif, celle des anges que les magistrats, les porte-faix et jusqu'aux petits garçons veulent absolument violer, est une horreur dont aucune fable païenne n'approche, et qui fait dresser les cheveux à la tête. Et on ose commenter ces abominations! et on les fait respecter à la jeunesse! et on a l'insolence de plaindre les Brames de l'Inde et les Mages de Perse, à qui Dieu n'avait pas révélé ces choses et qui n'étaient pas le peuple de Dieu! et il se trouve parmi nous des âmes de boue assez lâches à la fois et assez impudentes pour nous dire: "Croyer ces infamies, croyez, ou le courroux d'un Dieu vengeur tombera sur vous; croyez, ou nous vous persécuterons, soit dans le consistoire, soit dans le conclave,

soit à l'officialité, soit dans le parquet,
soit à la buvette." Jusqu'à quand des coquins feront-
ils trembler des sages?

On s'aperçoit aussitôt du changement de ton. A l'ironie macabre,
à l'humour noir, au sourire dégoûté de 1766 succède sans transition une sortie passionnée et pathétique. Mais c'est qu'en même temps la portée du texte
se trouve modifiée. Il ne s'agit plus d'aiguiser des sarcasmes sur des
moeurs révolues et lointaines, de souligner la distance qui nous sépare de
ce peuple primitif et grossier, mais de faire éclater ce qu'a d'odieux et de
paradoxal, d'immoral et de scandaleux la liaison établie entre les religions
chrétiennes modernes et de prétendus livres saints qui ne sont qu'un tissu
d'horreurs et de crimes. En élargissant la comparaison aux cultes païens,
puis aux religions orientales, Voltaire dénonce le caractère à la fois dé-
risoire et atroce du message biblique, et du même coup disqualifie tout l'ap-
pareil de l'orthodoxie, puisqu'il se fonde sur cette tradition et qu'il la
perpétue. *L'histoire sainte*, telle que Voltaire la pratique, n'est ni un
exercice d'érudit, ni un discours innocent. Sa pensée se tourne résolument
vers le présent, c'est-à-dire vers les procédures de l'Inquisition, de l'officialité, vers l'association monstrueuse entre un état du XVIIIe siècle et
une religion au caractère encore barbare et primitif. Au-delà de la *Bible*,
ici et ailleurs, c'est l'Europe de 1760, et non le peuple juif, qui est en
cause, et c'est ce qui motive la soudaine et violente explosion de bile.
L'exécution du chevalier de La Barre, épouvantable crime judiciaire perpétré
par l'Etat à l'instigation de l'Eglise, n'est que le prolongement d'une ter-
rifiante sauvagerie. Le style du critique ne peut plus s'accommoder de l'ironie et de la distanciation. Au contraire, Voltaire s'engage, proteste, s'in-
surge, au point d'en perdre la maîtrise de soi.

En se relisant, en vue de l'édition de 1776, il ajoutera encore,
sur un ton toujours indigné , mais plus proche de l'écoeurement, en s'adressant au lecteur *philosophe*.

Quel est l'homme de bien qui ne se sente ému de tant
d'horreurs? Et on les souffre! Que dis-je? on les
adore! Que d'imbéciles, mais que de monstres!

La progression du texte illustre à la fois le cheminement d'une
pensée et le propos fondamental de l'auteur, lequel est plus moral qu'historique, puisqu'il s'inscrit dans une perspective résolument contemporaine.
Voltaire n'est antijuif, ici et ailleurs, que dans la mesure où il est antichrétien et antipapiste. Judaïsme et catholicisme sont les deux faces d'une
même pensée théologique, imbue de sa supériorité, convaincu d'être le dépositaire privilégié d'une vérité intangible et absolue.

D'une manière générale, l'étude des notes et des variantes de l'*Examen important* conclut à une radicalisation croissante des phobies de Voltaire en fait de religion. Quelques exemples encore pour attester cette constante et obsédante liaison du passé au présent.

Les allusions à la personne de Jésus sont, à cet égard, particulièrement caractérisiques. En 1766, Voltaire l'appelle (chap. VII) "ce Juif dont nous avons depuis fait un dieu", et c'est l'impression qui prévaut au chapitre X, *De la personne de Jésus*, qui insiste sur les contradictions des Evangiles et sur le caractère tardif de sa déification.

Toujours en 1766, le chapitre IX s'achevait de manière très neutre: "Venons à Jésus, et à l'établissement du christianisme." L'édition de 1776 y ajoute ce développement incendiaire et indigné:

> Et, pour y arriver, passons par-dessus les assassinats de tant de rois, et par-dessus les enfants jetés au milieu des flammes dans la vallée de Taphet, ou écrasés dans des torrents sous des pierres. Glissons sur cette suite affreuse et non interrompue d'horreurs sacrilèges. Misérables Juifs! c'est donc chez vous que naquit un homme de la lie du peuple qui portait le nom très commun de Jésus! Voyons donc quel était ce Jésus.

On conviendra que la présentation ne se fait plus dans la même atmosphère, et que la hargne vise aussi bien le prophète populaire, l'agitateur de la plèbe, que le prétendu peuple élu.

L'expression *lie du peuple* constitue d'ailleurs une de ces formules obsédantes que Voltaire se plaira à répéter, et qui devra, dans son esprit, discréditer la religion qui se réclamera d'une telle origine.

> "plusieurs fanatiques s'ingérèrent de prêcher le bas peuple" (X, 53)
> "(Jésus et Jean) laissèrent quelques disciples dans la lie du peuple" (X, 65)
> "notre Fox était comme lui (Jésus) un ignorant de la lie du peuple" (XI, 9)
> "des gens qui ont voulu ameuter la populace... ils finissent la plupart par être pendus. Jésus le fut en effet..."(X, 192)
> "dès que les sociétés de demi-juifs, demi-chrétiens se furent insensiblement établies dans le bas peuple..." (XIII, 3)
> "(Matthieu) un écervelé de la boue du peuple" (XIII, 54)
> "c'est ainsi qu'on réussit avec le peuple" (XIII, 148)
> "une canaille abjecte (les chrétiens) s'adressait à une populace non moins méprisable" (XIV, 9)

Dans ce contexte, Jésus apparaît comme un analphabète illuminé, dont le comportement est loin d'être édifiant , mais qui n'a jamais prétendu être Dieu, ni laisser un message doctrinal.

C'est,une fois encore, par une note conçue comme un addendum critique que la transformation du personnage de Jésus en figure légendaire, puis en divinité, est alertement et agressivement condensée. Le procédé est bien connu, et il est caractérisique de la rhétorique de combat pratiquée par Voltaire: un ensemble complexe de faits, étalés sur une durée considérable, est transposé au présent et ramassé en quelques phrases abruptes, où les contrastes sont mis en évidence; le tout est soutenu par un rythme ascendant, qui aboutit, en crescendo, à la dénonciation d'un état tenu pour scandaleux. L'essentiel est moins dans l'argumentation elle-même, dont les éléments reparaissent à diverses reprises dans plusieurs textes voltairiens, que dans l'habileté de la mise en oeuvre, destinée à opérer un effet de choc sur le lecteur et à susciter son indignation.

Voici le texte d'une note ajoutée dans l'édition de 1771, et qui a été modifiée sur plusieurs points dans celle de Kehl et dans celles qui en découlent (chap. X, l. 226, note) :

> Vous voyez évidemment, lecteur, qu'on n'osa pas imaginer
> d'abord tant de fictions révoltantes. Quelques adhérents
> du Juif Jésus se contentent, dans les commencements, de
> dire que c'était un homme de bien, injustement crucifié,
> comme depuis nous avons, nous et les autres chrétiens,
> assassiné tant d'hommes vertueux. Puis on s'enhardit; on
> ose écrire que Dieu l'a ressuscité. Bientôt après, on
> fait sa légende. L'un suppose qu'il est allé au ciel et
> aux enfers. L'autre dit qu'il viendra juger les vivants
> et les morts dans la vallée de Josaphat; enfin on en fait
> un Dieu. On fait trois dieux. On pousse le sophisme
> jusqu'à dire que ces trois dieux n'en sont qu'un.

Suit alors un passage d'un ton très différent, appelé par l'idée de transsubstantiation, et sur lequel nous reviendrons un peu plus loin, en étudiant les variations de registre du pamphlétaire.

Rappelons ici, pour autant que ce soit nécessaire, que le chapitre XI, *Quelle idée il faut se former de Jésus et de ses disciples*, est tout entier une addition de 1776, que l'édition de Kehl a supprimé pour des raisons bien compréhensibles. Jésus y est présenté comme *un paysan grossier*, ne sachant ni lire, ni écrire, et qui se mit à la tête d'une petite secte. Voltaire le compare à Fox, "qui était comme lui un ignorant de la lie du peuple, prêchant quelquefois comme lui une bonne morale, et prêchant surtout l'égalité qui flatte la canaille." Tous deux étaient hostiles aux prêtres,

et en furent durement punis. Dans le cas de Jésus, les légendes se mirent
à proliférer après sa mort,et la rencontre de la secte avec la philosophie
de Platon engendra "tous les dogmes absurdes dont elle fut farcie." En
quelques alinéas, ce chapitre supplémentaire condensait la longue arugmen-
tation historique de *Dieux et les Hommes* (8) et exposait l'état final de la
réflexion voltairienne sur ce problème délicat.   .

Des impostures greffées maladroitement sur les aventures et les
propos d'un agitateur populaire, voilà à quoi se réduisent les origines
authentiques du christianisme. Les additions de 1776 accentuent encore
cette impression.

Ainsi, au chap. X, un paragraphe s'achevait, dans les premières
éditions, sur la remarque: "cela fait bien voir que les Evangiles ont été
écrits par des gens qui n'étaient au fait de rien." En 1776, Voltaire introduit ici un nouveau paragraphe:

> Tous ces miracles semblent faits par nos charlatans de
> Smithfields. Notre Toland et notre Woolston les ont
> traités comme ils le méritent. Le plus beau de tous, à
> mon gré, est celui par lequel Jésus envoie le diable dans
> le corps de deux mille chochons, dans un pays où il n'y
> avait point de cochons.

L'ironie fait souvent place à une sorte de rage froide, de crispa-
tion intérieure qui pousse l'écrivain à de soudains éclats, d'autant plus
surprenants qu'ils contredisent son goût de la mesure et de la décence. Parlant du Symbole des Apôtres, il s'en tient, en 1776, à l'expression *détestables
fadaises* (X, 228). Une note de 1771 parle de *fictions révoltantes*, rappelle
la légende de la résurrection, puis la naissance du concept de la Trinité.
Là-dessus, explosion inattendue: "De ces trois dieux, on en mange et on en
boit un; on le rend en urine et en matière fécale. On persécute, on brûle,
on roue ceux qui nient ces horreurs; et tout cela pour que tel et tel jouissent
de dix mille pièces de rente, et qu'ils en aient bien davantage dans d'autres
pays."

Mais la note de 1771 sur l'absurdité d'un Dieu incarné reste d'un
ton fort modéré si on la met en regard d'une autre note sur le même thème,
adjointe par Voltaire en 1776 au début du chapitre XXXV.

> On a poussé le blasphème jusqu'à faire un article de
> foi que Dieu est venu chier et pisser sur la terre,
> et que nous le mangeons après qu'il a été pendu; que
> nous le chions et que nous le pissons; et on dispute
> gravement si c'était la nature divine ou la nature
> humaine qui chiait ou qui pissait.

Compte tenu des normes de décence de l'époque et des critères de
goût de Voltaire lui-même, la brutalité du trait a de quoi nous laisser
perplexes. Loin de s'adoucir ou de s'apaiser, les convictions du polémiste
semblent bien s'être exaspérées. La tension atteint ici un degré absolument
inconnu dans la littérature du XVIIIe siècle. Sans doute faut-il y voir le
reflet direct d'une agressivité croissante, elle-même liée à un refus sans
cesse plus radical. L'insistance volontairement grossière sur les aspects
les moins nobles de la vie physiologique, soigneusement oblitérés dans la
littérature édifiante et dans la représenation figurée du Christ incarné,
a pour but de faire éclater la scandaleuse contradiction entre la perfection de Dieu et l'imperfection humaine. En poussant au maximum la signi-
fication concrète des dogmes de l'incarnation et de la transsubstantiation,
Voltaire durcit l'oxymore jusqu'à son paroxysme afin de mieux détruire
une conception de la divinité qui l'écoeure autant qu'elle l'exaspère.

Le procédé polémique n'est pas toujours celui de l'amplification
exaspérée ou du condensé rageur. Il consite parfois à repenser le fait
dans une perspective nouvelle, comme si, en se relisant, Voltaire s'était
avisé de n'avoir pas exploité un aspect de sa critique. Le résumé de la
résurrection, en 1766, insiste sur la contradiction entre la publicité de
la mort de Jésus et de la discrétion curieuse de sa montée au ciel. Une
note ajoutée en 1771 s'étonne, cette fois, du phénomène physique lui-même
et le rattache à une conception archaïque du cosmos.

> Monter au ciel en perpendiculaire! pourquoi pas en ligne
> horizontale? Monter est contre les règles de la gravitation...
> Quelle sottise que ces mots *aller au ciel, descendre du ciel!*
> Comme si nous étions le centre de tous les globes, comme si
> notre terre n'était pas l'une de ces planètes qui roulent
> dans l'étendue autour de tant de soleils, et qui entrent dans
> la composition de cet univers, que nous nommons le ciel si
> mal à propos. (X, 197)

A un degré variable, le livre tout entier va dans le même sens,
qui est celui de la dénonciation et de la destruction des mythes. Les premiers chrétiens sont qualifiés d'énergumènes, de canaille, d'hommes *dégue-
nillés, au regard farouche,* d'imbéciles et de *coeurs abrutis.* Incapables
de réflexion théorique ou philosophique, ils ont adopté telle quelle la doctrine concoctée par le Juif Paul, que Voltaire tient pour le véritable fon-
dateur du christianisme. Il est vrai, remarque-t-il dans une note de 1771,
que "ce sont les fous qui fondent les sectes, et que les prudents les gou-
vernent."

En 1766, Voltaire alléguait contre Paul un fragment du *Philopatris,*
attibué par lui à Lucien. En 1771, il admet en note que Lucien n'a pas pu
voir Paul et qu'il est même douteux qu'il ait écrit le *Philopatris.* Mais
comme le texte de 1766 est supposé être l'oeuvre de Bolingbroke, Voltaire le

maintient intégralement et effrontément (9). La phrase sur "ce Paul au
grand nez et au front chauve dont Lucien se moque" est conservée intacte,
avec une mauvaise foi éclatante, comme si Voltaire n'avait pu se résigner
à retrancher dans cette diatribe antipaulinienne. Il préfère, au contraire,
l'agrémenter de nouvelles attaques, en intercalant dans le texte de 1776
cette remarque acerbe: "Ce Paul, en s'exprimant ainsi, parlait évidemment
en juif, et non en chrétien; mais il parlait encore plus en énergumène insensé qui ne peut pas mettre deux idées cohérentes à côté l'une de l'autre."
Plus loin, dans une autre note sur le même sujet (XII, fin), il insistera
avec force sur le fait que jamais Paul ne dit que Jésus soit Dieu et qu'il
semble ignorer jusqu'au mot *Trinité*.

Il en résulte avec évidence que le christianisme est le produit
d'une fraude et qu'il s'est nourri de la crédulité humaine, ce qui lui inspire en 1771 la conclusion désabusée (XIII, 23): "L'homme est donc une
espèce bien méprisable puisqu'elle est ainsi gouvernée." Un peu plus loin,
une note de la même édition suggère (XX, 132) une autre explication de ce
phénomène d'acceptation passive: c'est le mortel ennui qui se dégage des
récits hagiographiques, qui les sauve de la vigilance de l'esprit d'examen,
auquel ils ne pourraient résister.

Voltaire, pour sa part, semble complètement immunisé contre cet
ennui, et il se plonge dans les absurdités des légendes hagiographiques
avec une délectation cruelle. A propos de deux évêques qui auraient res-
suscité pour venir signer la condamnation d'Arius, il interroge le lecteur:
"Les nègres ont-ils des fables plus ridicules sur leurs fétiches? Les singes,
s'ils savaient écrire, écriraient-ils de telles sottises? C'est ainsi pourtant que l'ancien Testament, le nouveau, et le ramas de l'histoire de l'Eglise
sont faits." Tout le paragraphe, précisons-le, est un ajout de 1776 qui a
disparu des éditions postérieures (XXXI, 85-94).

Il n'est pas jusqu'au dernier chapitre (XXXVIII) qui ne soit intégralement, une addition de 1771. Intitulé *Excès de l'Eglise romaine,* il résume tous les griefs formulés à son endroit par Voltaire dans le reste de
l'oeuvre: barbarie, scélératesse, débauche, fureur criminelle, imposture,
défi à la nature comme à la morale. Faire de Dieu une aussi odieuse caricature, c'est faire la litière de l'athéisme, contre lequel Voltaire mène
un combat incessant depuis la fin des années 1760. Un ajout de 1776 le sou-
lignera en finale: "prenons-y garde, c'est l'absurdité des dogmes chrétiens
qui fait les athées."

On le voit, l'étude des variantes, entre 1766 et 1776, du texte de
l'*Examen important* intéresse la recherche à plusieurs titres. Elle nous instruit sur les techniques de composition de l'écrivain, qui procède par sur-
charges et par extension; elle nous instruit sur les habiletés tactiques du
polémiste qui, rappelons-le, mène la guerre sur deux fronts; elle nous instruit
enfin sur l'évolution spirituelle du penseur. A cet égard, plus aucun doute
n'est permis; l'hostilité de Voltaire contre la tradition judéo-chrétienne,

sous toutes ses formes, loin de désarmer, ne cesse de s'exacerber, jusqu'aux
limites de ce qui paraissait tolérable, au XVIIIe siècle, en matière de goût
et de sensibilité. Parler d'une rémission, d'un accalmie (en pensant, p. ex.,
à *Dieu et les Hommes*), c'est se laisser prendre aux ruses subtiles du tacticien, qui espère se faire des alliés de certains protestants libéraux, c'est
tomber dans le piège qu'il tendait au lecteur non prévenu. Libéré de cette
hypothèque, livré à ses obsessions et à ses phobies, mais de plus en plus cohérent avec lui-même et avec ses convictions rationalistes et déistes, Voltaire
nous laisse entrer, par le biais des variantes et des additions à l'*Examen
important,* dans les méandres secrets de sa pensée. Preuve de plus, s'il en
fallait encore, que les éditions critiques ne sont pas un divertissement gra-
tuit pour érudits.

28

NOTES

1. Henri Labroue, *Voltaire antijuif*, Paris, 1942 (selon la préface, le livre aurait été achevé en 1939).

2. Tome III, *De Voltaire à Wagner*, Paris, 1962, p. 103 et ss.

3. René Pomeau, *La Religion de Voltaire*, Paris, 1956; nouv. éd. Paris, 1969.

4. *Voltaire's Biblical Criticism: a study in thematic repetitions*, SVEC, 30, 1964.
   Voltaire, Calmet and the Old Testament, SVEC, 41, 1966.
   Voltaire and the New Testament. A study in ironic didacticism, ZFSL, 78, 1968.

5. Genève, Droz, 1971, qui conclut, p. 260: "The Voltairean legacy in Bible studies is one of intelligent inquiry, wide curiosity and ingenious guesses... who can leave much more?"

6. Ed. G. May, p. 513.

7. Nous songeons à ceux, déjà cités, d'Arnold Ages, mais aussi aux recherches de Jeanne Monty sur le *Dictionnaire philosophique*, d'Ursula Schick sur les contes, d'Ute van Runset sur les dialogues, pour ne citer que les plus récentes.

8. Chap. XXXI à XXXV (Jésus y est qualifié de "Socrate rustique").

9. Il agira de même, plus loin (ch. XXII), avec une citation de Rutilius.

ORDRE ET DESORDRE DANS

LE DICTIONNAIRE PHILOSOPHIQUE

Par José-Michel MOUREAUX

Il n'est guère d'usage que l'auteur d'un dictionnaire précise
la façon de le lire à ses lecteurs. Voltaire a pourtant voulu avertir
les siens que s'ils tenaient dans le *Portatif* un livre "des plus utiles"
c'était parce qu'ils avaient à en faire "eux-mêmes la moitié", dont il
leur a précisé aussitôt le détail: étendre "les pensées dont on leur
présente le germe", corriger "ce qui leur semble défectueux" et forti-
fier "ce qui leur paraît faible." (1) Comme les deux derniers points
de ce programme procèdent vraisemblablement d'un souci honorable de
modestie intellectuelle, ne retenons ici pour examen que cette invitation qui nous est faite par un auteur se souhaitant des lecteurs pleins
d'initiative à "étendre les pensées dont on /nous/ présente le germe."
Sans doute est-on conduit à donner d'abord à cette phrase le sens qui
lui appartient en propre et indépendamment de tout contexte: Voltaire
nous y convie au travail d'une réflexion personnelle soucieuse d'appro-
fondir, en leur donnant les prolongements nécessaires, les "pensées"
rencontrées dans le livre - et à l'état de "germe" précisément - par les
développements dont elles sont susceptibles et qu'il nous incombe de mener
à leur terme en toute indépendance d'esprit et hardiesse de pensée. Il
arrivera plusieurs fois à Voltaire de nous le rappeler dans le corps de
l'ouvrage. (2) De fait, il y a bien dans le *Portatif* quantité de ces
"germes" qui n'attendent pour être "cultivés" que les prolongements don-
nés par la réflexion personnelle et qu'au demeurant il eût été trop té-
méraire, le plus souvent, de présenter dans un état de maturation plus
avancé: la censure, devenue plus ombrageuse, aurait pu cesser de faire
semblant de trouver son compte dans ces désaveux si bruyants de paternité dont R. Pomeau a montré qu'ils constituaient aussi la meilleure des
propagandes (3), pour s'en prendre à la personne même de l'auteur. (4)

Mais dans le cas particulier du *Portatif* il est peut-être une
autre façon pour le lecteur, et tout aussi importante, d'étendre les pensées dont on lui présente le germe: c'est d'organiser les idées forces

qui innervent l'ouvrage, en sachant, par delà la fragmentation désordonnée
en articles, découvrir les rapports par lesquels elles convergent, s'unissent ou s'opposent; c'est presque avoir l'ambition d'en retrouver l'organisation pensée par Voltaire et que le lecteur attentif ne peut pas ne pas
percevoir: c'est du moins ce que je voudrais montrer en étudiant la critique du judéo-christianisme qui occupe, à elle seule, les trois cinquièmes
environ de la matière du *Portatif*. (5) On a dit de cet ouvrage qu'il était
un pot-pourri de la philosophie voltairienne (6) et c'est là caractériser
excellemment sa manière; on pourrait dire aussi bien que c'est une somme,
ce qui caractériserait plutôt sa matière, dont l'inventaire se révèle d'une
richesse surprenante; ne pourrions-nous ajouter que c'est encore un puzzle,
dont les éléments savamment brouillés par un tacticien prudent laissent aux
lecteurs superficiels ou pressés l'impression d'une dispersion éblouissante,
mais incitent les plus avisés à dépasser le pointillisme inorganique d'un
dictionnaire, l'émiettement excessivement analytique en articles qui, comme
les lettres de l'alphabet, se suivent sans s'appeler? Ce lecteur-là ne tarde pas à sentir combien la critique du judéo-christianisme a été fortement
pensée; que tout y est d'une cohérence et d'une convergence dont elle tire
une force singulière, mais sagement dissimulée sous les apparences du décousu. Derrière une apparente banalité - quel est donc en effet le lecteur
de dictionnaire qui se croirait tenu de respecter l'ordre ou plutôt le "désordre" alphabétique? - il entre probablement une certaine prudence dans
cette remarque de la préface de l'édition Varberg: "Ce livre n'exige pas une
lecture suivi". Mais Voltaire d'ajouter aussitôt: "mais à quelqu'endroit
qu'on l'ouvre, on trouve de quoi réfléchir". La première démarche de cette
réflexion ne consiste-t-elle pas précisément à rapprocher, opposer, grouper,
ordonner; bref, à abolir la distribution purement formelle en articles pour
retrouver au niveau du tout les grandes articulations de la pensée qu'il
exprime? N'est-ce pas par là qu'il faut commencer, pour accomplir par nous-
mêmes cette moitié du livre que Voltaire nous réclame? L'auteur lui-même
y incite discrètement par de multiples renvois d'un article à l'autre (7),
rappelant que la trame réelle de l'ouvrage s'inscrit dans ces reprises et
cette continuité de la pensée, c'est-à-dire dans l'abolition même de l'ordre
alphabétique. Rien de plus contestable finalement que le dernier titre choisi
par Voltaire pour son livre en 1769: s'il est une chose qui ne se laisse point
mettre par alphabet, c'est bien la raison, activité constructive de l'esprit
qui implique à la fois l'ordre et la vie. Cet ordre n'est évidemment pas
celui de l'alphabet; cette vie, c'est au lecteur qu'il appartient de la vivre,
précisément en réinventant sinon l'ordre même dont vivait la pensée de l'auteur, du moins un ordre similaire.

Sans doute ne faut-il pas tout attribuer à la prudence tactique,
ni même à la coquetterie d'un écrivain aussi ennemi du pédantisme et de la
lourdeur que la bonne compagnie où se recrutent ses lecteurs. Si le plus
populaire et peut-être le plus important des ouvrages de Voltaire a pris
la forme d'un dictionnaire, c'est d'abord parce que la mode, on le sait (8),
en était fort répandue. A preuve, entre autres exemples, ce naïf aveu de

qui innervent l'ouvrage, en sachant, par delà la fragmentation désordonnée en articles, découvrir les rapports par lesquels elles convergent,
s'unissent ou s'opposent; c'est presque avoir l'ambition d'en retrouver
l'organisation pensée par Voltaire et que le lecteur attentif ne peut
pas ne pas percevoir: c'est du moins ce que je voudrais montrer en étudiant la critique du judéo-christianisme qui occupe, à elle seule, les
trois cinquièmes environ de la matière du *Portatif*. (5) On a dit de
cet ouvrage qu'il était un pot-pourri de la philosophie voltairienne
(6) et c'est là caractériser excellemment sa manière; on pourrait dire
aussi bien que c'est une somme, ce qui caractériserait plutôt sa matière, dont l'inventaire se révèle d'une richesse surprenante; ne pourrions nous ajouter que c'est encore un puzzle, dont les éléments savamment brouillés par un tacticien prudent laissent aux lecteurs superficiels ou pressés l'impression d'une dispersion éblouissante, mais incitent
les plus avisés à dépasser le pointillisme inorganique d'un dictionnaire,
l'émiettement excessivement analytique en articles qui, comme les lettres
de l'alphabet, se suivent sans s'appeler? Ce lecteur là ne tarde pas à
sentir combien la critique du judéo-christianisme a été fortement pensée;
que tout y est d'une cohérence et d'une convergence dont elle tire une
force singulière, mais sagement dissumulée sous les apparences du décousu.
Derrière une apparente banalité - quel est donc en effet le lecteur de
dictionnaire qui se croirait tenu de respecter l'ordre ou plutôt le "désordre" alphabétique? - il entre probablement une certaine prudence dans
cette remarque de la préface de l'édition Varberg: "Ce livre n'exige pas
une lecture suivie." Mais Voltaire d'ajouter aussitôt: "mais à quelqu'endroit qu'on l'ouvre, on trouve de quoi réfléchir." La première démarche de cette réflexion ne consiste-t-elle pas précisément à rapprocher,
opposer, grouper, ordonner   bref, à abolir la distribution purement formelle en articles pour retrouver au niveau du tout les grandes articulations de la pensée qu'il exprime? N'est-ce pas par là qu'il faut commencer,
pour accomplir par nous-même y incite discrètement par de multiples renvois d'un article à l'autre (7), rappelant que la trame réelle de l'ouvrage
s'inscrit dans ces reprises et cette continuité de la pensée, c'est-à-dire
dans l'abolition même de l'ordre alphabétique. Rien de plus contestable
finalement que le dernier titre choisi par Voltaire pour son livre en 1769:
s'il est une chose qui ne se laisse point mettre par alphabet, c'est bien
la raison, activité constructive de l'esprit qui implique à la fois l'ordre
et la vie. Cet ordre n'est évidemment pas celui de l'alphabet; cette vie,
c'est au lecteur qu'il appartient de la vivre, précisément en réinventant
sinon l'ordre même dont vivait la pensée de l'auteur, du moins un ordre
similaire.

Sans doute ne faut-il pas tout attribuer à la prudence tactique,
ni même à la coquetterie d'un écrivain aussi ennemi du pédantisme et de la
lourdeur que la bonne compagnie où se recrutent ses lecteurs. Si le plus
populaire et peut-être le plus important des ouvrages de Voltaire a pris
la forme d'un dictionnaire, c'est d'abord parce que la mode, on le sait (8),
en était fort répandue. A preuve, entre autres exemples, ce naïf aveu de

de l'abbé Chaudon tâchant de se justifier, dès les premières lignes de
sa préface, d'avoir commis son dictionnaire lui aussi, fût-il "antiphilosophique":

> On a mis l'erreur en Dictionnaire; il est nécessaire
> d'y mettre la vérité. Les apôtres de l'impiété prennent
> toutes sortes de formes pour répandre leur poison; les
> défenseurs de la Religion ne chercheront-ils par aussi
> les moyens de faire goûter leurs remèdes? L'ordre al-
> phabétique est le goût du jour et il faut bien s'y plier
> si l'on veut avoir des lecteurs. (9)

Mais, plus profondément et plus personnellement, c'est aussi affaire de
tempérament: R. Pomeau a clairement montré que "bien avant de concevoir
le projet d'un dictionnaire, Voltaire pensait déjà par articles." (10)
A l'esprit voltairien, volontiers analytique et se défiant des "constuc-
tions d'idées" ou des "livres charpentés", soucieux d'isoler son sujet
pour mieux y appliquer toutes ses facultés critiques, l'article de dictionnaire convenait en effet tout particulièrement; ce que paradoxalement
se prouverait non pas tant par le *Dictionnaire philosphique* lui-même que
par toute cette partie des *Mélanges* ou se rencontrent, quels que soient
finalement les titres retenus (lettre - relation - discours - entretien -
conseils - épître - profession - remonstrances - réflexions - défense -
etc. etc.) des pamphlets de quelques pages, qui ne dépassent pas eux
non plus les dimensions d'un article de dictionnaire et sont souvent
composés de même façon que ceux du *Portatif*. (11)

N'allons pourtant pas trop loin: à force d'insister sur le
caractère analytique de l'esprit voltairien, de souligner après Voltaire
lui-même que son *Portatif* et quantité d'autres de ses ouvrages n'"exigent
pas de lecture suivie", on risque de méconnaître injustement une très
réelle puissance de synthèse chez l'auteur du *Portatif* (12), voire de se
porter aux excès de Faguet dont on connaît la célèbre et malveillante formule. (13) Or nul ouvrage ne mérite moins que le *Dictionnaire philosophique*
d'être comparé à un chaos d'idées claires. Et pourtant, faire passer le
lecteur sans transition de *Méchant* à *Messie* ou d'*Orgeuil* à *Papisme*, c'était,
avouons-le, ne rien faire pour lui épargner au moins l'impression du chaos.
Pour que Voltaire ait accepté le risque, il fallait sans doute qu'il fût
bien persuadé que les "suffisants lecteurs", comme les appelait Montaigne,
ne seraient pas en peine de refaire pour leur propre compte un synthèse
dont, par prudence autant que par disposition naturelle et coquetterie,
il ne leur offrait que les éléments dispersés.

Si j'ai choisi la critique religieuse pour tenter de la retrouver, c'est tout d'abord parce que les idées de Voltaire dans ce domaine ce
prêtent mieux à une tentative de synthèse dans la mesure où, le plus souvent
négatrices, elles offrent plus de clarté et de précision que celles de ses
idées proprement philosophiques qui se veulent positives: il est plus

facile de faire apparaître l'intolérance du Christianisme et de l'expliquer que de déterminer si l'on croit ou non à l'existence et l'immortalité de l'âme. Il est aisé de dénombrer toutes les incohérences qu'il
faut concilier, toutes les invraisemblances qu'il faut braver lorsqu'on
s'entête à tenir Moïse pour le véritable auteur du Pentateuque; il l'est
beaucoup moins de décider si la matière est coéternelle à Dieu ou tirée
par lui du néant. Par ailleurs et surtout, la critique du Judéo-christianisme ne constitue par seulement l'essentiel de la matière du *Portatif*,
dont elle occupe les trois cinquièmes dans son état définitif de 1769;
elle lui confère aussi et principalement son unité essentielle. Cette
spécifité de pamphlet anitchrétien paraît avoir été quelque peu perdue
de vue dans certaines tentatives récentes de classement dans la matière
des oeuvres alphabétiques(14): la distinction de catégories comme histoire, mythologie, orientalia, politique, religion, sciences naturelles
etc., pour utile qu'elle soit dans le cas des *Questions sur l'Encyclopédie*,
présente dans celui du *Portatif* le risque de méconnaître l'unité profonde
de préoccupation et de dessein chez le polémiste. Qu'il prouve l'impossibilité du déluge, la haute anitquité des Chinois ou la tolérance des
"Japonais", c'est oujours l'Infâme que vise Voltaire dans cet ouvrage de
polémique et de propagande à la fois (15), je dirais presque de catéchèse.
Le terme n'a rien d'ironique ni d'impropre, même appliqué à "un dictionnaire diabolique" (16), puisque l'ouvrage comporte justement quatre "catéchismes" dont le premier compte même parmi les articles les plus impor-
tants: le catéchisme chinois, celui du curé, celui du japonais, celui du
jardinier. Or il en est un qui manque notoirement à cette liste et que
dans un ouvrage "portatif" - c'est-à-dire où l'on prétend aller à l'essentiel - on se serait pourtant attendu à recontrer en très bonne place et en
tout cas bien avant celui du japonais, du jardinier ou même du curé:
c'est le catéchisme de l'honnête homme.

On sait que Voltaire l'a écrit, mais qu'il a publié séparément
en 1763 cet opuscule d'un vingtaine de pages, que son sous-titre présente
comme un "dialogue entre un caloyer et un homme de bien, traduit du grec
vulgaire par D.J.J.R.C.D.C.D.G." (17) Mais peut-être n'a-t-on pas assez
pris garde que ce dialogue fut très probablement composé dans le même
temps que le gros des articles du *Dictionnaire philosphique* et que l'emploi même dans le titre du mot "catéchisme" l'atteste à sa façon. Il est
probable que le *Catéchisme de l'honnête homme* fut d'abord conçu par Voltaire
comme un article de son *Portatif* (18) et non des moindres, mais qu'il s'en
est par la suite comme détaché pour des raisons évidentes: tout d'abord
l'opuscule ne constitue par une des "fusées" les plus brillantes qu'ait
tirées contre l'Infâme le vieil artificier de Ferney. Le prétendu dialogue
avec un caloyer se fige trop souvent en un monologue monotone de l'homme
de bien, catéchisant tout son saoûl ce moine si effacé et vraiment bien
complaisant qui finira par avour: "Allez, allez, tout caloyer que je suis
je pense comme vous". Rarement l'écrivain s'est montré aussi terne qui
n'a réussi à camper ici dans son ennuyeux honnête homme que le plus médiocre des catéchistes. Médiocre, mais consciencieux et même beaucoup trop:
en relisant son projet d'article, Voltaire s'est probablement aperçu que
l'homme de bien y avait dessiné une esquisse compendieuse, mais presque
exhaustive, de l'essentiel du *Dictionnaire*. Il constitue en effet comme

une première mouture de la critique du judéo-christianisme, que développeront beaucoup plus amplement près de soixante et onze articles du *Portatif* sur un total de cent dix-huit; mais il offre pour notre propos le grand intérêt de se présenter comme une tentative de synthèse. Nous avons là, faisait déjà remarquer Raymond Naves en 1936 en publiant le *Catéchisme* dans son édition des *Dialogues philosophiques*, "une somme assez complète de la critique religieuse de Voltaire" (19).

Qu'on relise ces quelquesvingt pages et l'on se persuadera vite que s'y trouve déjà l'essentiel: critique de l'ancien Testament contestant à Moïse la paternité du *Pentateuque,* en dénonçant les absurdités et les cruautés, flétrissant l'histoire des Rois et ridiculisant les prophètes; critique du nouveau Testament surtout, qui nie l'authenticité des Evangiles, dévalorise la personne, les miracles et la morale de Jésus, dénonce le caractère tout humain de l'histoire de l'Eglise, son évolution devenue trahison, son intolérance qui asseoit ses impostures, sa morale même, qui ne vaut pas mieux que la morale naturelle. Bref, Voltaire avait bien écrit là comme un résumé du pamphlet antichrétien qu'est essentiellement le *Portatif* de 1769. Mais un résumé où il disait trop et mal: si ce Catéchisme fut bien à l'origine un projet d'article du *Dictionnaire* comme j'en ai proposé l'hypothèse, très vite a dû apparaître un risque de double emploi qui suffisait amplement à l'en faire écarter au profit d'une publication anticipée et particulière. Car le véritable catéchisme de l'honnête homme, c'est finalement tout le *Dictionnaire philosophique* lui-même, simple et concret, dense et "portatif", comme tous les catéchismes, "un précieux Vade mecum que tout élu doit porter dans sa poche" (20) (c'était en tout cas un titre qui lui eût assurément mieux convenu que celui de "raison par alphabet", qu'on a jugé "plaisant" (21) et qui semble inadéquat bien plus encore). Du catéchisme, le *Dictionnaire philosophique* a aussi la nécessaire maniabilité, puisqu'on peut l'ouvrir n'importe où, le laisser et le reprendre, le parcourir en tout sens au gré de sa seule fantaisie. Tel est le secret qui en a fait "un consommé substantiel et léger", selon la jolie métaphore culinaire qu'inspirait à Lanson cet ouvrage autrefois conçu dans un souper (22). Bref, c'est un livre n'exigeant pas de "lecture suivie" selon les termes mêmes de la Préface, précisément parce qu'il a su rester, en se bornant à en proposer les éléments dispersés, très en deçà de la synthèse compendieuse, mais quelque peu monolithique que représentait le *Catéchisme de l'honnête homme*. Si l'on accepte d'y voir une oeuvre littérairement ratée, on acceptera probablement aussi d'expliquer cet échec par l'effort même que pour une fois Voltaire s'est imposé de faire par lui-même une synthèse, ou peut-être plus modestement une "somme assez complète", comme l'écrivait R. Naves. Ces synthèses ou ces sommes, nous savions d'ailleurs que l'esprit voltairien y répugne ordinairement. Raison de plus pour tenter de faire par nous-mêmes, en lisant le *Portatif*, cette moitié qui nous revient, dont nous avons proposé une définition possible et que l'auteur nous a cette fois abandonnée.

Cette critique du Judéo-christianisme qui polarise et sous-tend tant d'articles, il faut d'abord en souligner la très forte unité d'objet, qu'ont peut-être tendance à oublier ceux qui s'attardent volontiers à l'étude de l'antisémitisme de l'auteur du *Portatif*. Les attaques voltairiennes, incessantes et multiformes, de l'Ancien Testament font toujours partie d'une stratégie plus vaste, celle d'un polémiste sachant parfaitement que pour combattre victorieusement on doit certes frapper de front, mais qu'il faut aussi atteindre l'ennemi sur ses arrières. Or Bayle et tous les libertins de son temps savaient déjà - et c'est d'eux que le jeune Arouet l'a appris - que les arrières les plus solides de l'Infâme c'est tout l'Ancien Testament dont elle se prétend la continuation et l'accomplissement; d'où la place faite à la critique biblique dans un ouvrage que Voltaire a composé, publié et augmenté, rappelons-le, en pleine guerre contre l'Infâme, de 1760 à 1769 environ. Croit-on vraiment que le combattant acharné qui en 1763 criait au monde l'injustice faite par l'Infâme à Jean Calas et trois ans après le faisait frémir avec lui de la mort infligée - par l'Infâme aussi - au chevalier de la Barre, se serait attardé à ridiculiser Abraham, Job ou Ezéchiel, s'il n'avait été profondément persuadé que c'était bien l'Infâme encore qu'il atteignait par ces coups? En 1767 au demeurant les premières lignes du premier chapitre de l'*Examen important de Milord Bolingbroke* nous offrent la caution la plus explicite: "Le christianisme est fondé par le judaïsme: voyons donc si le judaïsme est l'ouvrage de Dieu." (23)

C'est pourquoi plus s'accentuent les allures de pamphlet antichrétien que prend le *Portatif* au cours de ses transformations successives, plus s'y multiplient les attaques contre la Bible. Dès l'édition Varberg *Ezechiel*, *Messie*, *Salomon* et *Moïse* sont allongés ou remaniés; y apparaît surtout l'important article *Genèse*, l'un des plus étoffés du *Dictionnaire*. L'offensive s'intensifie en 1767, année de grands espoirs, on l'a rappelé (24), pour le combattant de l'Infâme qui la croit arrivée à ses dernières heures. De mars à juillet, Voltaire mulitplie les coups avec les *Questions de Zapata*, les *Anecdotes sur Bélisaire*, l'*Examen important de Milord Bolingbroke*, l'*Ingénu*, la *Défense de mon oncle*. Mais il revient aussi une fois de plus à son arme la plus efficace et que décidément il s'entend à perfectionner; l'"artillerie lourde" de Ferney, comme l'a appelée R. Pomeau, tire une "salve" redoutable de projectiles beaucoup plus perforants: *Adam*, *Babel*, *David*, *Judée*, *Job*, *Prophètes*, *Péché originel*, où l'ironie se fait plus âpre et incisive. N'ayant jamais mieux compris ni exploité les ressources meurtrières du ridicule, Voltaire écrit de petits chefs d'oeuvre de comique et d'humour: avec *David*, *Job* et *Prophètes*, les grandes figures bibliques transformées en marionnettes - le "bon David", l'"ami Job" - s'effondrent tour à tour dans un grand bruit d'éclats de rire sacrilèges. Si bien qu'en 1769 la place de la critique biblique est devenue prépondérante. Si vingt articles concernent directement et uniquement la Bible (25), il en est aussi question - et souvent dans des proportions importantes - dans plus de seize autres. (26) Ainsi trente-six articles sur cent dix-huit, soit presque le tiers du *Portatif* dans son état définitif, sont consacrés à l'Ancien Testament. Aucune autre des grandes questions qu'il aborde n'a reçu de Voltaire une attention semblable, à l'exception bien entendu du Christianisme dont le Judaïsme représente précisément les racines.

Attaquer l'Ecriture, la faire apparaître comme dépourvue de
valeur historique, ôter au peuple juif son prestige et sa grandeur, c'é-
tait donc bien ébranler les fondements mêmes du Christianisme, ce qui
n'est dit nulle part dans le *Dictionnaire*, mais suggéré partout au lecteur un peu attentif: comment lire l'article *David*, par exemple, sans
se rappeler aussi que le "bon roi David" dont on s'y gausse est précisément l'ancêtre du Christ, ce que d'ailleurs Voltaire prend soin de rappeler dans les dernières lignes? Comment lire l'article *Adam*, dont les
accents "polygénistes" suggèrent si fortement l'extrême invraisemblance
de la création d'un seul être humain, sans penser que cette remise en
cause de la version de la *Genèse* entraîne la ruine du fait même du péché
originel? Que reste-t-il alors de la doctrine de la chute et de la Rédemption, que reste-t-il en fin de compte du Christianisme lui-même?
D'autres articles comme l'article *Ange* marquent même expressément qu'une
croyance lointaine et vague, mais progressivement incorporée à la tradition hébraïque, a pu devenir finalement l'un des fondements de la religion chrétienne. Bref, la première façon dont il nous faille faire ici
la moitié du livre qui nous revient consiste bien à percevoir et rétablir
ce lien, implicite le plus souvent mais très fort et voulu par Voltaire,
entre critique de l'Ancien Testament et attaque du Christianisme. La
bataille biblique n'est qu'une des plus importantes de la guerre contre
l'Infâme et il faut remporter l'une pour pouvoir gagner l'autre. C'est
donc la stratégie de cette bataille contre la Bible qu'il convient d'a-
bord de reconstituer.

Bataille concertée de stratège en effet et non pas simple harcèlement de franc tireur; bataille dont l'ordonnance ne s'aperçoit que
si l'on sait dépasser l'émiettement faussement rassurant en articles,
pour retrouver au niveau de l'ensemble comme les lignes de force de
l'exégèse voltairienne et reconnaître sa pleine efficacité dans la cohérence même de ses démarches. Alors apparaissent trois plans bien dis-
tincts et finalement hiérarchisés: pour attaquer la partie du dogme chrétien que la tradition prétend procéder de l'Ecriture, il fallait au préa-
lable dévaloriser les croyances du monde hébraïque et ruiner son prestige.
Mais cette démystification même du peuple soi-disant élu supposait qu'on
fît d'abord apparaître le peu de valeur de ses annales prétendument inspi-
rées. Telles paraissent être les trois phases essentielles de cette bataille que nous allons examiner dans l'ordre de leur succession naturelle
et ascendante: désacralisation de l'Ecriture, désacralisation du peuple
élu, ruine partielle du dogme.

La désacralisation de l'Ecriture est le fruit d'une triple con-
testation: celle de son authenticité, de son inspiration, des vérités
qu'elle prétend énoncer. Son authenticité est récusée à la fois par une
critique d'attribution et une critique interne. On trouve la première
dans les articles *Moïse*, *Job* et *Salomon*, qui nient la possibilité d'attribuer le *Pentateuque* à Moïse ou les cinq livres sapientiaux à Salomon et

donnent la *Genèse* pour une imitation tardive du livre de Job composé par
un Arabe. Quant à la critique interne, qui décèle dans le texte contradictions, incohérences et invraisemblances choquant la raison ou contre-
disant les données les plus élémentaires de la géographie ou de l'histoire,
elle fleurit dans de nombreux articles: Contradiction du texte de la
Genèse sur l'âge d'Abraham (article *Abraham*); limites incohérentes attribuées au royaume de Salomon (article *Salomon*) ou au Paradis terrestre
(article *Genèse*); mention par le prétendu auteur du *Pentateuque* de villes
qui n'existaient pas encore de son temps (article *Moïse*). Pour les mer-
veilles absurdes, elles sont innombrables: les métamorphoses de la femme
de Loth en statue de sel, de Sodome en un lac, de la verge d'Aaron en serpent (art. *Métamorphoses*); les visions fantastiques d'Ezéchiel (art.
Ezéchiel); les richesses immenses de Job (art. *Job*) et fabuleuses de Salomon
(art. *Salomon*); les dépenses somptuaires inouïes faites pour orner l'arche
d'alliance par un peuple au désert qui y manque du plus strict nécessaire
(art. *Moïse*). Bref, un tissu d'"inconcevables bêtises" (27) qui révoltent
tous les esprits et dévoient les plus faibles vers l'athéisme. Qu'il s'a-
gisse de leur attribution, de leur date de composition, de leur cohérence
interne ou de leur vraisemblance, beaucoup de livres bibliques ne subissent
donc pas sans dommage ce premier examen conduit par une raison naturellement affranchie de tout respect imposé par la tradition.

Dès lors comment soutenir qu'ils aient pu être écrits sous une
quelconque inspiration divine? Les articles *Prophètes*, *Ezéchiel*, *Salomon*
et *Conciles* exposent les trois objections principales de Voltaire:
1. les prophètes ne sont que des exaltés s'attirant des mésaventures gro-
tesques et moissonnant tous les ridicules: le plus souvent des déséquili-
brés qui n'ont laissé qu'un galimatias incompréhensible (28); 2. si tous
les livres de l'Ecriture ont été inspirés par l'Esprit Saint, comment expliquer certaines contradictions, comme celle qui oppose Ezéchiel au Moïse
des *Nombres*? (art. *Ezéchiel*); 3. comment surtout admettre l'authenticité
d'inspiration dans le cas des seuls livres inscrits au Canon, lequel fut
constitué par une sélection tout arbitraire et purement humaine, dont
Voltaire insinue qu'elle a parfois manqué de sérieux (29) ou de pertinence?
(30)

Une fois ruinée la croyance en la dictée de l'Ecriture par
l'Esprit Saint, reste à passer au crible de la raison ce lot de vérités
"révélées" qu'elle prétend enfermer. Voilà donc Voltaire attaché à dénombrer ce qu'on pourrait appeler - en pastichant Nonnotte et en changeant de
complément - les erreurs de la Bible. Elles sont nombreuses et de tous
ordres: le polythéisme des premiers Juifs que trahit le texte même de la
Genèse (31) et qu'atteste leur monolâtrie très tolérante (32); la conception qu'ils se faisaient d'un Dieu corporel (33); l'inexplicable ignorance
où ils étaient de l'immortalité de l'âme (34); le caractère très suspect
de la morale enseignée dans les livres sapientiaux. (35) Voilà pour les
hérésies religieuses et morales. Mais il y a aussi les incongruités scientifiques, que l'exégèse orthodoxe contemporaine s'obstine à prendre pour
des vérités (36): création de la lumière avant celle du soleil, création

38

d'un firmament solide qui contiendrait les eaux du ciel (37), recouvre-
ment de la planète par un prétendu déluge universel dont l'impossibilité
est soigneusement établie par l'article *Inondation* (38) et enfin création d'un premier homme dont descendrait toute l'humanité.(39)

On voit donc qu'au terme de cette première phase toute valeur
de révélation se trouve déniée à l'Ecriture: ce recueil hétéroclite ar-
bitrairement et tardivement composé, dont trop souvent le texte n'est
pas sûr, fourmille d'incohérences, d'obscurités, d'invraisemblances, d'i-
gnorances et d'erreurs. Voilà comme apparaissent aux yeux de la raison
critique les Annales indûment prestigieuses d'un peuple soi-disant élu
et dont de surcroît elles ont fait croire trop longtemps que son histoire,
parce qu'elle est dite "sainte", résumait et orientait celle de l'humanité
primitive. En effet les conclusions mêmes auxquelles l'avait conduite
la lecture critique du texte biblique ont amené la réflexion voltairienne
à s'élever à un second plan: celui de l'histoire. C'est en y replaçant
le monde hébraïque et ses croyances qu'on peut expliquer les erreurs,
les insuffisances ou les ignorances que nous venons de recenser, aussi
bien que restituer au peuple élu son véritable visage et prendre l'exacte
mesure de son importance réelle.

Pour mener à bien cette désacralisation du peuple hébreu, Voltaire s'emploie d'abord à faire ressortir le caractère récent de son histoire, par le recours systématique à un comparatisme dévalorisant. Ainsi
la *Genèse* est bien postérieure aux livres de Thaut, à ceux de Sanchonia-
thon, au Shasta, à l'Ezour-Védam ou aux cinq *Kings* des Chinois. (40)
Seules l'Inde et la Chine pourraient avoir la prétention de remonter aux
origines de l'humanité, comme le rappelle l'article *Chine*. La *Genèse*
est donc pleine d'emprunts à des cosmogonies et mythologies très antérieures:
la création en six jours, l'idée d'un paradis terrestre, l'union des dieux
inférieurs aux filles des hommes, l'idée d'un déluge universel (41), la
création du premier homme et de la première femme (42), le nom même
d'Abraham (43) ou les miracles de Moïse (44), tout cela figurait déjà
dans les fables des Phéniciens, des Chaldéens, des Perses, des Indiens,
des Grecs et même des Arabes. (45) Peuple récent et peuple copieur, par
conséquent, que cette "horde juive"; mais peuple copieur parce que profondément ignorant, dépourvu d'originalité et particulièrement enfoncé dans
la grossièreté et la barbarie: Voltaire n'en finit plus de dénombrer les
misères sans grandeur du peuple élu. C'est son histoire sans prestige de
peuplade nomadisante (46) qui explique les surprenantes ignorances d'Israël
que nous avons relevées ou l'emprunt de tant de ses coutumes aux Egyptiens.
(47) Elle explique aussi la barbarie de ces tribus nomades, qui ont plus
souvent connu la rude vie du désert que les raffinements de la civilisation:
leur fameuse Terre promise n'était qu'un contrée sèche et pierreuse (48) et
leur Dieu, fait à leur image, ne craint pas d'ordonner à Ezéchiel certain
repas trop fameux. (49) Cette barbarie allait même jusqu'à la cruauté de

l'holocauste et des sacrifices humains: Jephté a immolé sa fille et
Samuel mis en pièces le roi Agag. (50) Voltaire s'emporte même jusqu'à
accuser les Juifs d'anthropophagie sur des passages de Moïse et d'Ezéchiel.
"Et en effet, ajoute-t-il, pourquoi les Juifs n'auraient-ils pas été an-
thropaphages? C'eût été la seule chose qui eût manqué au peuple de Dieu
pour être le plus abominable peuple de la terre." (51) Excès de malveil-
lance sans doute, mais aussi réaction excessive d'une sensibilité révoltée:
ce peuple n'eût pas été jugé "le plus abominable", si la tradition n'en
avait fait trop longtemps le plus admirable. D'où l'acharnement de Voltaire
contre ses grandes figures dirigeantes, elles aussi trop longemps vénérées:
un Moïse, un Salomon, un David se sont montrés d'une cruauté inouïe, dont
on trouve le détail dans l'article qui revient à chacun. (52) L'article
Histoire des rois juifs se termine sur une éloquente énumération de dix-
sept assassinats principaux: "Il faut avouer que si le Saint Esprit a
écrit cette histoire, il n'a pas choisi un sujet fort édifiant." (53)
Rien d'édifiant non plus dans certains épisodes scabreux qui embarrassent
Dom Calmet et ses pareils, comme l'enrichissement d'Abraham par la beauté
de sa femme (54) ou la façon dont David s'est débarrassé du mari de Beth-
sabée. (55)

     Le recours à l'Histoire a donc permis une véritable démystifica-
tion: à l'image traditionnelle du petit peuple élu par Dieu - qui a conclu
avec lui un pacte d'alliance et le mène contre vents et marées vers sa
terre promise en accomplissant l'Histoire Sainte - Voltaire a substitué
l'image de la "horde", obscure, ignorante, grossière, sanguinaire, tribu-
taire du bon vouloir de ses voisins, n'ayant jamais pu s'empêcher de les
imiter ou su se préserver de leur influence; bref, l'image d'une peuplade
sans originalité ni prestige qui, loin de vivre une histoire privilégiée
sous la conduite du Dieu de tous les univers, a toujours été ballotée, dans
son coin perdu d'Afrique ou d'Asie, aux remous de l'Histoire universelle,
qu'elle a subie sans jamais l'orienter.

     La désacralisation de l'Ecriture et la dévalorisation du monde
hébraïque ainsi accomplies, restait à tirer ce qu'on peut légitimement
appeler des "conclusions", si l'on admet bien le caractère cohérent et
surtout progressif de la démarche critique qui s'éploie dans le *Portatif*
par delà le désordre alphabétique. Cette critique de l'Ancien Testament
n'étant pas à elle-même sa propre fin, il est logique qu'elle débouche et
s'achève maintenant sur un effort pour ruiner tout ce par quoi la Jérusalem
nouvelle - alias l'Infâme - procède de l'ancienne et repose sur elle.
C'est là l'aboutissement et le couronnement attendus des deux mouvements
précédents, le fruit qu'il fallait logiquement en receuillir: sans cette
attaque que nous allons examiner maintenant de ce qui dans le dogme catholique se fonde sur l'Ecriture, Voltaire n'eût-il pas été comme un général
qui, après avoir patiemment miné les positions de l'adversaire, aurait
oublié de les faire sauter?

Les quatre articles *Ange, Enfer, Péché originel* et *Messie* représentent une attaque directe de cette partie très importante du dogme chrétien qui prétend pousser dans l'Ancien Testament des racines parfois très lointaines. Vient d'abord le problème de la chute de Satan et des mauvais anges, dont Voltaire montre qu'il engage en fait tout la vision chrétienne de l'Histoire. (56) Or cette tradition fondamentale ne repose que sur un lointain emprunt des Hébreux aux Chaldéens, dans le temps de leur captivité à Babylone, tandis qu'aucun livre mosaïque ne fait la moindre mention de l'existence des anges et encore moins de leur chute dans un enfer. Sur cet enfer aussi les premiers livres de l'Ancien Testament demeurent muets, puisque les premiers Juifs n'avaient pas même l'idée d'un au-delà. Apparue tardivement dans le monde hébraïque, la croyance en un enfer n'a jamais été adoptée que par les Esséniens et les Pharisiens. Les Chrétiens l'ont reprise, à l'exception de quelques Pères de l'Eglise à qui "il paraissait absurde de brûler pendant toute l'éternité un pauvre homme pour avoir volé une chèvre." (57) Or cet enfer auquel croit l'Eglise, on sait qu'elle le peuple de tous ceux qui ont eu la malchance de ne pas avoir été lavés par le baptême de la tache originelle. C'est dire toute l'importance dans les perspectives chrétiennes de la faute de nos premiers parents voleurs de pommes, vouant à l'enfer avec un belle inconscience les milliards innombrables de leurs descendants des siècles à venir. Le péché originel appelle et explique donc les faits essentiels de l'incarnation et de la rédemption. Or l'article *Péché originel* établit que sur ce dogme du péché originel et de ses incroyables conséquences, la *Genèse* et les autres livres de l'Ecriture gardent un silence stupéfiant (58), sans parler de l'improbable existence d'Adam et Eve. Le Messie a pourtant été envoyé précisément pour effacer cette faute originelle: mais l'article *Messie* objecte qu'il y a eu bien des Messies tout au long de l'histoire hébraïque; ce n'était souvent qu'un titre honorifique. Quant aux prophéties annonçant le Messie véritable, elles manquent de clarté et de concordance. Et surtout l'idée même d'un homme-Dieu est si contradictoire que ni les Prophètes ni même Jésus n'ont jamais précisé expressément qu'il fût homme et Dieu à la fois. (59)

Cette destruction de quelques bases essentielles du Christianisme représentait donc l'enjeu ultime de la bataille antibiblique livrée dans le *Portatif*, le terme et le couronnement d'un effort stratégique qui, loin d'être à lui-même sa propre fin, prépare une vaste attaque de front dont nous tenterons maintenant de circonscrire l'envergure et mesurer l'efficacité par l'étude même de sa cohérence.

Phénomène à la fois individuel et collectif, le Christianisme peut être regardé concurremment comme historique, social, psychologique, moral et politique. C'est dire qu'il en existe bien des modes d'approche ou plutôt d'attaque. Cette multiplicité de visages va contraindre le polémiste à s'inventer une tactique nouvelle dont le célèbre cri de guerre:

"Ecr. l'Inf." ne donne pas une idée suffisamment précise: l'auteur du *Portatif* ne pense pas vraiment à un écrasement total entraînant une liquidation définitive, puisqu'un certain nombre d'articles assignent au contraire à l'Eglise la place exacte qu'elle doit occuper désormais au sein de la Société civile. Mais avant de proposer ces réformes positives destinées à contenir une Infâme rendue inoffensive, il faut, par une série d'attaques simultanées et convergentes, accabler pour l'affaiblir ce monstre intolérant, le traîner à tous les tribunaux dont il est justiciable. Or c'est à ceux de l'Histoire et de la Raison que s'instruit principalement le procès du Christianisme dans le *Dictionnaire philosophique:* en même temps qu'il demande à l'Histoire de réduire à sa portée véritable une religion qui se prétendait au-dessus d'elle, Voltaire confie à la raison l'examen de la croyance religieuse et de ses objets: en nous y découvrant la dangereuse futilité des querelles doctrinales, la raison fait finalement apparaître une perversion profonde dans le pas donné au dogme sur la morale. Mais ces deux premiers "verdicts" de l'histoire et de la raison - une religion humaine exclusivement, et une religion aux valeurs fâcheusement perverties - servent à intenter au Christianisme un troisième procès et de loin le plus important: celui de son intolérance. L'Histoire fournit ici son témoignage accablant sur les cruautés de cette religion dont elle a déjà révélé les origines purement humaines: de son côté, la raison dénonce dans l'enlisement dans les querelles dogmatiques un mépris scandaleux et constant de la liberté de conscience. D'historique et rationaliste qu'elle était dans ses deux premières démarches, la critique voltairienne du Christianisme est donc devenue humaniste par la défense passionnée qu'elle entreprend ici des valeurs humaines contre l'"hydre" de l'intolérance qui les menace. Elle débouchera finalement sur quelques suggestions positives, premiers linéaments d'une laïcisation qu'accomplira la Révolution française vingt-cinq ans plus tard. Affaiblir et contenir, telle est probablement la formule qui résumerait avec plus d'exactitude que le célèbre Ecr. l'Inf. la tactique employée contre l'Infâme dans le *Portatif* et dont il est temps de pénétrer le détail. (60)

        Le procès du Christianisme devant l'Histoire s'instruit dans huit articles que leur enchaînement évident groupe dans une véritable constellation. L'essentiel de la vision voltairienne de l'histoire de l'Eglise nous est proposé principalement dans l'article *Christianisme* (61), apparu dès 1764 et significativement le plus long du *Dictionnaire.* (62) Mais Voltaire n'a cessé d'en enrichir la substance jusqu'en 1769, en lui adjoignant, pour en éviter l'hypertrophie excessive, une demi-douzaine d'articles satellites qui reprennent en les développant des passages de l'article fondamental. (63) De cet ensemble se dégagent nettement les phases successives de sa démarche critique: d'abord la remise en cause de la valeur historique de Nouveau Testament dans *Christianisme, Evangile* et *Apocalypse.* Comment expliquer le troublant silence de l'histoire profane sur la personne

42

de Jésus? (64) Pourquoi surtout admettre l'authenticité des quatre Evangiles ou encore de cette Apocalypse d'abord rejetée par tant de Pères de
l'Eglise? Dans la foule de ceux qui prétendent avoir raconté la vie du
Christ - on compte, selon Voltaire, une cinquantaine d'évangiles apocryphes
- l'historien objectif admet mal qu'on en ait discerné quatre à l'exclu-
sion de tous les autres et en vertu de critères étrangers aux impératifs
de la science historique. C'est encore l'arbitraire d'un choix tout humain que nous trouvons au principe de la trop humaine histoire de l'Eglise.
L'article *Christianisme* ne la parcourt pas entièrement, s'attardant surtout à l'Eglise primitive. Voltaire y flétrit la conduite et la personnalité de Paul (65) puis dénonce les impostures de toutes sortes des premiers chrétiens, dont la moindre n'est pas le prétendu "Symbole des Apôtres",
composé seulement au Ve siècle. (66) Après quoi il s'emploie à montrer
comment l'évolution même de la jeune Eglise, en particulier l'institution
d'une hiérarchie que refusent aujourd'hui certaines sectes (67), l'a amenée
à trahir la pureté de ses origines. Ce divorce entre religion de l'Eglise
et religion de Jésus n'a cessé de s'accentuer au point que l'une est aujourd'hui tout l'opposé de l'autre. (68) En même temps que s'altérait
sa pureté originelle, l'Eglise n'évitait pas de dangereuses compromissions
avec la magie qu'atteste la pratique même de l'exorcisme. (69) L'historien aborde ensuite le problème des persécutions de l'Eglise opprimée,
beaucoup exagérées par des martyrologes remplis de contes de vieilles (70),
pour passer aux conciles de l'Eglise installée et bientôt divisée, puisque
la grand schisme de l'Arianisme est apparu dès le concile de Nicée. (71)
Qu'il s'agisse des conciles ou des grandes hérésies, Voltaire garde pour
but de montrer l'Eglise sans cesse déchirée par l'esprit de faction, l'or-
gueil et l'intolérance. Là où d'autres croient apercevoir le Saint Esprit
à l'oeuvre dans les décisions finalement retenues par la majorité des
évêques réunis, Voltaire ne lit que les résultats trop humains de compromis,
de cabales, de haines personnelles ou de rivalités de clans. La revue des
principaux conciles laisse l'impression d'une suite d'incohérences anarchi-
ques et farcesques; parfois sanglantes aussi: certaines de ces disputes
doctrinales ont été à l'origine de graves désordres politiques. Notons enfin que l'article *Christianisme* garde sur la Papauté un silence qui eût été
inexplicable, si le *Portatif* n'avait comporté dès 1764 un article *Pierre*,
étroitement complémentaire en ce qu'il jette sur le principe de l'infaillibilité pontificale le même discrédit que sur l'infaillibilité des conciles.

        De cette "constellation" de huit articles se dégage donc claire-
ment la vision voltairienne du Christianisme jugé par l'Histoire: consi-
dérée avec les yeux critiques non pas de la Foi mais de la seule raison,
l'histoire de l'Eglise n'apparaît plus que comme celle d'une Société purement humaine, tout comme l'histoire sainte du peuple élu avait été réduite
à l'aventure sans éclat d'une peuplade sans prestige. Les protagonistes
de cette histoire - papes, évêques, abbés - ont agi surtout, pour ne pas
dire uniquement, comme des hommes, sans mieux dominer que les princes ou les
rois de l'histoire profane leurs passions et leurs faiblesses. Ont donc
joué exlusivement les mêmes lois sociologiques et les mêmes ressorts psycho-
logiques: cette laïcisation de l'histoire de l'Elgise ne permet évidemment

plus d'y démêler, comme le fait le croyant, une action cachée et continue
de l'Esprit Saint. C'est pour les Chrétiens le Christianisme qui donne
son véritable sens à l'Histoire. Pour Voltaire et les historiens rationalistes, c'est au contraire l'Histoire qui réduit le Christianisme à sa
portée véritable de doctrine contingente et mortelle. Tel est le premier
verdict rendu contre lui dans le *Portatif*.

Le second l'est par la raison, au terme d'un examen minutieux de
la croyance religieuse et de ses objets. La nature de la foi est analy-
sée dans les articles *Foi* et *Miracles*. La foi consiste à croire ce qui
n'est jamais évident (sinon la raison y suffirait); elle consiste même
trop souvent à croire ce qui est impossible, comme l'Incarnation (72)
ou les miracles, puisqu'un miracle suppose la violation des lois divines
et immuables (73). Il y a donc au principe même de l'attitude fidéiste
un anti-rationalisme pouvant conduire à de dangereux excès dénoncés dans
les articles *Convulsions* et *Superstition*. Le second présente même des
conclusions très hardies en assurant que "le fond de la religion d'une
secte passe pour superstition chez une autre secte" (74). Qui peut dire
alors où s'arrêtent les croyances de la foi pour faire place à celles de
la superstition? Si le "fond" d'une religion - c'est-à-dire ses dogmes
fondamentaux - passe pour superstition aux yeux de ceux qui ne la professent
pas, foi et superstition, également ennemies de la raison, ne sont que les
diverses modalités d'une même attitude, voire deux synonymes: la superstition n'est qu'une forme de foi pervertie mais inversement la foi contient
la superstition en son principe - et peut-être l'appelle; ce qui est évidemment bien plus qu'il n'en faut pour ne jamais trouver grâce aux yeux de
la raison. Il n'y a pas de différence de nature (et peut-être pas même de
degré) entre croyance aux indulgences et croyance au dogme de la Trinité.

On en conçoit mieux tout le mépris de Voltaire pour le dogme catholique, défini dans l'article *Arius* comme "une vaine science de mots" (75).
Si dogme il y avait, l'homme ne le pourrait connaître par lui-même et il
faudrait que Jésus-Christ le lui eût expressément révélé, ce qui fut rarement le cas (76). Les dogmes sont en fait d'invention humaine exclusivement: on l'a déjà vu de ceux qu'on prétend fondés sur l'Ecriture; mais on
peut le vérifier de tous les autres, simples élucubrations de théologiens
le plus souvent qui ne peuvent que révolter la raison. Voltaire le vérifie
des dogmes de la Trinité (77), de la Divinité de Jésus (78), de la nécessité
de la grâce (79) et de la résurrection des corps (80): ils constituent tous
de ces impossibilités dénoncées dans l'article *Foi* et qu'aucun être raison-
nable ne pourra jamais croire sincèrement. Et leur prétendue révélation
apparaît toujours comme une duperie, puisque l'historien attentif ne tarde
pas à discerner les étapes de leur trop humaine genèse au cours de l'histoire de l'Eglise (81). Ces croyances irrationnelles lentement forgées par
l'esprit humain demeurent étrangères au message de Jésus.

        Mais la foi du Chrétien se porte sur d'autres objets: les sacre-
ments, qu'il croit d'institution divine et pleinement efficaces. Or ils
sont d'invention humaine eux aussi. Jésus n'a institué ni le baptême, ni
le mariage, ni le diaconat. Leur véritable origine est à chercher dans l'emprunt aux religions primitives de rites très anciens, comme immersion ou
confession. (82) En 67, Voltaire ajoute à *Baptême* et *Confession* le très
violent article *Transsubstantiation:* l'eucharistie c'est la "croyance monstrueuse", celle qu'aucun "homme de bon sens", après avoir réfléchi, n'a
pu "embrasser sérieusement"; c'est "le dernier terme de l'impudence des
moines et de l'imbécillité des laïques, l'insoutenable défi "à tous les lois
de la physique" (83), bref, l'occasion d'un grand cri de colère de la raison soulevée.

        Mais si ces dogmes et sacrements qui la blessent ne sont pas même
d'origine divine, l'essentiel de la Foi ne valait vraiment pas qu'on se
soit déchiré des siècles durant pour savoir si Jésus avait deux natures ou
deux volontés ou s'il convient de baptiser par immersion ou par aspersion.
Le *Portatif* dénonce inlassablement les funestes effets de l'intransigeance
dogmatique qui rend "furieux et implacable". (84) C'est là une manifesta-
tion de la bêtise humaine dont Voltaire n'a jamais fini de se scandaliser.
(85) C'est pourquoi dans le "Credo de l'abbé de Saint Pierre" - proposé à
la fin de l'article Credo - Voltaire a tenu à inscrire cet article: "Je
crois que les disputes théologiques sont à la fois la farce la plus ridicule et le fléau le plus affreux de la terre, immédiatement après la guerre
la peste la famine et la vérole." (86) Aussi la première qualité du théo-
logien idéal, dont on nous offre le portrait à l'article de ce nom, serait
l'humilité intellectuelle qui lui permettrait de toujours garder un sens
aigu de la profonde vanité de toute dispute théologique. Car l'essentiel
n'est que dans la morale: ce qu'il faut croire reste très secondaire par
rapport à ce qu'il faut faire et aux commandements d'amour. (87) Aussi
le curé de campagne idéal du *Catéchisme du curé* ne prêchera-t-il jamais la
doctrine, mais toujours la morale. (88) Si le dogme est finalement d'ap-
parition récente, la vertu en revanche a été de tout temps et c'est la seule
qui puisse compter aux yeux de Dieu: tout l'article *Dogme* est une allégorie
ingénieusement conçue pour nous persuader de cette vérité. Au reste la nou-
veauté du message de Jésus est à chercher dans sa morale seulement, car il
n'a enseigné "aucun dogme métaphysique". (89) Son importance véritable
dans l'histoire de la conscience humaine, C'est d'être celui qui a dit,
"Aimez-vous les uns les autres". Les Chrétiens l'ont trop perdu de vue et
devraient mieux suivre l'exemple de leur Maître en se souciant désormais
de cultiver leur valeurs morales plutôt que de disputer des futilités de
leur dogme. Le Christianisme se prétendant une religion d'amour, la première de ces vertus à cultiver était la tolérance. Or c'est précisément
celle qu'il n'a cessé de trahir. (90)

Dans le troisième procès qui vient ainsi de s'ouvrir - celui de
son intolérance et dont probablement elle aura le plus de mal à se relever -
l'accusée, c'est-à-dire l'Eglise catholique, se trouve dès le départ en
bien fâcheuse posture. Car de la religion qu'on y juge nous avons déjà
par l'Histoire, qui nous a révélé ses constantes et trop humaines faiblesses,
l'imposture de ses origines divines; et par la Raison sa complaisance regrettable pour l'inintelligible ou l'absurde, comme ses oublis trop fré-
quents de l'essentiel: les valeurs morales. Son intolérance en devient
d'autant moins admissible et la grave accusation portée contre elle d'autant plus propre à la rendre parfaitement odieuse: une religion qui se dit
révélée sans l'être, une religion qui par son dogme révolte la raison que
tous les hommes ont en partage et se donne pour une religion d'amour, est
bien la dernière à pouvoir prétendre s'imposer par d'autres moyens que ceux
de la plus authentique charité. Ce ne sont pourtant pas ceux qu'elle a
le plus souvent choisis: chaque page nouvelle de son histore nous découvre
au contraire le trait nouveau d'une intolérance dont la permanence scandaleuse remonte aux origines: les sectes de l'Eglise naissante se combat-
taient déjà au temps des persécutions.(91) En dépit de ses prétentions uni-
versalistes, l'Eglise n'a jamais su s'affranchir des misères ni de la mauvaise fois du sectarisme, comme l'enseigne la différence de ses jugements
sur les empereurs Constantin et Julien (92), ou surtout la sanglante intolérance du clergé français durant les guerres de religion. (93) L'article
Persécution repère d'ailleurs les persécuteurs les plus malfaisants dans
les chroniques non pas du paganisme, mais bien du Christianisme. L'article
Martyrs dresse, avec les âpres accents d'une indignation émue, un bilan
accablant de toutes les Saint Barthélémy dont toutes les Infâmes n'ont jamais su éviter d'ensanglater leurs annales. (94) Le témoignage de l'Histoire est donc bien accablant pour une religion qui se prétendait celle de
l'amour. Mais cette trahison si profonde et si constante s'explique par
le principe missionnaire et universaliste inhérent à une religion qui veut
conquérir toute la terre (95); l'intolérance procède aussi de l'appétit de
pouvoir de ceux qui président à ses destinées et l'utilisent pour mieux
dominer les hommes. (96) Ceux là ont même donné à l'intolérance la forme
paroxystique et intolérable de l'Inquisition, flétrie dans les articles
Liberté de penser et *Inquisition*. Ses tribunaux bafouent les règles de
droit les plus élémentaires: l'intolérance n'est ici rien d'autre que la
plus scandaleuse agression de l'humain, indépendamment de ses effets écono-
miques désastreux dénoncés dans l'article *Papisme*. (97)

Nous pouvons maintenant formuler le verdict: à cause de son esprit de conquête l'Eglise chrétienne, qui se prétend fondée par celui qui
a dit "Aimez-vous les uns les autres", n'a pratiquement jamais cessé, tout
au long de son histoire d'église triomphante, d'ignorer non pas même l'amour
du prochain, mais tout simplement le respect de sa liberté de conscience,
dont tout humanisme fait pourtant une valeur première. On comprend mieux
dès lors l'opposition radicale affirmée par Voltaire entre religion du Christ
et religion de l'Eglise: la seconde n'est plus de la première qu'une défi-
guration dangereusement pervertie et c'est peut-être cette haute trahison
qui lui a principalement mérité le nom d'Infâme. La religion de Jésus,

c'était l'amour; mais l'Eglise qui se réclame de lui n'est plus depuis
longtemps que l'Intolérance bien organisée.

Nous savons toutefois que Voltaire ne réclame pas sa disparition
pour autant. Sa réflexion critique va dresser maintenant, dans une dizaine
d'articles, l'inventaire des abus à supprimer et des aménagements à apporter.
Sont à supprimer le monachisme(98), les richesses du Clergé (99), le pouvoir temporel du Pape (100); il faut faire disparaître des usages ridicules
ou barbares: l'excommunication des sauterelles, des sorciers et des comé-
diens (101), la pratique des fêtes chômées (102), l'observation du Carême
qui a donné lieu à de sanglants abus (103), les odieux tribunaux de l'Inquisition, les empiètements de l'autorité papale, détaillés à l'article *Pierre*.
(104) Tous ces excès procèdent finalement de la même cause, une confusion
constante entre les domaines civil et ecclésiastique qu'il importe de bien
séparer désormais, en définissant avec soin la condition et le rôle du
clergé dans la société. Les articles *Prêtres, Lois civiles et ecclésiasti-
ques, Catéchisme du curé, Credo* et *Religion* (huitième question) élaborent
ainsi une véritable charte du clergé: le haut clergé devra perdre ses hon-
neurs et ses richesses (105) et le bas clergé abondonner le célibat, pour
donner l'exemple dans l'éducation des enfants (106) et la pratique de bonnes
moeurs sous la surveillance des magistrats. (107) L'accent est donc mis
sur l'utilité sociale du prêtre, en particulier dans le *Catéchisme du curé*
(108): un peu juriste, un peu médécin, un peu agronome et surtout précepteur
de vertu par l'exemple même d'une vie irréprochable (109), le prêtre voltairien n'est plus le médiateur sacré qui permet ou interdit l'accès au divin,
mais seulement un fonctionnaire rétribué (110), préposé à l'entretien du
capital moral de la nation. Ce n'est qu'en raison directe de son utilité
sociale que le prêtre pourra être payé par le magistrat qui doit à la fois
le "soutenir et contenir". (111) Plus de zèle missionnaire, mais le respect scrupuleux de la liberté de conscience (112); plus de disputes dogmatiques, mais le souci de l'utilité et de la bienfaisance: dans une telle
situation et avec de pareils principes, le clergé nouveau restera inoffensif.
Ecraser l'infâme, c'est donc finalement pour l'auteur du *Portatif* souhaiter
non pas la disparition pure et simple de l'Eglise catholique, mais son
épuration par une transformation de ses structures et de ses coutumes, qui
l'empêcherait d'être jamais plus un dogmatisme intolérant, qui ferait justement en sorte qu'elle ne fût plus l'Infâme. Tel est le dernier terme
d'une démarche critique dont on aura probablement noté l'ampleur et la diversité: concurremment démystifié par l'Histoire, condamné par la Raison et
flétri pour son intolérance , le Christianisme ne pourra se maintenir qu'au
prix de la perte même de sa substance.

Si "l'ordre est le plaisir de la raison" comme l'affirmait Paul Claudel (113), il est certain que les lecteurs de la *Raison par alphabet* doivent chercher leur plaisir ailleurs que dans l'"ordre" alphabétique. Mais comme Voltaire ne leur en a indiqué aucun autre, voilà ces esprits raisonnables à la recherche de l'agréable condamnés à passer d'abord par le détour de l'utile, en participant à la confection même d'une oeuvre dont on les a avertis qu'ils avaient à faire personnellement la moitié. Or l'effort ici demandé, on aurait aimé l'établir par les réflexions précédentes, est d'abord un effort de structuration. Le décousu de *Portatif* n'est qu'une apparence, rebutante pour les esprits superficiels, aiguillonnante pour les plus avisés: ils découvrent vite que le langage qu'y tient Voltaire n'est pas loin de ressembler à celui d'un "habile" dont il faut savoir retrouver "la pensée de derrière et juger de tout par là." (114)

Mais le dessein même de cet exposé suscite une objection qui ne peut être écartée davantage: peut-on légitimement prendre le *Portatif* pour un puzzle qu'il nous appartiendrait de reconstituer, parce que Voltaire l'a voulu en ne nous offrant que le pêle mêle de ses composants? Car un puzzle ne comporte jamais plusieurs possibilités de combinaisons, tandis qu'il est peut-être d'autres façons que celle qui vient d'être proposée de "reconstituer" dans sa cohérence la critique religieuse du *Portatif*. Cet ordre qui vient d'être dessiné, rien ne garantit qu'il soit celui là même qu'avait conçu Voltaire. N'est-ce donc pas inspirer aux lecteurs du *Dictionnaire* une ambition démesurée que de les inviter à réinventer l'ordre dont vivait la pensée même de l'auteur? Il ne le semble pas. Car s'il est bien évident que l'ordre pensé implicitement par Voltaire ne saurait constituer comme une réalité objective dont ses lecteurs pénétrants pourraient retrouver l'exact dessin, - ce à quoi parvient finalement l'enfant reconstituant son puzzle -, il reste qu'il leur faut bien réinventer un ordre similaire et dont on peut tout de même penser qu'il noue dans l'écheveau des articles les mêmes grandes articulations que celles qui charpentaient la pensée de l'auteur, mais qu'au moyen de l'émiettement alphabétique il a prudemment dissimulées. Aussi bien l'essentiel n'est-il pas dans cette impossible confrontation d'un schéma recréé par le lecteur avec celui qu'avait Voltaire en tête: ce n'est pas au niveau des résultats qu'il convient ici de se placer, mais plutôt à celui des intentions. L'essentiel est de reconnaître que Voltaire a fait du désordre alphabétique de son *Portatif* comme le code dont il a chiffré le langage qu'il y tient; qu'il appartient dès lors au lecteur de le décoder, en y réintroduisant les principes d'ordre que le chiffreur en avait volontairement ôtés. Certes, rien ne nous assure que les grilles utilisées par l'un et l'autre soient identiques. Mais ne regrettons pas là une indétermination à quoi il faille se résigner bon gré mal gré. Elle est trop féconde pour ne pas avoir été souhaitée par Voltaire. Si les livres dont les lecteurs font eux-mêmes la moitié comptent parmi les plus utiles, c'est sans doute parce que la moitié qui leur incombe reste exempte, comme toute recréation, de prédéterminations figées et qu'à la limite le livre devient ainsi susceptible d'autant de prolongements qu'il comptera de lecteurs.

Ceux du *Dictionnaire philosophique* pourraient en fin de compte se classer en trois catégories empruntées encore à Pascal: le "peuple" qui ne verra rien d'autre dans le *Portatif* qu'un chaos d'idées claires et en prendra aisément son parti comme de la faiblesse d'un grand esprit; les "demi-habiles" qui n'ayant pu décidément se satisfaire de ce chaos y découvrent l'artifice d'une prudence tactique et proclament aussitôt l'existence objective dans le *Portatif* d'un ordre caché qu'il est nécessaire de retrouver pour lui restituer sa portée et sa physionomie véritables. Ceux-là font du *Portatif* un simple puzzle, sans trop s'embarrasser des nuances, et recommencent l'erreur que Voltaire lui-même avait commise avec le *Catéchisme de l'honnête homme*. Il faut convenir que mon exposé lui-même paraîtrait souvent cautionner cette erreur, s'il ne s'achevait en proclamant avec les "habiles" que de ce "chaos" il faut prendre son parti en effet, mais pas pour les raisons dont se satisfait le peuple car le désordre du *Portatif* n'est bien qu'une mise en scène. On doit toutefois y reconnaître moins un ordre prudemment caché qu'un principe fécond d'ordres possibles. L'essentiel était pour Voltaire d'inspirer à son lecteur le goût d'une synthèse et mon modeste propos ne tend finalement qu'à persuader que la préface de l'édition Varberg contient une invitation à reconstruire tout autant qu'à compléter.

N.B. Une version abrégée de cette communication a paru dans *Dix-Huitième Siècle* 12(1980), 381-400.

NOTES

1. *Dictionnaire philosophique*   Préface de Voltaire (1765, édit. Varberg). Garnier p. XXII.

2. Par exemple à la fin de l'article *Morale:* "Lecteur réfléchissez: étendez cette vérité; tirez vos conséquences"; ou à la fin de l'article *Sensation* (dans son état de 1764): "Que conclure de tout cela? Vous qui lisez et qui pensez, concluez": ou encore à la fin de l'article *Prêtres:* "Que de choses à dire sur tout cela! Lecteur c'est à vous de les dire vous-même".

3. R. Pomeau. "Histoire d'une oeuvre de Voltaire: le *Dictionnaire philosophique* portatif". *Information littéraire* (1955, no. 2), p. 48.

4. Ainsi, dès le 19 mars 1765, l'avocat Omer Joly de Fleury, tenu lui aussi à cette ignorance officielle, déclarait devant les chambres assemblées du Parlement que, si elle était connue, elle ne paraîtrait "pas moins digne que son ouvrage des peines les plus rigoureuses". (Arrêt du Parlement du 19 mars 1765 condamnant le *Portatif*. Cité par l'abbé Chaudon en tête de son *Dictionnaire antiphilosophique* (Avignon 1774) p. XX.

5. Aux trente-six articles consacrés partiellement ou totalement à la Bible s'ajoutent trente-cinq articles traitant de tel ou tel aspect du Christianisme: soit un total de soixante et onze articles sur cent dix-huit.

6. R. Pomeau. Article cité, p. 44.

7. Voici quelques exemples (les références seront données à l'édition Garnier du *Portatif* publiée par J. Benda et R. Naves, Paris, 1961): fin de l'article *Amitié*, p. 16. Dans *Anthropophages* (p. 26), renvoi à *Ame*. Dans la Section II d'*Athéisme* (p. 44), note renvoyant à *Fraude*. Dans le 1er entretien du *Catéchisme chinois* (p. 65), note renvoyant à *Ciel*. A la fin de *Chaîne des événements* (p. 105), renvoi à *Destinée*. Dans *Christianisme* (p. 114), référence à *Circoncision*. A la fin de *Destin* (p. 167), renvoi "à la lettre L" (pour l'article *Liberté*). Au début de *Genèse* (p. 212), référence à *Moïse*. A la fin de *Joseph* (p. 263) note renvoyant à *Songes*.

8. R. Pomeau a plusieurs fois rappelé comment le XVIIIe siècle fut "l'âge d'or des dictionnaires". (cf. *Information littéraire* (1955 no. 2), article cité, p. 43; ou bien sa présentation du *Dictionnaire philosophique* dans l'édition Garnier Flammarion, p. 9).

9. Chaudon. *Dictionnaire antiphilosophique* (Avignon 1774) Préface, p. VII.

50

10. R. Pomeau, article cité, p. 44.

11. Ainsi "La voix du sage et du peuple" (1750) ferait un excellent article *Clergé* (quatre pages et demie dans l'édition Moland), la "Lettre de M. Clocpicre à M. Eratou" (1761) un article *Anthropophagie des Juifs*, l'Entretien d'Ariste et d'Acrotal" (1761) la section d'un article *Philosophe* qui serait consacrée au prétendu danger social de leurs idées etc. etc.

12. Ainsi Yves Florenne, qui voit surtout dans l'auteur du *Portatif* un "journaliste de génie" (dans son introduction à l'édition du *Dictionnaire philosophique* établi pour le Club français du livre et qu'a reproduite la revue *Europe* dans son numéro de juin 1962) compare l'ouvrage lui-même à un "carquois", particulièrement "portatif" et "maniable", ce qui n'est pas faux, mais n'est pas non plus d'une vérité entièrement satisfaisante; car le carquois n'est qu'un étui dans lequel l'archer saisit au hasard ses flèches entassées, pour tirer sa pluie de projectiles. Tout cela suggère encore à l'esprit l'idée de dispersion et de harcèlement. Le *Portatif* est une machine de guerre autrement plus redoutable. C'est pourquoi l'on préférera certainement la comparaison de R. Pomeau faisant du *Dictionnaire philosophique* et de la *Philosophie de l'Histoire* ce qu'il appelle: "l'artillerie lourde de Ferney" (cf. La *religion de Voltaire*, Nizet, 1956, p. 344).

13. "Ce grand esprit, c'est un chaos d'idées claires". E. Faguet. *Dix-huitième siècle. Etudes littéraires*. Paris, Lecène - Oudin, 25e édition, p. 226.

14. Voir M.L. Perkins "Theme and form in Voltaire's alphabetical works" in *Studies on Voltaire and the XVIIIth century* CXX (1974) p. 17 et suiv.

15. Les deux sont étroitement liées, comme l'a bien mis en lumière R.S. Ridgeway ("La propagande philosophique dans les tragédies de Voltaire" in *Voltaire Studies*, vol. XV, p. 26 à 28). Convaincu de détenir la vérité et brûlant de la partager avec les autres hommes, le propaganiste prêche des valeurs nouvelles qui ne peuvent pas ne pas remettre en cause les valeurs anciennes qu'il a dès lors à tâche de combattre.

16. Best. 11.236 - Lettre de Voltaire à D'Alembert du 7 septembre 1764.

17. Don Jean Jacques Rousseau ci-devant citoyen de Genève.

18. Le *Catéchisme* est mentionné pour la première fois par Voltaire dans sa correspondance le 1er mai 1763. A Helvétius qui en demeurant à Paris a eu "la bonté de rester parmi les singes", il écrit de tâcher "d'en faire des hommes" et voici comment: "Un bon petit

catéchisme imprimé à vos frais par un inconnu dans un pays inconnu donné à quelques amis qui le donnent à d'autres, avec cette précaution on fait du bien et on ne craint point de se faire du mal et on se moque des Christophes, des Omer etc. etc. etc. etc." (Best. 10.364). Selon M. Besterman (*Voltaire's Correspondence* - vol. 107 - General index, p. 2957), Voltaire propose à Helvétius par cette phrase un tantinet sybilline de publier le *Catéchisme* à Paris. On peut donc estimer que fin avril 1763 le "bon petit catéchisme" était achevé, mais encore à l'état manuscrit.

19. Voltaire - *Dialogues philosphiques*, Edition R. Naves (Garnier 1955) p. 494, note 119.

20. C'est ainsi que Grimm a qualifié l'ouvrage dans sa lettre à Voltaire du 5 septembre 1764 (Best. 11.235).

21. Florenne (Yves) - "Voltaire ou de la raison et de la déraison par alphabet" - *Europe*, juin 1962, p. 49.

22. G. Lanson. *Voltaire* (Paris, 1946), p. 148.

23. Voltaire - *Mélanges*. Ed. J. Van den Heuvel (Bibliothèque de la Pléiade) p. 1022.

24. R. Pomeau. "Histoire d'une oeuvre de Voltaire: le *Dictionnaire philosophique portatif*". *Information littéraire*, 1955, no. 2, p. 49.

25. Ce sont: Abraham (64) - Adam (67) - Babel (67) - Circoncision (64)- David (67) - Enfer (64) - Ezechiel (64) - Genèse (65) - Histoire des rois juifs (64) - Inondation (64) - Jephté (64) - Job (67) - Joseph (64) - Judée (67) - Messie (64) - Moïse (64) - Péché originel (67) - Prophètes (67) - Salomon (64).

26. Ce sont: Ame (64) - Anthropophages (64) - Athée II (67) - Baptême (64) - Carême (69) - Ciel des Anciens (64) - Fables (64) - Fanatisme (64) - Idolâtrie (64) - Métamorphoses (64) - Philosophie (65) - Religion (1ère question) (64) Résurrection I (64) - Résurrection II (65) - Songe (64) - Tolérance (64) - Torture (69).

27. Article *Athée* II, p. 44.

28. Pour prendre d'ailleurs toute sa portée, cet article *Prophètes* appelle sans doute, comme lecture complémentaire, celle de l'article *Enthousiasme* dénonçant les méfaits de toute exaltation religieuse: "L'enthousiasme est surtout le partage de la dévotion mal entendue" (p. 182). Voltaire a beau limiter le choix de ses exemples aux contorsions de la Pythie de Delphes sur son trépied ou à l'exaltation d'un jeune fakir en extase, cette dénonciation des méfaits de l'enthousiasme ne peut pas ne pas remettre également en cause l'authenticité d'inspiration des prophètes d'Israël.

29. "Il est rapporté dans le supplément du concile de Nicée que les Pères étant fort embarrassés pour savoir quels étaient les livres cryphes ou apocryphes de l'Ancien et du Nouveau Testament les mirent tous sur un autel; et les livres à rejeter tombèrent par terre. C'est dommage que cette belle recette soit perdue de nos jours". Article *Conciles*, pp. 143-144.

30. Comment a-t-on bien pu promouvoir au rang de livre canonique un ouvrage rempli d'impiétés comme l'*Ecclésiaste*? Probablement par ignorance de son contenu exact, ce qui embarrasse fort aujourd-hui et contraint à dépenser bien de l'ingéniosité pour tâcher d'en justifier l'épicurisme. (Voir article *Salomon*, p. 381).

31. Article *Genèse*, p. 212.

32. "Les Juifs adoraient leur Dieu; mais ils n'étaient jamais étonnés que chaque peuple eût le sien. Ils trouvaient bon que Chamos eût donnée un certain district aux Moabites, pourvu que leur Dieu leur en donnât un aussi" (Article *Tolérance* I, p. 402. La même idée est reprise dans *Religion*, seconde question, p. 362).

33. Article *Genèse*, p. 216 et p. 220.

34. Dès 1752 et la rédaction à Potsdam de l'article *Ame*, Voltaire a donné le relief voulu à cet inquiétant silence du *Pentateuque:* tous les châtiments et récompenses qu'y promet Yaweh gardent un caractère purement matériel. Voltaire y revient en 1764 dans *Enfer* et *Religion* (1ère question) pour souligner à la suite de Warburton que les Juifs furent le seul peuple de l'Antiquité à avoir ignoré l'idée d'un au-delà.

35. Article *Salomon*, pp. 380-381.

36. L'année même de la mort de Voltaire, l'abbé du Voisin écrira du récit mosaïque de la Création que "tant d'assurance ne convient qu'à la sincérité et à la conviction" et conclura lui-même sans timidité: "La *Genèse* est la seule histoire vraiment universelle, la seule où tous les peuples trouvent les titres de leur origine" ("*L'autorité des livres de Moyse établie et défendue contre les incrédules*. Paris, Berton, 1778, p. 301). Un évêque en démêlé avec Buffon avertissait les savants vers 1750 d'avoir à partir du texte de la *Genèse* pour fonder leurs recherches sur l'origine de la terre: "Dieu a bien voulu nous apprendre au début de la *Genèse* (...) par quels degrés la matière qui n'était d'abord qu'un élément informe est parvenue à ce point de beauté que nous admirons dans l'univers (...) C'est à démêler ces vues que les auteurs qui écrivent sur la Création devraient s'appliquer" (J.G. Lefranc de Pompignan. *Questions diverses sur l'incrédulité*, Paris, Chaubert, 1751; cité par R. Pomeau, *La religion de Voltaire* (Nizet, 1956), p. 368. Voir aussi de l'abbé Pluche *Histoire du Ciel* (J. Néaulme, La Haye, 1740), T. II, p. 390 et suiv.).

37. Article *Genèse*, pp. 214-215. Voir aussi *Ciel des Anciens*, p. 137.

38. pp. 250-252.

39. Article *Adam*, pp. 6-7.

40. Article *Job*, p. 260 (addition de 1769).

41. Article *Genèse*, p. 216, pp. 221-224.

42. Article *Adam*, p. 6.

43. Article *Abraham*, p. 5 (addition de 1767).

44. Article *Moïse*, p. 320 (note ajoutée en 1765).

45. C'est le cas de la touchante histoire de Joseph (art. *Joseph*, pp. 261-262).

46. "nous avouons que nous sommes excessivement ignorants; que nous avons appris à écrire fort tard; que notre peuple était une horde sauvage et barbare qui, de notre aveu, erra près d'un demi-siècle dans des déserts impraticables (...) Nous n'avions aucun commerce avec les nations policées". (Article *Enfer*, p. 179).

47. Flagellation, bouc émissaire, jeûne (Article *Carême*, p. 63); pratique de la circoncision (Article *Circoncision*, p. 140).

48. Article *Judée*, pp. 264-265.

49. Article *Ezéchiel*, p. 191.

50. Article *Jephté*, p. 256.

51. Article *Anthropophages*, p. 26.

52. Les cruautés de David ont été résumées en 1765 dans l'article *Philosophie* (p. 345) pour souligner l'odieux et le ridicule des critiques adressées à Bayle pour son article *David* dans son "utile dictionnaire". Elles ont été détaillées en 1767 quand Voltaire décida d'enrichir le sien d'un article *David* qui lui manquait encore.

53. p. 234.

54. Article *Abraham*, p. 4.

55. Article *David*, p. 162 et *Philosophie*, p. 345 (Voltaire se borne à des allusions).

56. "La religion chrétienne est fondée sur la chute des anges. Ceux qui se révoltèrent furent précipités des sphères qu'ils habitaient dans l'enfer au centre de la terre, et devinrent diables. Un diable tenta Eve sous la figure du serpent, et damna le genre humain. Jésus vint racheter le genre humain et triompher du diable, qui nous tente encore". Article *Ange*, p. 23. On remarquera que cette phrase nous dessine l'ordre d'examen le plus logique des autres articles consacrés à l'attaque du dogme: *Enfer*, *Péché originel*, *Messie*.

57. Article *Enfer*, p. 180.

58. Article *Péché originel*, p. 339.

59. Article *Messie*, pp. 307-308.

60. Voici une liste des articles dans laquelle on s'est efforcé d'introduire un classement reflétant l'ordre adopté dans les réflexions qui vont suivre:

Nouveau Testament		Histoire de l'Eglise		Les objets de la croyance religieuse	
Apocalypse	64	Christianisme	64		
Evangiles	67	Pierre	64	Arius	67
Christianisme	64	Paul	65v.	Antitrinitaires	67
		Conciles	67	Credo	69
		Julien	67	Divinité de Jésus	67
		Martyrs	65v.	Dogmes	65v.
				Grâce	64
				Résurrection	64
				Théologien	65v.

La croyance religieuse		Intolérance du Christianisme	
Foi	65v.	Liberté de penser	65
Miracles	64	Persécution	65
Convulsions	64	Secte	65v.
		Papisme	67
		Tolérance	64 et 65

Sacrements		L'Eglise comme institution sociale	
Baptême	64	Abbé	65v.
Confession	65v.	Carême	69
Transsubstantion	67	Catéchisme du curé	64
		Inquisition	69
		Lois civiles et ecclésiastiques	64
		Prêtres	65v.
		Religion	64

61. "Le but de cet article est uniquement de suivre le fil historique et de donner une idée précise des faits sur lesquels personne ne dispute" (p. 111).

62. Vingt-six pages dans l'édition Garnier, soit le double de l'article *Genèse*, qui compte pourtant parmi les plus longs après le *Catéchisme chinois*.

63. On peut figurer cet "éclatement" de Christianisme par le schéma suivant:

CHRISTIANISME
(64)

Evangiles 67	____	pp. 110-111	pp. 128-129	____	*Martyrs* 65 v.
Paul 65 v.	____	pp. 114 à 116	p. 131	____	*Conciles* 67
Credo 69	____	p. 122	p. 132	____	*Arius* 67

---

64. Article *Christianisme*, pp. 109 - 110.

65. Article *Paul*, pp. 337-338.

66. Le fait est simplement signalé dans *Christianisme* (pp. 122-123), mais en 1769 Voltaire lui consacre les deux premières pages de l'article *Credo* pour conclure ironiquement: "Les apôtres eurent notre symbole dans le coeur mais ils ne le mirent point par écrit. On en forma un du temps de St Irénée qui ne ressemble point à celui que nous récitons". (pp. 152-153).

67. L'idée sera développée en 1765 dans *Tolérance* II (p. 406) à propos des Quakers.

68. Cette conclusion d'une singulière hardiesse se trouve motivée substantiellement et par deux fois: en 64 dans *Christianisme* (pp. 111-112), où est ironiquement suggérée la confection postérieure et tout humaine de la plus grand partie du dogme; en 65 dans *Tolérance* II (pp. 406-407), sous la forme d'un parallélisme burlesque et éloquent qui nous fait comme toucher concrètement des différences aujourd'hui trop évidentes.

69. Article *Christianisme* pp. 124-125. La position de l'Eglise à l'égard
    de la magie sera précisée en 65 dans *Superstition* II (p. 396).

70. Article *Martyrs*, p. 296.

71. Deux pages seulement de *Christianisme* sont consacrées aux conciles et
    aux schismes (pp. 131-132); mais par les articles *Conciles* et *Arius*
    Voltaire a donné en 1767 les développements voulus à ces deux su-
    jets importants.

72. Article *Foi*, p. 204.

73. Article *Miracles*, p. 314.

74. Article *Superstition* II, p. 397.

75. p. 35.

76. Cette idée est ironiquement développée dans *Christianisme* (p. 112):
    Jésus "ne révéla point le mystère de son incarnation" etc.

77. Article *Antitrinitaires* (1767).

78. Article *Divinité de Jésus* (1767). Le caractère monstrueux de l'idée
    d'un homme-Dieu a été dénoncé dès 1764 dans *Messie* (p. 307).
    En 67, Voltaire insiste sur les étapes progressive de la confection
    de ce dogme par l'imagination des croyants. Il y revient la même
    année dans *Papisme* (pp. 333-334).

79. Article *Grâce* (1764).

80. Article *Résurrection* (1764 et 1765).

81. Ce point de vue sera rappelé en 1769 avec une ironie particulièrement
    corrosive dans l'article *Credo*, à propos du résumé des principaux
    dogmes catholiques que constitue le symbole des Apôtres: "Le fait
    est que personne n'entendit parler de ce Credo pendant plus de
    quatre cents années" etc. (p. 153).

82. Article *Baptême*, p. 46 et article *Confession*, p. 147.

83. p. 411

84. Article *Religion*, 7e question, p. 369.

85. Voir par exemple les premières lignes de l'article *Arius* (pp. 33-34).

86. p. 154.

87. C'est ce que rappelle l'évêque Ozius aux pères du concile de Nicée dans
    l'article *Arius* (p. 35).

88. pp. 86–87.

89. Article *Du juste et de l'injuste*, p. 270.

90. "De toutes les religions, la chrétienne est sans doute celle qui doit inspirer le plus de tolérance, quoique jusqu'ici les chrétiens aient été les plus intolérants de tous les hommes". Article *Tolérance* II (1765), p. 403.

91. Article *Tolérance*, p. 405.

92. Article *Julien*, p. 265.

93. Article *Persécution*, p. 342.

94. "Voulez-vous de bonnes barbaries bien avérées, de bons massacres bien constatées" etc. (pp. 296–297).

95. Article *Tolérance* I, pp. 401–402.

96. Article *Tolérance* II, p. 405.

97. p. 333.

98. Le clergé régulier est inutile ou nuisible: inutile par son célibat (article *Abbé*, p. 1); nuisible en excitant le fanatisme des foules ou en se montrant confesseur indiscret (article *Catéchisme du curé*, p. 87). Il faut donc "extirper les moines" (article *Credo*, p. 154; dernier article du credo de l'abbé de Saint Pierre).

99. Il s'agit surtout des richesses du haut clergé, régulier et séculier (article *Abbé*).

100. Le pape n'est qu'un "prêtre italien", jouissant de "quinze à vingt millions de rente" et dominant "un pays de cent milles d'étendue en long et en large" (Article *Transsubstantiation*, p. 411). On lit aussi dans *Tolérance* II (p. 407): "Jésus n'a donné au pape ni la marche d'Ancône, ni le duché de Spolette; et cependant le pape les possède de droit divin".

101. Article *Catéchisme du curé*, pp. 86–87.

102. Ibid., pp. 88–89.

103. Article *Carême*, p. 64.

104. p. 350.

105. Article *Prêtres*, p. 355.

106. 9e article du Credo de l'abbé de Saint Pierre. (Article *Credo*, p. 154).
La même idée est exprimée par Ariston dans le *Catéchisme du curé*
(p. 86).

107. Article *Religion*, 8e question, p. 369.

108. pp. 85-86.

109. Voltaire tient beaucoup à cette idée puisqu'il la répète dans les articles *Credo*, *Religion* (8e question) et surtout *Prêtres* (p. 354).

110. 8e article du Credo de l'abbé de Saint Pierre (Article *Credo*, p. 154).

111. Article *Prêtres*, p. 355.

112. "Quand un prêtre dit: 'Adorez Dieu, soyez juste, indulgent, compatis-
sant' c'est alors un très bon médecin. Quand il dit 'Croyez moi
ou vous serez brûlé' c'est un assassin". (Article *Prêtres*, p. 355).

113. P. Claudel. Directions scéniques pour le *Soulier de satin*. *Théâtre*.
Bibliothèque de la Pléiade. T. II p. 649.

114. Pascal. *Pensées* Br. 336.

VOLTAIRE AS SEEN THROUGH

THE *JOURNAL ENCYCLOPEDIQUE* AND

THE *ANNEE LITTERAIRE*

by Dante Lenardon

        The Republic of Letters in France during the 18th century saw
an amazing proliferation of literary journals, whose significance has
not been fully explored. These journals, over three hundred in number,
provide an inside and on the spot witness, giving us, so to speak, the
eyes of the 18th century and enabling us at close hand to view an exci-
ting intellectual revolution. What better medium to feel and gauge the
literary and intellectual pulsebeat of an era than its leading literary
journals? Month by month, one follows its interests, enthusiasms and
controversies, not to speak of a complete recording, not only of French
literary output but European as well. Literary figures, now considered
minor, assume a more significant role and the literary stars are sometimes seen in a new perspective. Indeed the journals provide an excellent
medium to measure the reputation and influence of these literary personalities in their own period and give us new insights from the perspective
of our own time. One can therefore expect the presence and spirit of
Voltaire to loom large in all the journals of the period and to see his
name appear with more frequency than that of any other literary figure.

        However, Voltaire, seen and judged by the many journals both
in France and abroad would be well beyond the scope of this paper which
will limit itself to two of the most outstanding and influential journals
to provide, if not an exhaustive view, hopefully a significant one of the
dominant literary personalities of the period. While indexing the *Journal*
encyclopédique (hereafter cited as the *JE)* and the *Année littéraire*
(hereafter cited as the *AL),* I was confronted with such a quantity of
Voltaire reviews and references that I felt caught up in a veritable Voltairean vortex.

A statistical survey of articles about and major references
to Voltaire reveal at once what might be termed the omnipresence of the
man Voltaire who graces or darkens, depending upon the journal, every
fascicule of these two lively periodical publications. The *JE*, made up
of three hundred and four volumes has no less than three hundred and
sixty-four Voltaire items not counting many minor references since Voltaire
is invoked and quoted at the slightest pretext. The *AL* containing two
hundred and ninety-two volumes included four hundred and forty Voltaire
items. Thus an encounter with Voltaire is inevitable in nearly every
edition of these two journals.

In a period which witnessed a profusion of short-lived journals,
the longevity and vitality of both the *JE* and the *AL* remain noteworthy
achievements. The *JE* was published for a period of thirty-seven years,
from 1756 to 1793. The *AL*'s life-span was thirty-six years, from 1754 to
1790. While the journals do represent two opposing points of view, it
would be an oversimplification as well as an anachronism to label one
as a journal of the intellectual left (in a non-Marxist sense of course)
and the other of the intellectual right. The pro-Voltaire, pro-philosophe
stance of the *JE* becomes apparent from the very first volume even as the
anti-Voltaire, anti-philosophe stance of the *AL* comes quickly to the fore.
Both journals are devoid of the dullness that sometimes afflicts such
leading journals the *Journal des Savants,* the *Mercure de France* or the
erudite *Journal de Trévoux*. Neither the *JE* nor the *AL* lack vivacity or
variety, both are remarkably well organized and address themselves to
a wide and intelligent public. Over two-thirds of the articles in these
journals are book reviews, and thus is also provided a most valuable bibliographical guide of the period. All European works of erudition, the
proceedings of learned societies, plays, novels, prose-fiction, works
of history, philosophy, jurisprudence, politics, commerce, religion and
the fine arts are reviewed. Abstracts of the latest scientific works
and the most recent discoveries in medicine, chemistry, physics, the natural sciences or mathematics are conscientiously reported. The remainder
of the journal includes occasional verse, short articles on a variety of
subjects, mostly unsigned, and letters to the editor. Both journals remain consistent in their editorial policies and philosophic attitudes,
both are defenders of classical culture and conservative with regard to
dramatic literature and poetry. Both are important intermediaries in
the diffusion of foreign literatures in France and both are very much
concerned with a certain François-Marie Arouet de Voltaire.

The *JE*, the only journal of the period which openly declared
itself for the *Encyclopédie*, was founded by Pierre Rousseau of Toulouse,
a minor playwright who had first thought of reducing Diderot's unwieldy
Encyclopédie to a practicable journal form. The idea evolved for it to
become a prolongation of and vehicle for the ideas embodied in the *Encyclopédie* and it thereby developed into an agent of diffusion and propa-
ganda for the ideas of the philosophes. Indeed the very name of the journal, as professors Charlier and Mortier have pointed out was *tout un programme, et pour certains, une manière de défi*. (1) The journal maintained

its convictions through many trials and tribulations. It was not printed
in France but in the imperial principality of Liège where it enjoyed for
a few years the protection of the prince-bishop, Jean Théodore of Bavaria,
until the suspicions of the Liège Synod were aroused and the condemnation
by the Faculty of Theology of Louvain resulted in its suppression. An
attempt to settle in Brussels was aborted and the journal then found asylum in the quiet little town of Bouillon under the protection of the
reigning prince, Charles Godefroid de La Tour d'Auvergne, duc de Bouillon.
Here in this unincorporated duchy of France the journal was to find a
relatively undisturbed existence until 1793, managing meanwhile to keep
the French censors placated.

During the painful Liège crisis in October of 1759, the journal
devoted an entire fascicule to a valiant defence of its position. As
might be expected the name of Voltaire is invoked without any excuse for
the many laudatory references to him:

> Nous n'imagions pas que nous eussions à nous
> défendre un jour d'avoir cité avec éloge dans
> notre journal le nom de m. de Voltaire. Le
> critique en connaît-il un plus beau nom dans la
> république des lettres? (2)

Voltaire, as we shall see, will take the opportunity on many
occasions to express his gratitude and admiration singling out the *JE* as
"le premier des cent soixante-treize journaux qui paraissent tous les
mois en Europe". (3) His letters to Pierre Rousseau, the editor, are
often ones of encouragement couched in the exquisite courtesy one finds
so frequently in the correspondance of Voltaire.

In a letter of November 12, 1755, the chronic hypochondriac
expresses the wish that his health will permit him to contribute to such
a useful journal. (4) In the following January he writes that should
he find something appropriate, he would be honoured to have it accepted.
(5) In June of the same year a letter from Colini, Voltaire's secretary,
assures the journal that a literary contribution is forthcoming. (6)
However, other than such letters, nothing tangible was forthcoming. The
inveterate letter-writer does, however, insist that the *JE* is the only
journal he receives (7), repeating this claim again in 1763.(8) There
follows another offer couched in the usual false modesty of a Voltairean
image:

> Je n'aurais guère que des fleurs très fanées
> à vous offrir pour votre parterre. (9)

Undoubtedly the *JE* would have welcomed even a few faded blooms
from the hand of the master gardener with nothing less than wild enthusiasm. It is to the *JE* that Voltaire addresses the letter from Demad,
one of his multiple and imaginative pseudonyms, in which he insists that
the author of *Candide* is the brother of said Demad, who served in the
Spanish navy at Buenos Aires. (10) In a follow-up letter Demad insists
that the *JE* is the only journal that his author-brother reads with pleasure. (11)

The gregarious Pierre Rousseau, installed at Bouillon found,
life dull in that pleasant provincial town. Voltaire, upon learning of
Rousseau's depression, generously offered him asylum:

> Si m. de Rousseau est mécontent de l'endroit où il
> a transporté son île flottante de Delos, on lui
> offre un château ou une maison isolée à l'abri de
> tous les flots; il y trouvera toutes sortes de secours
> et l'indépendance. (12)

The offer was declined but a tempting invitation by the Elector
Palatine in 1763 to install the *JE* at Mannheim provoked the disfavour
of the duc de Bouillon, and Voltaire reminded Rousseau that in the Pala-
tinate, "il n'y a que des Jésuites allemands qui n'entendent pas le français, et qui ne savent que boire". (13) With the situation still tense
in March of 1763, Voltaire wisely warns Rousseau not to anger further
the duc de Bouillon and even offers to act as mediator. (14)

Given this gackground one is not surprised that Voltaire holds
a pre-eminent place in the pages of the *JE* and indeed the quantity and
quality of superlatives are most impressive. Laudatory epithets are
sprinkled copiously with every book review for the man they consider "le
premier homme de lettres de notre siècle". (15)

Thus when Deodati di Tovazzi, an eminent Italian man of letters,
attempted to prove the superiority of Italian over French in his *Dissertation sur l'excellence de la langue italienne,* a most distressed *JE* cried
out:

> laissons parler le plus beau génie de ce siècle;
> c'est à lui qu'il convient de revendiquer les droits
> de la langue française, puisqu'il a tant contribué
> à sa perfection et à sa gloire. (16)

The rival journal, the *AL* was founded and directed by the Breton,
Elie Catherine Fréron who according to some, owes his immortality to the
fact that he was the archenemy of Voltaire. He took his journalistic

apprenticeship with the notorious abbé Desfontaines, mortal enemy of
Voltaire and perhaps the creator of militant journalism in France.

To see Fréron as a "philosophe" might appear most strange and
even cause Voltaire to make the proverbial turn in the grave. However,
even a rapid perusal of the *AL* would render the image of Fréron as a
mediocre critic and an intransigent,obscurantist reactionary unsatisfac-
tory and even naive. Jean Balcou in his *Fréron contre les Philosophes*
(17) has, I believe, definitively proven that Fréron was very much a child
of the eighteenth century, seeing himself as a man of progress, concerned
with the betterment of the political, social and religious structures, opposed to intolerance and fanaticism and enthused with the advancement of
the natural sciences. For example Fréron champions the cause of inoculation in no less than sixty articles. When a theologian tried to prove
that the Scriptures opposed this practice, Fréron made the cryptic diag-
nosis that:

> Une pareille imagination ne peut venir que d'un
> cerveau malade à qui il faudrait inoculer le bon
> sens. (18)

He admired highly the work of a Buffon as well as that of a Mme Du
Châtelet who, he said, had the courage to abondon Leibnitz:

> pour se livrer toute entière à Newton, c'est-à-dire,
> la vérité. (19)

Equally noteworthy is the support given to what could be termed
the social welfare and socialized medicine programs of Piarron de Chamousset
to which twelve articles are dedicated.

The *AL* likewise, suffered its share of suppression, censorship
and even for Fréron, imprisonment. As early as 1745 his criticism of
Mme de Pompadour resulted in his incarceration at Vincennes. In the journal, *Lettres sur quelques écrits de ce temps* (1749 - 1754), the immediate
predecessor of the *AL*, Voltaire took exception to Fréron's criticism of
the play *Oreste* and convinced the chancellor d'Aguesseau to have that journal suppressed for seven months. Two years later and still angry, Voltaire
persuaded a hesitant Malesherbes, *directeur de la librairie*, to suppress
that periodical again. The *AL* too in its first year of publication suffered a series of suppressions, and Fréron in 1757 found himself in the
Bastille, where he, like Voltaire, does not appear to have had too unplea-
sant a soujourn. (20) Remarkably, personal vindicativeness appears mo-
mentarily absent in Fréron's critique of Voltaire's play *Rome sauvée* in
1756:

> Cette tragédie fait honneur à l'esprit humain et
> je la regarde comme un des ouvrages de m. de Voltaire
> les mieux conçus, les mieux combinés, les plus forts
> et les plus soutenus. Je ne crois pas qu'on me
> soupçonne de partialité. (21)

However it will not be long before the image of a Fréron ready to attack with loaded pen, will obsess Voltaire who will vainly attempt to ignore the formidable critic, even informing the *JE* on one occasion that:

> Je suis très éloigné de caractériser l'auteur de
> l'*Année littéraire*, qui m'est absolument inconnu;
> on me dit qu'il est depuis longtemps mon ennemi;
> à la bonne heure. On a beau me le dire; je vous
> assure que je n'en sais rien. (22)

It was to be expected that the two journals would have ample occasion to hurl insults at each other. For the *JE*, the *AL* is nothing more than a series of "petits libelles périodiques". (23) The *AL* retorts by calling the *JE* "une compilation germanique" (24) leaving the *JE* quite perplexed as to the meaning of such an insult (25) but ready at every opportunity to defend its "hôte choyé".

A source of constant elation for the *JE* is the sheer quantity and variety of Voltaire's literary output which it maintains is all stamped by his incomparable genius. The *AL* also regularly comments on this impressive bulk but questions the quality with the ironic remark that:

> Si on attache au nombre de volumes, m. de Voltaire
> est, sans contredit, le plus grand homme de
> lettres que la Nature ait crée. (26)

It expresses its impatience with the devotees of Voltaire who admire everything that comes from his overly fertile pen and prophesizes that within fifty to sixty years the reading public will be so dismayed that a discerning editor will be forced to prune "tout le fatras qui le déshonore" (27) leaving perhaps a dozen works for posterity. (28) The journal's indignation is particularly acute at the fascination exercised by Voltaire on young writers. Even more pronounced is this feeling in the later years of the journal when after the death of Fréron in 1776, Julien Louis Geoffroy, one of his successors, expresses in his usual acerbic tone that:

> M. de Voltaire est aujourd'hui l'idole des jeunes
> gens, que le brillant séduit et qui regardent des
> défauts agréables comme autant de beautés –
> mais il faut les prémunir contre un fanatisme
> aveugle. (29)

Indeed the word "fanatisme" is often thrown back at Voltaire
who is accused of founding "une secte d'enthousiastes et illuminés qui,
par les transports extravagants d'une admiration excessive ont presque
rendu leur héros ridicule aux yeux des gens sensés". (30) He is a
literary heretic who having no respect for the ancients, dared ridicule
Sophocles; he is a danger to young people, turning them away from classical studies. (31)

But if the *Année littéraire* is loathe to grant Voltaire unquali-
fied genius in all genres, it does recognize his brilliance of style and
admits a touch of genius in such works of satire as *le Pauvre diable* and
le Russe à Paris:

> des traits saillants, des images ingénieuses, une
> touche vive et légère, en rendant la lecture
> piquante. (32)

But here, too, insists the *AL*, Voltaire lacks delicacy and naiveté in
his use of satire as a weapon for vengeance.

The *JE* constantly effusive over whatever concerns Voltaire often
remains somewhat taciturn regarding Voltaire the master of satire. Indeed
it expresses its uneasiness with any form of satire:

> Quel rôle désagréable et dangereux que celui de
> Censeur du genre humain? Qu'il est cruel d'avoir
> continuellement les yeux fixés sur les hommes dans
> l'intention de les trouver répréhensibles. (33)

Notwithstanding the notable reservation, the *JE* finds the very name of
Voltaire synonymous with the word genius and the epithet "génie sublime"
becomes a kind of *leit motif* in its reference to Voltaire. Unabashedly
it takes pleasure in expressing a warm affection and veneration for its
literary and philosophic hero, introducing and concluding its reviews
with a variety of superlatives, softening criticism to a rather gentle
reprimand. There is not one of his works in which:

> l'on ne retrouve cet esprit créateur, mâle et enjoué,
> fécond et rempli de graces, qui caracterise l'auteur,
> ce génie sublime dans tous les genres, toujours égal
> comme la nature et toujours varié comme elle. (34)

Yet it is to the *AL* that we owe what could have been one of the most
felicitous images of Voltaire if the intent had not been ironic, for it
describes Voltaire's genius as:

> un aigle immense qui étend ses deux ailes sur le vaste
> horizon littéraire. (35)

The theatre, occupying so prominent a place in the cultural
life of the 18th century, is faithfully reviewed in the pages of both
journals. The *JE* devotes thirty-six articles to Voltaire's theatre.
They are usually lengthy summaries of plot introduced by a short para-
graph and concluded by a few lines of what might be termed a critical
judgement. Similarly there are fifty-seven articles in the *AL* but these
are much more detailed and sophisticated in their critical evaluations.
Up to his death in 1776, Fréron appears to have been the sole author of
these reviews which reveal a theatre critic endowed with unusual per-
spicacity, determined to defend and preserve the classical genres of
tragedy and comedy, yet admitting the value of new dramatic theories.
This view is equally held by Robert Myers in *The Dramatic Theories of
Elie Catherine Fréron*. (36) The journal attributes Voltaire's outstanding
success in the theatre less to his so-called genius than to:

> l'heureuse idée qui lui est venue de mettre la
> philosophie sur la scène qui tient plus de la
> ruse que du génie. (37)

and also because:

> les sujets en sont plus convenables à nos moeurs
> et à notre goût actuel, parce qu'elles ont plus
> d'effet théâtral. (38)

The *JE*, unlike the *AL* sees Voltaire as a reformer of the stage
especially in matters of costume and in the innovation of inter-mixing
characters of high and humble status such as in *Les Guèbres* and in *Les
Scythes*. (39) For this journal the popularity of Voltaire's theatre
is largely due to:

cette humanité qui doit être le premier caractère
d'un être pensant; ce désir du bonheur des hommes;
cette horreur de l'injustice et de l'oppression.
(40)

The appearance of the translation of two anonymous English
articles *Parallèle entre Shakespeare et Corneille* and *Parallèle entre
Otway et Racine,* in which the French authors fare very badly, drew from
the *JE* a sharp and near hysterical protest:

C'est une dénonciation du crime de lèze - théâtre
et nous désirons un vengeur. (41)

The avenger was not long in forthcoming and the *JE* recognized
its champion in the author of *L'Appel à toutes les nations de l'Europe*
who in turn pays a deserved tribute to the *JE*:

Quel encouragement, n'est-ce pas, pour nous, de voir
le Législateur de la littérature et du goût, nous
combler publiquement des marques les plus flatteuses
de son estime. (42)

Enthralled with his brilliant defence of the French theatre, the journal
exclaims that he must be placed incontestably above all poets of the
century.

In May of 1760, *L'Eccossaise ou Le Caffé* appeared and was ascribed
by Voltaire in one of his usual imaginative attributions to the pastor
Hume, supposed brother of David Hume. The villain of the play, being a
certain Frélon, the object of attack was unmistakeable and another spirited
bout of the Fréron-Voltaire duel took place. In his letters at this time
Voltaire reveals that the very name Fréron was intolerable to him and with
the play, written in the heat of anger, he hoped to finish off once and
for all this irritant:

Il est très désagréable à mon âge, d'être tympanisé
par ce faquin de Fréron. (43)

Fréron might well be expected to reel from this thinly disguised attack
but the *AL* in a forty-four page critique gives no evidence of this.
Doubting that the play was by Hume, it proceeded to list several English
plays including Fielding's *The Coffee House Politicians* and Miller's
The Coffee House, concluding that these English comedies had no affinity

with the play which revealed an ignorance of English manners and social
habits since English women of a certain rank did not frequent coffee-
houses let alone lodge there. The play is dismissed as:

>   un tissu d'invraisemblances, un fatras d'absurdités,
>   point de sel, point de gaîté, partout la sècheresse
>   et la trivialité, c'est un canevas qui dans une main
>   habile, produirait, peut-être une pièce passable.
>   (44)

The *JE* in like manner expressing some doubt that the play was
by Hume, devotes seventeen pages to its review, sixteen of which sum up
the plot. In less than one page of evaluation it singles out "cette
noble simplicité, ces caractères vrais et pathétiques" (45) ending its
review with a profusion of exclamations:

>   Quel pinceau! Quel énérgie! Quelle délicatesse! (46)

The *AL* however approves highly of *Tancrède* which it found to
possess:

>   la simplicité et ce beau naturel des Anciens;
>   point de bel esprit, point de sentence; on y
>   respire un air de chevalerie... (47)

The use of "rimes croisés" however, it finds painfully monotonous, whereas
the *JE* finds that the "rimes croisés" eliminate the monotony. It bursts
forth in its familiar paean of praise for both play and author, making a
brief comment on the change of décor which it insists does not break the
unity of place and highly approves of Voltaire's reform in this area:

>   Quel force! quelle noblesse dans les caractères,
>   quel beau tableau des anciennes moeurs! quel
>   coloris et en même temps quelle vigueur dans le
>   pinceau! c'est en un mot, l'illustre m. de Voltaire
>   avec tout son génie, toute sa force et toute ses
>   graces. (48)

Similar praise is given by the *JE* to *Zulime* whose simplicity is found en-
chanting (49), whereas in a lengthy and stringent review the *AL* sums up
this play as a warmed-over *Bazajet*, puerile and trivial. (50) *Zaïre*,
another notable success is again one of the few select plays that finds
favour with the *AL* which describes its dénouement as one of the most

tragic in the theatre. The absurd means which prepare the catastrophe, however, weaken the effect. Nor is the passion of love sufficiently motivated to provide the necessary psychological truth:

> L'amour dans le coeur de Zaïre doit être un
> sentiment bien faible ou plutôt une simple
> inclination, puisque cette fille élevée dans
> un sérail selon les principes du mahométisme,
> cette fille philosophe et indifférente sur les
> cultes, qui ne regarde la religion que comme
> le fruit de l'éducation, n'entend pas plutôt
> parler de la religion chrétienne qu'elle lui
> sacrifie son amant. (51)

The play of blood and vengeance, *Les Pélopides ou Atrée Thyeste* is for the *JE* far superior to Crébillon's play on the same theme. It adds little commentary except the banal observation that one need look only to some Italian cities of the day for similar examples of sanguinary vendettas. (52) The *AL* however makes a detailed textual comparison with the Crébillon play in which the latter emerges as superior. In a condescending postscript the *AL* adds that one must be indulgent towards Voltaire who no longer possesses the audacious ardour of his youth. (53) Yet in 1756 the *AL* was most severe in a criticism of Crébillon's *Catalina* and favoured the play on the same theme by Voltaire, *Rome sauvée*, which it described as:

> un drame où l'action marche avec force, avec
> économie, avec rapidité; rien qui ne porte coup,
> qui ne remue, qui n'intéresse. Les caractères
> y sont vrais, ressemblants soutenus. (54)

With the *Loix de Minos* the *JE* did have to admit that some of the current criticism of the play might have validity but one could not expect an old man of seventy-nine to possess "la touche élégante et noble d'un pinceau qui, dans ses beaux jours, l'approcha si près de Racine". (55)

Reviewed in 1787, *Olympie* had for the *AL* all that appealed to the bad taste of the day:

> grand appareil, décorations fasteuses , coups de
> théâtre dès le premier acte, situations merveilleuses,
> reconnaissances miraculeuses, cérémonies pompeuses,
> combats de toute espèce, beaucoup de bruit et de
> fracas, mouvement perpétuel ... et par dessus tout
> cela, un magnifique bûcher très bien allumé pour
> réchauffer le dénouement. (56)

70

The triumphant return of the grand old man of the French
theatre and his apotheosis at the performance of *Irène* in 1778 with the
crowning of his bust is hailed by the *JE* as one of the supreme moments
of French theatre. (57) The play, for the *AL*, was a mediocre work and
imposed upon a public now tired of the insipid productions of the poet's
old age. (58)

Voltaire's *Commentaires sur Corneille* suscitated strong and
opposed reactions from the two journals. For the *JE* the works of Corneille
were immeasureably enhanced by the comments of another dramatic genius
of the stature of Voltaire and it even hoped that the illustrious commen-
tator would undertake the revision of Corneille's less successful plays.
(59) For the *AL* the *Commentaires* were nothing more than a concerted plan
to debase Corneille:

> car cet ouvrage abonde en critiques injustes,
> en principes erronés de grammaire, en méprises
> révoltantes, en fautes essentielles contre le
> jugement. (60)

It then proceeds to give thirty pages of detailed textual proofs for
these accusations and remains adamant in refusing to grant Voltaire
parity with Corneille and Racine.

The comedies of Voltaire are welcomed with the usual warm li-
tany of praise by the *JE* and *L'Ecueil des Sages* is greeted with:

> quelle heureuse fécondité! Quelle variété!
> quelle source inépuisable dans son génie!
> Tout y respire la vertu! (61)

But the *AL*, even more severe on the comedies than on the tragedies of
Voltaire sees absolutely nothing worthwhile in such a play as *La Femme
qui a raison:*

> il n'y a ni plan, ni style, nulle saillie, nulle
> chaleur, la plus méchante des versifications,
> aucun sentiment, aucun esprit, point de dialogue,
> point de finesse, plaisanteries détestables, des
> quolibets de farce sans gaité. (62)

With *Le Comte de Boursouffle* the *AL* strangely enough, for a moment takes
up some of the exuberence of the *JE* by exclaiming:

> Quelle richesse dans le fond! Quelle délicatesse
> dans les détails! Quelle nouveauté dans les
> caractères! (63)

Apparently the play was hissed off the stage but the *AL* regretted that
the audience did not perceive its moments of beauty. (64)

The theatre, however, did not exhaust the laudatory vocabulary
of the *JE* and the pedestal is raised even higher for Voltaire the poet
in no less than one hundred and twelve articles. The *AL* dedicates eighty
articles to his poetry. Both journals agree on Voltaire's extraordinary
talent for light verse and the *AL* in its annual review of the *Almanach
des Muses* pays justified tribute to Voltaire in this genre in which it
considers him the supreme embodiment of "l'esprit français":

> des vers très agréables et qui plaisent surtout
> par les traits de satire qu'il y a semés. C'est
> là son grand talent et son goût le plus vif. (65)

Even when Fréron himself becomes the butt of a pungent satire in the
Dialogue du Pégase et du Vieillard, the *AL* finds it a delightful example
of Voltaire's "muse saillante de ses belles années". (66) The fine
point of Voltaire's rapier, however, at times causes a decided discom-
fort to the *JE* which occasionally injects a light reprimand such as in
its review of *Les Contes de Guillaume Vadé:*

> Les différents morceaux sont parsemés du sel le
> plus piquant ... mais malheureusement l'auteur
> a quelquefois étendu ses railleries sur des ma-
> tières graves, sur lesquelles il n'est pas permis
> de plaisanter. (67)

The journal is even more uneasy in regard to vulgarities and indecencies
and indeed its reviews of the contemporary English theatre smack of a
Victorian moral indignation. The poem, *La Pucelle,* which is far from
being a model of poetic propriety, is, however vigorously defended by
the journal which insists that "les choses indécentes, mal faites, scan-
daleuses" were added by another hand in one of the pirated editions of
the poem and contends it would be the epitome of infamy to attribute such
indecencies to Voltaire. (68) But the journal claims that despite this
calumny, the prince of poets comes through with a brilliance equal to
the best of the most illustrious of French poets. The *AL* succinctly sums
up the poem as having:

> beaucoup d'esprit, des détails agréables et
> voluptueux, des peintures lascives et libertines,
> assaisonnées d'une bonne dose d'impiété; voilà
> sans contredit son plus grand mérite. (69)

The journal maintains that here again the quality of Voltaire's irony
destroys what could have been a charming naiveté.

On no account will the *AL* accept the *Henriade* as a great epic,
respectfully disagreeing with the young Frederick of Pussia's very fa-
vourable judgement of it. (70) But for the *JE*, the *Henriade* is a work
superior even to that of Virgil's Aeneid:

> le seul poème épique de notre langue qu'il nous
> soit possible de lire -- le seul dont notre langue
> puisse s'honorer. (71)

> Tant que l'empire des lys subsistera, *la Henriade*
> sera notre Iliade. Il y règne partout de la noblesse;
> le poète s'élève avec feu jusqu'au sublime. (72)

The *AL* sees it as the hurriedly composed work of a young man and even
in later critiques does not veer from its original view.

In 1780 Auqin de Château-Lyon edited the controversial *La
Henriade vengée* which for the *AL* is a futile defence of a poem which it
considers to be far from epic in dimension:

> point d'action dramatique; des intervalles qui
> refroidissent le lecteur; des caractères vicieux;
> des personnages manqués, dont la draperie élégante
> ne saurait réparer la maigreur du dessin. (73)

It does admit that there are great moments in the poem and singles out
such scenes as the deaths of Coligny and Henry IV. It reaffirms however
Voltaire's incapacity to handle the supernatural and attributes the success of the poem to "l'esprit de philosophie et de tolérance qui règne
dans l'ouvrage". (74) If Voltaire is not an epic poet for the *AL*, neither
is he a theorist of epic poetry and his *Essai sur la poésie épique* is
dismissed as nothing more than:

> un tissu de sophismes; de plaisanteries, de
> contradictions, de pensées fausses, d'idées
> incohérentes. (75)

Candide makes its appearance in 1759 but the *AL* will not accept
the current rumour that the author is their "singe adroit" and proceeds
to prove it. The work contradicts the philosophical view of Voltaire who
would never admit that this is the worst of possible workds. As proof
of his optimism the journal quotes generously from such works as *Les
Eléments de la philosophie de Newton*. Furthermore the irreverent treatment of Homer, Virgil or Milton in *Candide* could never be by a Voltaire
who exalted these poets in his *Essai sur la poésie épique*. (76)

The *JE* remains quite perplexed with *Candide*, doubting the author-
ship of Dr. Ralph but giving no evidence that it suspects the hand of its
idol:

> Comment juger ce roman? Ceux qu'il aura amusés,
> seraient révoltés d'une critique serieuse; ceux
> qui l'auraient lu d'un oeil sevère, nous feraient
> un crime de notre indulgence.
>
> C'est enfin un débauche d'esprit à laquelle il
> manque pour plaire généralement, un peu de
> décence, et plus de circonspection. (77)

Grimm, in his *Correspondence* will echo a similar critical reac-
tion. (78) As late as 1783 the *AL* in speaking of *Candide* and *Zadig* still
finds only:

> un rire forcé, des idées plus caustiques que
> badines, un génie plus satirique que comique;
> une ironie maligne, des sarcasmes amers,
> plutôt que des peintures fines de nos ridicules.
> (79)

Nor is Voltaire the historian granted any reputable status by
the *AL* which insists that even his sparkling prose style does not possess
the gravity and nobility that the writing of history requires. (80)
The *JE* on the other hand, exclaims:

> Avec quel art m. de Voltaire présente-t-il les faits.
> Partout il élève l'âme, il l'instruit, quelle élégance,
> quelle précision, quel intérêt dans sa narration
> sans tous ces petits ornements alambiqués qui
> énervent la langue de l'histoire. (81)

Voltaire for the *AL* has no qualms about sacrificing truth for the sake
of tossing off a brilliant phrase of counter-argument, (82) but the *JE*
keeps insisting on his rigid respect for truth:

> on trouve à chaque page ces traits d'un pinceau
> fier et hardi qui ne respecte que la vérité. (83)

> quelle fermeté d'âme pour dire la vérité; pour
> écrire sans préjugé comme sans crainte les faits
> tels qu'ils sont passés. (84)

The same journal points out repeatedly his unique capacity for uncovering
those motives and causes which make the study of history meaningful:

> quelle philosophie enfin pour découvrir les causes,
> car ce n'est point tout être historien que de
> raconter les actions des hommes et de ne point parler
> de leurs motifs. (85)

But the *AL* upbraids him for the very opposite reason:

> Les événements n'y sont pas toujours bien préparés;
> que les effets semblent bizarres et extravagants
> parce que les causes et les motifs ne sont pas
> éclaircis. (86)

Perhaps its harshest judgement is reserved for the *Histoire
de l'empire de Russie*:

> mémoires stériles, peu appronfondis, peu
> intéressants, rien de fondu, de préparé, d'amené,
> nul ordre, nulle distribution, nulle chaine. Le
> style même est médiocre. (87)

But the *JE* exalts this work for its sharply delineated ideas, delicate
irony and captivating style. (88) The only historical work which the
AL does deign to look upon with some favour is the *Histoire de Charles XII*
but deplores the conduct of the hero as one of utter madness. (89) No
less than six installments are dedicated by the *JE* to *L'Essai sur l'Histoire
générale des moeurs*, but the reviews consist almost entirely of summaries.
The work is hailed as an immortal work which passes the mark of a "génie
créateur". The *AL* outrightly rejects the work as one in which:

> tout est vicieux, le plan, la forme; la
> manière de voir et la manière d'écrire. (90)

and finds Voltaire's historical writings permeated with an intolerable
pessimism and sense of fatalism:

> Entêté du système de la fatalité il rapporte
> tout à cette idée désolante, il se plaît à
> étaler tous les forfaits, tous les désastres
> qui ont affligés le genre humain. (91)

a statement which recalls Professor Brumfitt's conclusion that Voltaire
often interprets history "as the result of the machinations of a capri-
cious and ineluctable fatality". (92)

Voltaire the scientist is given somewhat scant attention in
both journals in spite of the fact that they devote an impressive amount
of space to the sciences. The *JE* faithfully summarizes the *Eléments de
philosophie de Newton* with a few modest introductory statements. (93)
There is no specific review of this work in the *AL* but in a number of
references it refuses to take Voltaire's scientific work seriously, calling the *Eléments* an "informe essai" at which D'Alembert "éclaterait
de rire s'il lisait que Voltaire s'est emparé du compas de Newton". (94)
The same journal seems to take a fiendish delight in recounting an anec-
dote about Voltaire's visit *incognito* to the great Dutch scientist,
s'Gravesande, who reprimands him for having obviously studied bad sources,
probably from "les prétendus *Eléments de Newton* faits par un poète français Voltaire". (95)

In the sensitive area of religion the *AL* remained convinced
that Voltaire and the philosophes were bent on undermining a whole religious structure, but the *JE* consistently defends and apologizes for
Voltaire's treatment of religious matters. It maintains, for instance,
that the poem *La Religion naturelle* must not be taken seriously as a work
of irreligion or impiety bent on overthrowing established truths. Far
from revealing an indifference to true religion, it claims that the poem
demonstrates an authentic profession of faith. The journal goes so far
to say that if the interests of religion were seriously attacked and needed
to be defended, Voltaire "ferait cause commune avec nous". (96)

It is perhaps in a review of La Harpe's *Eloge* that the *JE* best
sums up its apology for Voltaire's religious views:

> Si Voltaire a été trompé par un sentiment trop
> naïf des maux qu'a faits à l'humanité l'abus d'une
> religion qui doit la proteger ... je laisse à

l'arbitre suprême, à celui qui seul lit dans les
consciences, à juger ses erreurs. (97)

After the death of Voltaire in 1778, there is an impressive
series of eulogies and panegyrics by such men of letters as Palissot,
La Harpe, La Dixmérie, Cubières and others. The *AL* gives these consider-
ably greater coverage than the *JE*, using them for a recapitulation of
their Voltaire criticism, noting that since the death of Voltaire:

on ne cesse de brûler sur sa tombe un encens
grossier dont les philosophes respirent la
douce vapeur. (98)

and expresses its annoyance that this idolatry was to be prolonged by
the proposed eulogy of Voltaire as subject for the poetry prize of the
Académie Française. The journal maintains, as it did in the previous
three decades that Voltaire is over-rated in all genres, lacks origin-
ality except perhaps as a poet of light verse and sums up his qualities
as consisting of:

l'esprit, la facilité, les graces, le ton
du monde, la finesse des allusions. (99)

paying him tribute however for his courageous defence of Sirven and
Calas. (100) A persistently ironic tone pervades the *AL*'s reviews of
these eulogies and neither the passing of time nor the death of Voltaire
attenuated the views of this journal regarding Voltaire. In a thirty-
three page review of La Harpe's *Eloge* the *Al* finds the eulogy to be colour-
less, clumsy, and unworthy of Voltaire's memory. (101) The *JE* in its
judgement of the *Eloge* echoes some of the enthusiasm of La Harpe himself
and even waxes sentimental:

Non content d'avoir répandu le premier des larmes
et des fleurs sur les bords de sa tombe, il prit
tous les tons de la douleur et de la reconnaissance.
(102)

What are we to conclude, therefore, from a comparative though
necessarily selective study of the fortunes of a literary star of Voltaire's
magnitude in two of the century's outstanding journals? Both were edited
by men of admirable intelligence and culture. Both journals reached a
highly intelligent public, not only French but European and for whom
Voltaire was often a subject of perennial interest and perhaps even a
household word. Comprehensive and of high literary calibre, both journals

must be taken seriously, forgiven perhaps for their prejudices, admired for their loyalties and understood for their shortcomings.

In spite of its stand on traditional religious and philosophic principles, the *AL* mirrored many of the same aspirations and attitudes of both conservative and progressivist sectors of the period. That Voltaire especially represented the embodiment of certain religious and philosophic views which it believed to be a threat to church and state, becomes readily apparent. One must add to this a personal enmity between the dynamic and complex personality of a Voltaire and the astute critical mind of a Fréron. This antipathy in the *AL* colours perhaps too frequently Voltaire critiques which lack neither elegance of style nor solidity. Praise for Voltaire is too often niggardly and this fact may be a proof for Voltaire's disciples of the unreliability of the *AL*.

In the equally elegant pages of the *JE* one finds a generous enthusiasm for and a courageous defence of an intellectual giant whom it geniunely admires as the incomparable champion of the cherished ideas of the Enlightenment. However, its eulogistic and apologetic stance *vis-à-vis* Voltaire, replete with a whole gamut of superlatives, too often results in appraisals which cannot be taken as seriously as one would wish. Dazzled by the *esprit* of its demi-god, the *JE* brooked no serious criticism. Flooding its reviews with a plethora of platitudes and praise, it actually did an injustice to the multi-talented and multi-faceted personality of Voltaire, investing him with more than human attributes and so elevating him out of critical reach. Thus the *JE* failed to see the complete Voltaire whose weaknesses have not by any means made him less fascinating a personality.

NOTES

1. Gustave Charlier and Roland Moriter, *Le Journal encyclopédique* (Bruxelles, 1952), p. 13.

2. *JE*   1759. vii. I. 63.

3. Charlier and Mortier, p. 33.

4. *Voltaire's Correspondence,* ed. Theodore Besterman (Geneva, 1953–65) Lettre 5914.

5. Best. 6040.

6. Best. 6205.

7. Best. 6419.

8. Best. 10015.

9. Best. 7124.

10. Best. 7522.

11. Best. 7668.

12. Best. 8415.

13. Best. 10000.

14. Best. 10249.

15. *JE*. 1776. VII. 313.

16. *JE*. 1761. i. III. 85.

17. Jean Balcou, *Fréron contre les Philosphes* (Geneva, 1975).

18. *AL*. 1756. VII. 44.

19. *AL*. 1759. VI. 12.

20. Balcou, pp. 125–127.

21. *AL*. 1756. II. 327.

22. *JE*. i. I. 110.

23. *JE*. 1759. iii. III. 138.

24. *AL*. 1759. iii. III. 138.

25. *JE*. 1759. iii. III. 138.

26. *AL*. 1772. II. 3.

27. *loc. cit.*

28. *AL*. 1781. II. 145-200.

29. *AL*. 1780. I. 169.

30. Ibid., p. 168.

31. *AL*. 1789. I. 97.

32. *AL*. 1781. II. 145-200.

33. *JE*. 1763. iii. II. 33.

34. *JE*. 1764. II. 108.

35. *AL*. 1760. VII. 289.

36. Robert Myers, *The Dramatic Theories of Elie Catherine Fréron* (Geneva, 1962).

37. *AL*. 1779. VI. 145-172.

38. *AL*. 1783. III. 145.

39. *JE*. 1767. iv. II. 100.

40. *JE*. 1756. vii. II. 101.

41. *JE*. 1761. ii. III. 88.

42. *JE*. 1761. ii. III. 88-102.

43. Best. 7982.

44. *AL*. 1760. IV. 73.

45. *JE*. 1760. iv. I. 102.

46. *loc. cit.*

47. *AL*. 1761. I. 305.

48. *JE*. 1760. VII. 73.

49. *JE*. 1762. ii. III. 96–117.

50. *AL*. 1761. VII. 3.

51. *AL*. 1785. I. 72.

52. *JE*. 1772. iii. I. 101–112.

53. *AL*. 1772. II. 3.

54. *AL*. 1756. II. 326.

55. *JE*. 1773. ii. II. 294.

56. *AL*. 1787. III. 222.

57. *JE*. 1778. iii. II. 314.

58. *AL*. 1779. IV. 289.

59. *JE*. 1761. vii. I. 113–126.

60. *AL*. 1768. VI. 217.

61. *JE*. 1762. ii. II. 294.

62. *AL*. 1759. VIII. 3.

63. *JE*. 1761. IV. 73.

64. *AL*. 1761. IV. 73–85.

65. *AL*. 1769. IV. 242.

66. *AL*. 1774. II. 189.

67. *JE*. 1764. iv. II. 108.

68. *JE*. 1761. iii. III. 102.

69. *AL*. 1781. II. 182.

70. *AL*. 1780. I. 170.

71. *JE*. 1776. III. 57.

72. *JE*. 1775. V. 278.

73. *AL*. 1781. IV. 64.

74. *AL*. 1781. II. 158–160.

75. *AL*. 1789. I. 97.

76. *AL*. 1759. II. 204.

77. *JE*. 1759. ii. III. 103.

78. Friedrich-Melchior Grimm, *Correspondance littéraire, philosophique et critique* (Garnier, 1877–82), IV, 85.

79. *AL*. 1783. III. 145.

80. *AL*. 1778. VII. 158.

81. *JE*. 1760. vii. II. 22.

82. *AL*. 1758. VI. 46.

83. *JE*. 1757. iv. III. 65.

84. *JE*. 1763. iii. III. 3–25.

85. *Ibid.*, p. 3.

86. *AL*. 1781. II. 193.

87. *AL*. 1760. VII. 289.

88. *JE*. 1760. vii. I. 22.

89. *AL*. 1781. II. 193.

90. *Ibid.*, p. 194.

91. *Ibid.*, p. 195.

92. J.H. Brumfitt, *Voltaire Historian* (London, 1958), p. 166.

93. *JE*. 1757. ii. I. 2.

94. *AL*. 1779. I. 199.

95. *AL*. 1769. V. 265.

96. *JE*. 1756. iii. III. 85–93.

97. *JE*. 1780. V. 272.

98. *AL*. 1779. I. 178.

99. *Ibid.*, p. 198.

100. *Ibid.*, p. 200.

101. *AL*. 1780. III. 32.

102. *JE*. 1780. v. II. 272-284.

VOLTAIRE ET LE LUXE:

UNE MISE AU POINT

Par John Pappas

        Lorsque j'ai annoncé à un collègue mon intention d'examiner
la question de Voltaire et le luxe, il m'a répondu: "Mais n'avez-vous
pas lu le livre d'André Morize?" C'était me dire que ce sujet était
déjà 'classé" et qu'il n'y avait plus rien à dire là-dessus. On n'a
qu'à rappeler le titre de l'excellente étude de M. Morize pour se rendre
compte des limites que ce critique s'était imposées: *L'Apologie du luxe
au XVIIIe siècle: le Mondain et ses sources*. La réponse de notre col-
lègue impliquait donc une autre présupposition: à part le petit poème
de courtisan qu'est le *Mondain*, Voltaire n'a jamais plus rien dit à ce
sujet, ou bien il n'a jamais changé de position malgré qu'il a vécu encore quarante-deux ans au delà de 1736, la date de son poème. André
Morize lui-même dément cette erreur en écrivant dans l'introduction de
son ouvrage: "A coup sûr, le *Mondain* ne présente pas la doctrine définitive de Voltaire sur le luxe". (1) La critique, en général, ne l'a pas
pris au sérieux. Certains ont écrit sur la question au delà de 1736,
mais c'était pour prouver que Voltaire reste conséquent avec les décla-
rations du *Mondain*. (2) Les citations gênantes qui paraissent marquer
une réévaluation postérieure, tel ce passage du *Poème sur le désastre
de Lisbonne* où il se dit maintenant "instruit par la vieilesse":

        Sur un ton moins lugubre on me vit autrefois
        Chanter des doux plaisirs les séduisantes lois:
        D'autres temps, d'autres moeurs...

de tels passages sont passés sous silence, ou bien on les représente
comme un moment de pessimisme vite passé, et Voltaire -- le "vrai"
Voltaire -- n'y croit pas réelement. Il serait en effet beau, ou du
moins plus facile, de voir un Voltaire faisant face à la mer turbulente
des événements comme un rocher conséquent qui ne change jamais; mais ce

n'est pas là la vie, et ce n'est pas non plus Voltaire. Cet homme émi-
nemment pratique changeait souvent d'avis selon son expérience. Il réa-
gissait aux événements un peu comme son personnage Candide le faisait.
Quand tout avait l'air d'aller bien il devenait optimiste et aurait pu
s'écrier comme lui: "Pangloss avait raison: tout est bien". Et lorsque
les événements allaient mal, il prenait une position plus pessimiste.
Déclarer que seul l'optimiste est le "vrai" Voltaire, c'est vouloir le
recréér à sa propre idée -- en faire un mythe, un peu comme M. Besterman
le fait pour démontrer que Voltaire est athée, malgré les preuves con-
traires qu'apporte René Pomeau dans *La Religion de Voltaire*.

      Il y a un avantage pédagogique à forcer Voltaire à rester au
niveau de *Mondain*: on peut ainsi juxtaposer le *Poème* et le *Discours* de
Rousseau sur les sciences et les arts de manière à prouver combien ces
deux auteurs sont diamétralement opposés. Mais c'est aussi créer une
caricature. Il éclate à l'évidence, dans ses oeuvres et dans sa correspondance postérieures au *Mondain*, qu'au fur et à mesure que Voltaire
vieillit, il modifie sa position à l'égard de la vie mondaine de Paris
et se rapproche de celle de Rousseau. Après la mort de Mme du Châtelet
en 1749, il échoue dans son rôle de courtisan, et quitte cette vie parisienne pour aller en Prusse où, auprès de Frédéric II, il connaît une
nouvelle déception. De retour à Colmar en 1753, il est poursuivi et se
réfugie enfin aux Délices. Le désastre de Lisbonne lui apporte une nouvelle secousse et lui arrache l'aveu déjà cité, où il se reprend d'avoir
autrefois chanté "des doux plaisirs les séduisantes lois." Tandis qu'il
commence à trouver frivole la vie de courtisan qu'il menait à Paris, le
jardinage aux Délices lui révèle une autre espèce de bonheur: on relève
dans sa correspondance la louange de la campagne, vantée aux dépens des
faux plaisirs de Paris, si bien que M. Arnold Ages a pu écrire un article
"Voltaire rousseauiste?", en se basant sur ce témoignage de sa correspondance. (3) Il est vrai qu'on pourrait accuser Voltaire de faire ici
de nécessité vertu. Exilé de Paris, il veut faire croire que cette vie
qu'il avait connue avant la mort de Mme du Châtelet ne lui manque pas.
Mais après la monographie récente de Paul Ilie, *The Voices in Candide's
Garden, 1755-59*, (4) qui tient compte de cette thèse en la réfutant, on
ne peut plus attribuer ces expressions rousseauistes à une simple pose
dictée par le dépit. La vie d'agriculteur a effectivement modifié l'attitude de Voltaire. Ce qui ne veut pas dire qu'il renonce entièrement
au luxe pour adopter une existence d'ascète - pas plus que Rousseau
d'ailleurs qui, tout en chantant la joie des paysans dans la *Nouvelle
Héloïse* réside, pendant qu'il l'écrit, dans la gentilhommière des Char-
mettes, et non dans une hutte de laboureur. Voltaire reste attaché aux
belles toiles, aux meubles, aux douceurs de la vie aristocratique qu'il
avait aimées en 1736, et on retrouve, à travers toute son oeuvre, des
propos qui le prouvent. (5) Mais la ferveur d'autrefois n'y est plus,
et il s'exprime avec beaucoup plus de mesure. Ses valeurs ont changé.
S'il garde une appréciation épicurienne d'une vie douce et confortable,
c'est plutôt comme le fait Julie dans la *Nouvelle Héloïse*, qui se ménage
des jouissances mesurées pour qu'elles se prolongent davantage. Et il
a la même conscience sociale qu'elle. Le mélange d'utilité sociale et
d'épicurisme de Julie n'est pas loin de la formule que Voltaire utilise

pour décrire "ma retraite trop belle pour un philosophe": "il faut savoir jouir et savoir se passer". (6) Cela est loin de l'exaltation et
de l'activité frénétique du *Mondain* -- au contraire, la vie parisienne
devient un piège qui fausse la nature humaine. Si on en voulait une
preuve, cette citation, de l'article "Economie" du *Dictionnaire philosophique*, qui, si je n'avais pas indiqué l'auteur, pourrait bien être prise
pour un propos de Rousseau, montre à quel point Voltaire a été touché par
l'état de cultivateur dont il parle:

> C'est l'état le plus naturel de l'homme, le plus
> tranquille, le plus heureux et malheureusement
> le plus rare.
>
> Le fils de ce vénérable patriarche se voyant riche,
> se dégoute bientôt de payer la taxe humiliante de
> la taille; il a malheureusement appris quelque
> latin; il court à la ville, achète une charge qui
> l'exempte de cette taxe, et qui donnera la noblesse
> à son fils au bout de vingt ans. Il vend son domaine
> pour payer sa vanité. Une fille élevée dans le luxe
> l'épouse, le déshonore, et le ruine; il meurt dans
> la mendicité, et son fils porte la livrée dans
> Paris.
>
> Telle est la différence entre l'économie de la
> campagne et les illusions des villes. (7)

Il est évident que pour avoir une idée juste de la "doctrine
définitive de Voltaire sur le luxe", pour reprendre l'expression d'André
Morize, il faut se défaire des parti pris traditionnels, et examiner avec
plus de soin ses écrits et sa vie postérieure au *Mondain*. On se rappel-
lera que pour ce poème de 1736, Voltaire avait hérité de plusieurs cou-
rants de pensée. Tout d'abord, et ici je ne fais que résumer l'étude
d'André Morize, il y a le courant libertin auquel Voltaire s'initie dans
la société du Temple et au salon de Ninon de Lenclos. M. Morize a montré
à quel point le *Mondain* puise dans ce courant qui va de Montaigne à
Saint-Evremond et Bayle, pour se retrouver dans les *Lettres persanes* de
Montesquieu. Mais Voltaire n'avait pas besoin de ces sources pour écrire
son poème: la vie mondaine qu'il vivait à Cirey et à Paris correspondait
assez à celle qu'il chantait dans ses vers.

Le deuxième courant apporte une justification plus sérieuse a
cette apologie du luxe, présenté comme nécessaire à la société: c'est
la théorie des mercantilistes anglais issue de Mandeville et popularisée
en France par l'*Essai politique* de Melon. Enfin, on pourrait ajouter
une autre source que M. Morize ne mentionne pas: la politique économique
de Colbert, que Voltaire a toujours louée, notamment dans le *Siècle de
Louis XIV* (1739).

Après 1749, Voltaire quitte cette existence mondaine pour aller s'installer, six ans plus tard, aux Délices, où il devient jardinier et cultivateur, tout en essayant de greffer sur le sol genevois un théâtre et la vie aristocratique qu'il regrettait encore. Ce que je voudrais suggérer ici, c'est que petit à petit, les préoccupations "mondaines" diminuent, sans s'effacer totalement, et que la thèse "rousseauiste" du cultivateur plus proche de la nature, s'opposant à la ville frivole qui dénature l'homme, prendra le pas sur l'autre. Si le *Mondain* s'inspire d'un courant de pensée que Voltaire a connu dans les salons de Paris, et d'une théorie économique résumée par Melon, la nouvelle attitude prendra sa source dans une nouvelle expérience, celle-ci agricole, qui fera de lui le Patriarche défrichant les terres incultes, et promouvant les droits de ses paysans du pays de Gex. Cette expérience l'amènera à juger la vie de Paris d'un autre oeil que son *Mondain*, et une seconde théorie économique viendra soutenir cette nouvelle vision: celle des physiocrates, dont Turgot résume les espérances.

Examinons donc la chronologie de cette évolution. Nous avons constaté qu'en 1749, Voltaire quitte Paris pour s'installer en Prusse. L'année précédente, il avait exprimé sa désillusion vis à vis de la vie mondaine qu'il allait quitter, en écrivant ce que René Pomeau appelle son *Anti-Mondain*. (8) Dans l'*Epître à Mme Denis sur la vie de Paris et de Versailles*, il rejette "l'apparence grimaçante du plaisir", qu'il avait tant admirée en 1736. (9) On trouve dans ces lignes des thèmes que Rousseau devrait reprendre plus tard. Au souper, par exemple,

> Ce vieux Crésus, en sablant du champagne,
> Gémit des maux que souffre la campagne,
> Et, cousu d'or, dans le luxe plongé,
> Plaint le pays de tailles surchargé. (10)

Et ne croirait-on pas entendre Saint-Preux dans une lettre à Julie, en lisant cette description des conversations?

> De froids bons mots, des équivoques fades,
> Des quolibets, et des turlupinades,
> Un rire faux que l'on prend pour gaîté,
> Font le brillant de la société. (11)

Alors qu'en 1736 il vantait la vie de plaisir de cette société, maintenant il voit ces gens "si sots, si dangereux, si vains!", et il décrit leur oisiveté:

Après dîné, l'indolente Glycère
Sort pour sortir, sans avoir rien à faire ...
Chez son amie au grand trot elle va,
Monte avec joie, et s'en repent déjà
L'embrasse et bâille; et puis lui dit: "Madame,
J'apporte ici tout l'ennui de mon âme;
Joignez un peu votre inutilité
A ce fardeau de mon oisiveté". (12)

Ces mots d'*ennui*, d'*inutilité* et d'*oisiveté* sont à retenir. C'est ce
qu'il reproche à cette société, en s'exclamant:

C'est donc ainsi troupe absurde et frivole,
Que nous usons de ce temps qui s'envole;
C'est donc ainsi que nous perdons desjours
Longs pour les sots, pour qui pense si courts. (13)

Certains diront que cette image négative est le résultat de la crise dé-
pressive de Voltaire en cette année, mais les mêmes jugements reviennent
sous sa plume longtemps après 1748.

Au début de 1755 Voltaire achète Les Délices. Vers la fin de
cette même année il apprend le tremblement de terre de Lisbonne et commence son poème à ce sujet qui, nous l'avons vu, met en question la position du *Mondain*. Deux ans plus tard, l'article "Genève" que d'Alembert
écrit pour l'*Encyclopédie* déclenche une campagne anti-philosophe. René
Pomeau, après Norman Torrey, a bien signalé que *Candide* représente une
retraite, un "rétrécissement", pour Voltaire, et le jardin de Candide
est bien celui des Délices. (14) La nouvelle étude de M. Ilie renforce
cette interprétation. Elle est remplie de citations de Voltaire juste
avant et pendant qu'il écrit son conte, et qui montrent l'importance du
jardinage dans sa nouvelle vision. A la campagne, il éprouve "cet heureux oubli d'un monde pervers et frivole". Dans cette même lettre à
Diderot de 1758, il avoue: "Les travaux de la campagne me paraissent
tenir à la philosophie. Les bonnes expériences de physique sont celles
de la culture de la terre." (15) Dans mon article "Candide, rétrécissement ou expansion?" (16) j'ai parcouru la correspondance de Voltaire
après *Candide* jusqu'en 1774, pour montrer qu'à chaque fois qu'il cite
son propre "il faut cultiver notre jardin", c'est pour rejeter la vie
fourbe et dangereuse de Paris en se réfugiant dans son activité agricole
de Ferney. Il y a donc, jusqu'à la fin de sa vie, continuité de cette
vision agraire, ce qui dément la thèse que cet aspect de sa pensée ne
représente qu'un petit moment de découragement vite passé. En effet, la
thèse agricole de Voltaire est soutenue beaucoup plus longtemps dans sa
vie que celle du *Mondain*, qui se termine en 1748.

Le refrain anti-*Mondain* entonné à cette date est repris deux
ans après la publication de *Candide* dans une *Epître à Mme Denis sur
l'agriculture*, où il déclare: "C'est la cour qu'on doit fuir, c'est aux
champs qu'il faut vivre." Et il entame un dialogue avec un jeune mondain parisien:

> Mais quoi! loin de Paris se peut-il qu'on respire?
> Me dit un petit-maître, amoureux du fracas.
> Les Plaisirs dans Paris voltigent sur nos pas.
> On s'oublie, on espère, on jouit, on désire...."

Et l'auteur répond:

> Attends, bel étourdi, que les rides de l'âge
> Mûrissent ta raison, sillonnent ton visage...
> Tu verras qu'il est bon de vivre enfin pour soi,
> Et de savoir quitter le monde qui nous quitte.

Le mondain n'est pas convaincu. Il s'écrie:

> Mais vivre sans plaisir, sans faste, sans emploi!
> Succomber sous le poids d'un ennui volontaire!

La réponse de Voltaire est une apologie de sa nouvelle vie:

> De l'ennui! Penses-tu que, retiré chez toi,
> Pour les tiens, pour l'Etat, tu n'as plus rien à faire?
> La Nature t'appelle, apprends à l'observer;
> La France a des déserts, ose les cultiver;
> Elle a des malheureux: un travail nécessaire,
> Ce partage de l'homme et son consolateur,
> En chassant l'indigence, amène le bonheur... (17)

Trois ans plus tard, en 1764, on retrouve le même message dans
l'article "Economie" déjà cité: la vie à la campagne est la plus naturelle;
la ville corrompt et ruine ceux qui s'y fixent. En 1767, l'*Ingénu* adopte
la même perspective anti-parisienne et anti-versaillaise. Ce n'est donc
pas un petit moment de découragement qui suffit à expliquer ce thème tant
de fois repris par Voltaire: c'est l'expérience de plus de vingt années
passées sur ses terres.

En parlant des sources du *Mondain*, j'ai souligné le rôle de
la théorie mercantiliste, qui vient y appuyer l'éloge du luxe parisien.
Cette influence ne disparaît pas entièrement, mais elle se modifie.
Dans son article "Luxe" du *Dictionnaire philosophique*, Voltaire essaie
de préciser ce qu'il veut dire par ce mot. Le luxe qui se définirait
comme "tout ce qui est au-delà du nécessaire", et qui ne représente au
fond que "des commodités dont tous les hommes jouiraient", n'est pas ce
qu'il entend par *luxe*, dit-il: ce ne serait alors qu'"une suite naturelle
des progrès de l'espèce humaine". En revanche, le luxe qui représente
les "superfluités dont un petit nombre seulement d'individus peuvent
jouir" - et c'est ce dernier qu'il chantait dans le *Mondain* -, est maintenant "la conséquence ... des mauvaises lois. Ce sont donc les mauvaises
lois qui font naître le luxe, et ce sont les bonnes lois qui peuvent le
détruire." Et il se vante que "dans (ses) villages où la terre est in-
grate, les impôts lourds, la défense d'exporter le blé qu'on a semé intolérable, il n'y a guère pourtant de colon qui n'ait un bon habit de drap,
et qui ne soit bien chaussé et bien nourri." (18) Ainsi tous les hommes
de son village jouissent des commodités qui,ailleurs, représenteraient
un luxe pour des hommes de leur condition. Voltaire a donc fait avancer
le progrès humain, selon les critères qu'il a lui-même définis. On est
loin du riche qu'il avait dépeint dans son anti-*Mondain* de 1748, "cousu
d'or, dans le luxe plongé", et plaignant hypocritement le paysan sans
rien faire pour améliorer son sort. Le luxe de cette vie stérile est
devenu un excès, qu'il qualifie de "pernicieux" dans ce même article.
Quatre ans plus tard, l'*Homme aux quarante écus* s'ouvre sur une vigou-
reuse dénonciation du luxe, (19) et en 1773 encore, ses *Fragments sur
quelques révolutions dans l'Inde et sur la mort du comte de Lally* con-
damnent toute nouvelle mode comme un luxe ruineux. (20) Ces attaques
proviennent d'une nouvelle conscience sociale acquise dans son rôle de
Patriarche terrien. On pourrait dire aussi qu'elles révèlent en partie
sa fidélité à Colbert qui voyait dans l'importation d'objets frivoles
et de grand luxe une perte d'argent pour la nation. Enfin, il faut noter
aussi l'influence des théories des physiocrates, pour lesquels la vraie
richesse de la nation résidait dans la production agricole. Les meil-
leures conditions d'existence qu'il a apportées a son village sont le
signe de cette conscience sociale que sa vie à la campagne a fait naître.
Voltaire éprouve le sentiment qu'il fait quelque chose d'utile pour sa
patrie et pour ceux dont il est chargé. Voilà qui contraste avec l'oisi-
vité et l'inutilité des mondains parisiens qui jouissent de la vie aux
dépens des agriculteurs, sans un geste pour enrichir leur pays.

Le sort heureux des paysans que Rousseau imaginait à Clarens
sous la houlette bienveillante de M. de Wolmar, Voltaire l'a offert aux
habitants de Ferney. Mais Ferney n'est pas Clarens. Nous l'avons déjà
constaté: Voltaire ne renonce pas aux douceurs du confort, ni surtout
à la production littéraire. Même dans l'*Epître* sur l'agriculture, il
affirme:

Mais ne détournons pas nos mains et nos regards
Ni des autres emplois, ni surtout des beaux-arts. (21)

    Toutefois, s'il dit vouloir continuer à accorder sous ses doigts
"la lyre de Racine et le luth de Chapelle", il ne méprise pas moins le
petit-maître parisien et son existence vide. La notion d'utilité, déjà
si présente dans les *Lettre philosophiques*, (22) l'emporte en lui sur
l'influence de l'époque où il était courtisan à Paris. La vie aux Délices,
et surtout à Ferney, lui a donné la conviction qu'il était actif, et que
son activité était bénéfique. La théorie des physiocrates est venue con-
firmer ce qu'il avait déjà énoncé, notamment dans l'article "Economie", à
savoir que l'agriculture est la source des vraies richesses d'un pays,
et l'état le plus conforme à la nature.

    Ici il me faut ouvrir une parenthèse. On a trop insisté sur
l'*Homme aux quarante écus* comme un rejet de la doctrine des physiocrates.
Ce que Voltaire attaque dans cette facétie, c'est tout d'abord le propos
de Le Mercier de la Rivière, suivant lequel le Roi est co-propriétaire
de toutes les terres dans son royaume. Pour un homme qui croit que la
propriété est un droit naturel, (23) une telle affirmation ne pouvait
être acceptable. Le deuxième énoncé de l'*Ordre naturel et essentiel des
sociétés politiques* de Le Mercier qui rebuta Voltaire était l'idée de
l'impôt unique. Pour un propriétaire et un agriculteur, l'idée que seule
l'agriculture devait être taxée était intolérable. Mais, ainsi que Nuçi
Kotta l'a montré, "when the dust settled a bit after the explosion of
l'*Homme aux quarante écus*, Voltaire and the physiocrates found themselves
in the same camp." (24) Nous avons vu, dans l'article "Luxe", que Voltaire se plaignait des restrictions sur la libre circulation des blés
et des lourds impôts dans son pays, -- deux abus que les physiocrates
visaient aussi. Lorsque Turgot décréta plus tard la libre circulation
des blés, Voltaire ne pouvait qu'être enthousiasmé par sa politique phy-
siocratique et, en effet, il écrivit: "Voilà la première fois chez nous
qu'un roi a raisonné avec son peuple; l'humanité tenait la plume, et le
roi a signé." (25) Malgré que dans l'*Homme aux quarante écus* Voltaire
se replie sur ce que Kotta appelle "views of the most orthodox brand of
seventeenth century mercantilism", (26) il se rangea par la suite aux
côtés de Turgot, qui lui obtint des fermiers généraux les franchises du
pays de Gex, Turgot dont il fit l'éloge lors de sa disgrâce de 1776, dans
l'*Epître à un homme*. (27)

    Que conclure de cet ensemble? Que le petit poème du *Mondain*
ne représente qu'un moment dans la vie de Voltaire, et qu'il est très injuste de figer son auteur dans cette attitude de courtisan, alors qu'il
la renia lui-même à partir de 1748. Sa position ultérieure est plus
nuancée et montre plus de maturité. Son expérience d'agriculteur, ses
véritables conquêtes de terres incultes, et sa contribution au bonheur
des laboureurs et des artisans qui dépendaient de lui, bonheur qu'il op-
posait lui-même à l'inutilité et à l'oisiveté de la vie mondain, lui

firent entrevoir un rôle plus utile et plus digne d'y consacrer ses jours
que celui qu'il avait joué pendant son séjour à Paris. Il a appris à
distinguer entre le luxe et les débordements extravagants de l'aristocratie
parisienne, que son *Mondain* avait autrefois chantés, et les douceurs plus
mesurées et plus modestes où il voyait le partage de tout homme cultivé.
Il est donc simpliste de représenter le petit-maître du *Mondain* comme
l'incarnation de la véritable et ultime doctrine de Voltaire sur la question du luxe, alors qu'il a vécu plus de quarante ans au-delà de 1736
et que ses écrits postérieurs renient cette première position.

   Celle de Jean-Jacques Rousseau, dans son *Discours sur les sciences
et les arts*, était aussi outrée que celle du jeune Voltaire dans le *Mondain*.
Plus tard le Patriarche a reconnu - indépendamment de lui, soit dit en
passant - , l'élément de vérité qui se trouvait dans les remontrances de
son adversaire, mais sans le suivre dans ses excès. En reniant le rôle
de mondain pour devenir le Patriarche de Ferney, il a trouvé, ainsi qu'il
le déclare dans son *Epître sur l'agriculture,* une plus grande satisfaction
et un bonheur plus proche de la nature que ceux que la vie d'autrefois
pouvait offrir. Certes, lorsqu'il libéra son pays des fermiers généraux
et qu'il entendit les acclamations des paysans qui criaient: "Vive le
roi, vive Voltaire", (28) il pouvait être convaincu qu'il avait choisi
la meilleure part. Fernand Caussey décrit ainsi le village que Voltaire
évoque fièrement dans l'article *Luxe:* "Voltaire attira à Ferney des marchands, un chirurgien, fit construire jusqu'au mois de janvier 1771 douze
maisons, et jusqu'au 3 février 1778 quatre-vingt-quatorze. Ce village,
bâti confortablement mais sans luxe, est peut-être la première 'cité
ouvrière' qui ait été construite en France." (29) Et on peut croire
que l'éloge que fait Bachaumont de cette impressionnante réalisation lui
fait beaucoup plus plaisir que "les froids bons mots" et "les équivoques
fades" des conversations parisiennes dont son Mondain avait été si friand:

> Le village est composé d'environ 80 maison, toutes très
> bien bâties. La plus vilaine en dehors vaut mieux et
> est plus belle que la plus superbe de nos villages des
> entours de Paris. Il y a environ 800 habitants, trois
> ou quatre maisons de bons bourgeois: les autres sont
> des horlogers, menuisiers, artisans de toute espèce.
> Sur ces 80 maison, il y en a au moins 60 à M. de Voltaire.
> Il est certainement le créateur et le père de ce pays-là;
> il y fait des biens immenses. (30)

Après cela, est-il si étonnant que Voltaire ait pu préférer la vie plus
simple d'agriculteur libre et bienfaisant au rôle de bouffon de cour qu'il
avait connu à Paris?

92

NOTES

1. André Morize, *L'Apologie du luxe au XVIIIe siècle: 'Le Mondain' et ses sources.* (Paris, 1909), p.5.

2. Voir, par exemple, Madeleine Raaphorst, "Voltaire et la question du luxe", *Rice University Studies,* 51, No. 3, (1965), pp. 69-80.

3. Arnold Ages, "Voltaire Rousseauiste?", *The Univeristy of Windsor Review,* 3, No. 2, pp. 62-68.

4. *Studies on Voltaire and the Eighteenth Century,* 148 (1976), pp. 37-113.

5. Voir l'article de Mme Raaphorst. Puisqu'elle développe ce côté de la question au-delà de 1736, je ne répéterai pas les citations où Voltaire se montre favorable au luxe. Il ne s'agit pas ici de nier ce côté de Voltaire mais de montrer que la question est plus complexe que cela.

6. Lettre à Darget, 5 août 1755. Best. D6386.

7. *Oeuvres compètes,* éd. Moland, XVIII, p. 455-456.

8. *La Religion de Voltaire.* (Paris, 1969), p. 243.

9. *Ibid.*

10. M. X, 347.

11. *Ibid.*

12. *Ibid.,* p. 345.

13. *Ibid.,* p. 347

14. Voir l'édition critique de *Candide* de M. Pomeau, (Paris, 1959); et l'article de Norman Torrey, "Candide's Garden and the Lord's Vineyard", *SVEC,* 27 (1963), pp. 1657-1666.

15. Cité par Ilie. p. 49.

16. *Diderot Studies* X (1968) pp. 241-263.

17. M. X, 379.

18. M. XX, 17 et note 1, p. 18.

19. "Une autre cause de notre pauvreté est dans nos besoins nouveaux. Il faut payer à nos voisins quatre millions d'un article, et cinq ou six d'un autre, pour mettre dans notre nez une poudre puante

venue de l'Amérique; le café, le thé, le chocolat, la cochenille, l'indigo, les épiceries, nous coûtent plus de soixante millions par an .... Nous brûlons cent fois plus de bougies,... Nous voyons cent fois plus de diamants aux oreilles, au cou, aux mains de nos citoyennes de Paris et de nos grandes villes qu'il n'y en avait chez toutes les dames de la cour de Henri IV, en comptant la reine. Il a fallu payer presque toutes ces super-fluités argent comptant." M. XXI, 307.

20. Presque tous ces vastes domaines, ces établissements dispendieux, toutes ces guerres entreprises pour les maintenir, ont été le fruit de la mollesse de nos villes et de l'avidité des marchands encore plus que de l'ambition des souverains.... On s'est toujours plaint des impôts, et souvent avec la plus juste raison; mais nous n'avons jamais réfléchi que le plus grand et le plus rude des impôts est celui que nous imposons sur nous-mêmes par nos nouvelles délicatesses qui sont devenues des besoins, et qui sont en effet un luxe ruineux, quoiqu'on ne leur ait point donné le nom de luxe". M. XXIX, 88.

21. M. X, 380-381.

22. Voir surtout la Lettre XXV contre Pascal où il déclare l'homme qui se contemple "inutile à la société", et il insiste: "L'homme est né pour l'action..."; il doit "chercher ce qui lui est utile". De même dans la Lettre XXIV sur les académies, il demande des sujets de recherche "utiles" et rejette les vaines spéculations "sans usage" -- une idée reprise dans le 22e Chapître de *Candide* où l'Académie des sciences de Bordeaux perd son temps à spéculer sur la cause des poils rouges du mouton.

23. Voir l'article "Propriété" du *Dictionnaire philosophique*, M. X, 291.

24. *L'Homme aux quarante écus: A Study of Voltairian Themes.* (Paris, 1966) p. 69. A la page 82 M. Kotta écrit: "Revolting against the idea of co-ownership of the land and against the single tax, he espoused mercantilism in its most antiquated form, but without renouncing the physiocratic credo regarding the sole productivity of the soil".

25. *Ibid.*, p. 70.

26. *Ibid.*, p. 76.

27. J. Robert Vignery confirme ceci quand il déclare: "In a very real sense, the most misleading of the stories from the point of view of Voltaire's economic ideas is the one most often cited as an important source for the study of those ideas, *L'Homme aux quarante écus*". "Voltaire's Economic Ideas as Revealed in the 'Romans' and 'Contes'," *The French Review*, 33 (January 1960), p. 263.

28. Kotta, p. 71.

29. *Ibid.*, 83, n. 97.

30. *Mémoires secrets*, Jan. 17, 1775, VII. 267.

LA MEDECINE DANS

LA LUTTE PHILOSOPHIQUE

DE VOLTAIRE

Par Janine ENHORN

        Dans la demi-sécurité de Ferney, ce "monastère philosophique
du siècle" (1) selon l'expression de Raymond Naves, Voltaire se sentit
plus libre pour entreprendre et mener à bien sa campagne contre l'intolérance et l'injustice. L'activité littéraire de cette période est absolument stupéfiante: pamphlets, facéties, plaidoyers, satires, dialogues,
romans, tout concourt à l'amélioration de l'humanité. Convaincu que la
société est victime de certains maux, Voltaire essaie d'y remédier.

        Pour prévenir le mal naturel, comme les maladies, il propose
le régime, des principes d'hygiène et des mesures prophylactiques. Il
essaie de combattre le mal idéologique par la suppression des doctrines
erronées et des superstitions, et par la vulgarisation des vérités scientifiques. Pour effacer la mal social, il propose la suppression des
erreurs judiciaires et la réforme de la justice.

        On a souvent négligé un élément important dans sa lutte philo-
sophique: la médecine. C'est cet oubli que nous nous proposons de
réparer. "Voltaire's interest in medicine stemmed from his own needs",
concluait Renée Waldinger dans un article consacré à Voltaire et la médecine. "Although he read numerous medical books and kept abreast of the
latest developments, they concerned him only in so far as they related
to his own preoccupations. Thus his relation to medicine was primarily
subjective." (2)

        La médecine, il est vrai, n'a pas été pour Voltaire une science
purement spéculative. Mais limiter à ses besoins personnels l'intérêt
de l'écrivain, nous semble injustifié, car c'est négliger le rôle qu'elle
joua dans sa lutte philosophique. Si l'état de santé de l'écrivain fut

un facteur non négligeable, puisque son scepticisme à l'égard du corps
médical l'obligea souvent à être son propre médecin, son esprit inquisiteur qui le fit se brancher sur le nouvel état d'esprit scientifique
de l'époque, pour lequel la médecine est la préoccupation du moment, et
surtout son humanisme en furent les facteurs décisifs. "D'un bout à
l'autre de son oeuvre", constatait Raymond Naves, "il n'y a qu'un souci:
l'homme; une seule réalité: l'homme". (3) Il avait une très haute
opinion de son rôle d'écrivain qu'il résumait ainsi à Thieriot: "apprendre
à penser aux autres hommes, et enseigner la raison et la vertu." (4)
Philosophe, au sens où on l'entendait au XVIIIe siècle, c'est-à-dire partisan de la raison, de la tolérance et propagateur des idées nouvelles,
Voltaire a le sens d'une mission à accomplir.

Il lutte pour imposer son idéal de civilisation: une société
libérée des préjugés et des superstitions, une société prospère qui ne
sera pas décimée par les maladies ou les épidémies. Il combat tout ce
qui porte atteinte à cette réalisation.

Par la connaissance de ses experts, la médecine lui apporte
une aide précieuse dans l'entretien ou le rétablissement de la santé physique et morale de la société, conditions *sine qua non* de bonheur et de
prospérité, et dans l'accomplissement de son idéal de justice.

"Ecrasez l'Infâme" qu'il avait pris pour signe de ralliement
n'était pas seulement un cri de guerre contre la religion catholique, mais
encore contre le fanatisme et la superstition qui entravaient le bien-être
moral de la société et étaient responsables de ses malheurs.

Comme la religion, la médecine offrit un vaste champ à sa mission, car elle n'était pas encore délivrée d'un certain esprit de caste
et de la scolastique la plus étroite. Elle était déchirée par les luttes
intestines de ses membres. Le fanatisme et les préjugés entravaient
l'émancipation vis-à-vis des croyances traditionnelles et s'opposaient aux
progrès. Il était temps que "des hommes si éclairés ne soient pas esclaves
des aveugles", proclamait Voltaire dans *L'A, B, C,*. "Je ris", avouait-il,
"quand je vois une académie des sciences obligée de se conformer à la déci-
sion d'une congrégation du Saint-office." (5) Il était temps de lui rendre
son autonomie et son indépendance car loin de faire des athées "une vraie
science prosterne l'homme devant la Divinité". (6)

Voltaire se montra d'une intransigeance peu commune envers les
préjugés qu'il tenait pour des opinions sans jugement. (7) Rappelant la
croyance à la vertu fortifiante des écrevisses, basée sur leur couleur rouge
à la cuisson, ou le pouvoir guérisseur des anguilles dans les cas de para-
lysie, du fait qu'elles frétillent, il déclarait dans l'article "Préjugés"
du *Dictionnaire philosophique* que ces idées et mille autres étaient "des
erreurs d'anciens charlatans, qui jugèrent sans raisonner et qui étant
trompés, trompèrent les autres". (8) Il se révolta contre ce qu'il appelait traiter les neuf dixièmes du genre humain comme des singes. (9)
Ayant constaté, comme il le faisait remarquer dans *Jusqu'à quel point on*

doit tromper le peuple, que depuis les anciens Chaldéens il y avait "des
moments marqués pour prendre médecine ou pour se couper les ongles", (10)
Voltaire accusait les faiseurs d'almanachs populaires d'entretenir les
superstitions méprisables , dans un seul but financier. La vente des
almanachs battait son plein. On les consultait pour connaître les jours
favorables pour se purger, pour se faire saigner ou pour avaler quelques
spécifiques de charlatans. (11) La médecine astrologique, très en vogue
au XVIe siècle, connaît encore une certaine popularité dans toutes les
couches de la société, malgré le mouvement scientifique qui, orienté par
les découvertes de Leuwenhoeck, avait eu pour résultat de s'éloigner de
l'observation des astres pour se concentrer à l'étude de l'infiniment
petit. On croyait toujours que certaines opérations, comme la taille,
ne pouvaient réussir qu'au printemps et en automne, et que les cures d'eau,
pour ne pas être défavorables, devaient se faire en ces deux saisons seulement, ce qui faisait enrager Voltaire qui essayait de persuader ses amis
de la fausseté d'une telle opinion. (12) La Faculté voyait encore la
cause de quelques maladies dans la conjonction de certaines planètes. (13)
Voltaire, qui se refusait à croire à la médecine astrologique, niait tout
aussi bien le rôle du soleil et de la lune sur la période critique des
fièvres, leur influence sur la menstruation, que l'influence des marées
sur le moment de la mort. (14) Rechercher la cause d'un rhume, d'une
indigestion, d'une insomnie, de la colère et des passions dans la trajec-
toire ou la lumière des planètes lui semblait impensable. (15) Il conseillait au public d'attendre au moins que cela soit prouvé pour le dire.
(16)

        Il ne se montra pas plus indulgent pour les superstitions, qu'il
attribuait à l'ignorance des médecins. (17) L'une d'entre elles, la gué-
rison des écrouelles, ne faisait guère honneur au XVIIIe siècle, comme le
lui faisait remarquer Frédéric II. (18) L'imposition des mains du roi
était depuis le moyen-âge, la seule méthode de traitement de l'épilepsie
et des écrouelles ou scrofules, adénites cervicales chroniques, d'origine
tuberculeuse. Cette coutume, instituée en Angleterre au XIe siècle, par
Edouard le Confesseur, passa à ses descendants, prenant un caractère de
droit divin. Après la reine Anne, la coutume tomba en désuétude. (19)
En France Louis XV et même Louis XVI passèrent pour avoir touché les scro-
fuleux, (20) et Voltaire, qui ne manqua pas de louer le progrès de
l'Angleterre, espérait que le temps viendrait où "la raison qui commenç /ait/
à faire quelques progrès en France abolir /ait/ cette coutume". (21)

        S'il fut sévère envers les médecins, Voltaire le fut encore
plus envers les charlatans et les médecins empiriques dont le XVIIIe siècle
avait vu la recrudescence. Il en était un, en particulier, qu'il pour-
suivit impitoyablement de ses sarcasmes, le célèbre Michel Schuppach, qui
connaissait en Suisse une immense popularité, grâce au don qu'il avait de
découvrir les maladies, par la simple inspection des urines, et le succès
qu'il avait obtenu dans l'emploi de quelques remèdes chimiques allemands.
L'uroscopie tenait depuis le moyen-âge une place importante dans l'exercice
de la médecine. Mais les nombreux abus auxquels elle avait donné naissance

lui avaient attiré des détracteurs qui s'élevaient contre les déductions excessives tirées du simple examen des urines. L'un d'entre eux Voltaire, laissait éclater son indignation dans une lettre au marquis de Florian à qui il déclarait que "la ridicule charlatanerie de deviner les maladies et les tempéraments par des urines /était/ la honte de la médecine et de la raison". (22)

Les remèdes de charlatans, et ceux quelquefois plus étranges dont on faisait encore usage, furent l'objet des quolibets de Voltaire. Dans *Zadig* le seul remède qui devait soulager la rate de Cador était le nez d'un homme mort la veille, appliqué sur son côté. Avec sa malice coutumière, Voltaire avouait que bien qu'étrange ce remède ne l'était pas plus "que les sachets du sieur Arnou contre l'apoplexie". (23) Dans l'article "Maladie" du *Dictionnaire philosophique*, il proclamait tous les spécifiques" autant d'inventions pour gagner de l'argent et pour flatter les malades pendant que la nature agit seule". (24) Paris était alors encombré de toutes sortes de remèdes spécifiques, car les brevets en étaient délivrés par le premier médecin du roi qui y trouvait son compte.

La préoccupation de Voltaire pour les maladies qui, décimant la population, portent atteinte au développement économique et constituent un danger social, se montre dans son oeuvre où il se révolte devant les fléaux qui ravagent la terre, les épidémies meurtrières comme la peste, la lèpre, la syphilis, la variole ou les maladies d'ordre social comme l'alcoolisme et les maladies mentales. (25) En tant qu'historien il fut frappé par leur importance sur l'issue d'une bataille et le destin des pays. Ne pouvant les expliquer, il essaya de les enrayer.

Par son caractère meurtrier, la peste ne pouvait manquer de susciter l'attention de Voltaire. Il la tenait pour "une maladie particulière de l'Afrique, car," explique-t-il dans *l'Essai sur les moeurs*, "c'est de ces pays qu'elle vient toujours par des vaisseaux marchands. Elle inonderait l'Europe, sans les sages précautions qu'on prend dans nos ports". (26) Il avait l'intelligence de reconnaître que certains facteurs climatiques ou physiques avaient une influence néfaste sur la durée ou l'intensité de l'épidémie. (27) Il ne croyait pas à l'origine météorique de la peste soutenue par Mézerai, (28) et bien que favorisant la doctrine des miasmes comme moyen de propagation de beaucoup de maladies contagieuses, Voltaire était catégorique en ce qui concerne la peste: ni l'air, ni les vapeurs n'en étaient le véhicule. (29) Le danger selon lui provenait des habits et des meubles qu'il pensait être les agents de propagation. (30) Bien qu'il ignorât que le véhicule de la peste fût le rat qui la transmet à l'homme par les puces, ses conseils étaient valables puisque la désinfection des habits et des meubles exterminait les puces ou agents de transmission. Une lettre au Dr. Paulet nous révèle que Voltaire aurait voulu appliquer aux fléaux de l'humanité les moyens que le docteur proposait pour extirper la variole, c'est-à-dire les cordons sanitaires. (31)

La lèpre était un autre fléau qui, par son ancienneté et son
rôle dans l'histoire du peuple juif, ne pouvait être ignorée par Voltaire.
Constatant dans l'*Essai sur les moeurs* que les Juifs en furent attaqués
"plus qu'aucun peuple des pays chauds", (32) il l'expliquait avec justesse
par les privations, les fatigues et le manque d'hygiène de leur vie nomade.
(33) Il se refusa toujours à confondre la lèpre et la vérole. (34)

Si son intérêt pour la lèpre n'est pas aussi grand que celui
qu'il porta à la syphilis, il faut en chercher la cause dans le fait que
la lèpre était en voie de disparition au XVIIIe siècle, alors que la syphilis
prenait des proportions inquiétantes.

La syphilis est la maladie à laquelle il fit le plus allusion.
Dès le début il prit fermement position dans le conflit qui se poursuivait
sur l'origine de la maladie. (35) Il est partisan de l'origine américaine
de la syphilis, théorie soutenue par le Dr. Astruc dans son *Traité des
maladies vénériennes* (36) ouvrage en 4 volumes avec lequel Voltaire est
des plus familiers. Selon Astruc la maladie aurait été apportée en Europe
en 1493 de l'île Saint-Domingue par Christophe Colomb et son équipage qui
l'auraient contractée dans leurs rapports avec les femmes du pays. (37)
Bien que l'origine de la maladie n'ait pas été établie d'une façon certaine,
l'américanisme semble être l'hypothèse la plus acceptée par les historiens
médicaux. Gagné à la thèse de l'américanisme par les arguments du Dr.
Astruc, qu'il résume fidèlement dans l'article "Lèpre et vérole" (38) du
Dictionnaire philosophique, Voltaire l'expose dans l'*Essai sur les moeurs*,
(39) puis dans *Candide*. (40) Mais c'est dans *L'Homme aux quarante écus*
(41) que Voltaire est le plus explicite et nous donne le plus de détails
sur la maladie. Les lésions de la syphilis et ses manifestations cutanéo-
muqueuses et viscérales étaient parfaitement décrites par Astruc, qui
signalait entre autres la chute des cheveux, la nécrose des os du nez, le
nasillement et la raucité de la voix, la fonte de l'iris (42) que nous
retrouvons dans les portraits de Pangloss (43) et des deux cousines (44)
de l'*Homme aux quarante écus*. Effrayé des dangers que cette maladie représentait pour la société entière, Voltaire voulait en révéler toute
l'horreur au public et le mettre en garde non seulement contre la gravité
de la maladie, mais contre les dangers du traitement. Le mercure et les
préparations mercurielles étaient les seuls remèdes efficaces connus pour
lutter contre la syphilis. Les estomacs ne pouvant pas toujours supporter
les doses très fortes que l'on croyait nécessaire de faire ingurgiter,
on utilisait le mercure en frictions jusqu'à l'obtention d'une salivation
abondante du malade. On ignorait que ce symptôme très dangereux exprimait
le seuil de toxicité du remède. Certains accidents imputés à la maladie,
comme la chute des dents, étaient en réalité le résultat du traitement.
Dans les *Lettres de M. de Voltaire à la Noblesse du Gévaudan* quelques mots
lui suffisent pour souligner ces dangers et décrire le spectacle lamentable
d'un syphilitique qui vient de subir les frictions au mercure: "la tête
enflée, la langue pendante et la mort entre les dents ébranlées". (45)

Pour extirper la contagion qui désolait l'Europe, Voltaire proposait dans *L'Homme aux quarante écus* que "tous les princes de l'Europe se liguassent ensemble, comme dans le temps de Godefroy de Bouillon". (46) Cette croisade contre la vérole devait se réaliser bien plus tard.

Voltaire avait été frappé par les ravages que faisait une autre maladie épidémique, la variole. Il fut un des partisans acharnés de l'inoculation contre la variole soutenue par le Dr. Tronchin et engagea une véritable campagne en faveur de l'inoculation. Cette question ayant été le sujet de plusieurs études, ne fait pas l'objet de cette communication.

Voltaire ne se borne pas à proposer des réformes, il s'attaque à la racine du mal, en essayant d'enrayer la cause des épidémies, c'est-à-dire les miasmes, comme on le croyait au XVIIIe siècle. Avant l'ère pasteurienne, Hippocrate tenait les milieux extérieurs responsables des fléaux épidémiques, tout en ne méconnaissant pas les influences alimentaires ni le rôle des saisons et des influences météoriques. "Cherchant à en saisir la portée pathogénique," explique Laignel-Lavastine dans son *Histoire générale de la médecine,* "on estima que semblables éléments devaient provoquer dans les humeurs des fermentations, et que celles-ci faisaient naître des matières putrides" (47) qui se manifestaient par la fièvre putride, désignation qui caractérisait les états infectieux. Ainsi naquit la doctrine des miasmes selon laquelle la viciation de l'atmosphère entraîne la putridité de l'organisme.

Voltaire s'attaquait donc à la source des maladies en luttant contre les causes de cette viciation entretenue par les souillures du sol et les émanations issues de l'homme sain, malade ou mort. Il fut un des philosophes à mener une guerre acharnée contre tous les foyers d'infection. A notre siècle si préoccupé d'écologie, les problèmes de Voltaire aux prises avec l'amélioration de l'environnement nous paraissent d'une grande actualité: "Vous avez dans Paris ...," se plaignait-il au Dr. Paulet, "des boucheries dans de petites rues sans issue au milieu de la ville, qui répandent en été une odeur cadavéreuse capable d'empoisonner tout un quartier". (48)

L'état sanitaire de la capitale était lamentable. En l'absence de fosses d'aisances, les rues en tenaient lieu. Les ordures et les déjections qui bordaient les voies les plus fréquentées, formaient une boue noire qui exhalait une puanteur insupportable. Elle était dangereuse en temps d'épidémies, créant de véritables foyers d'infection.

Le problème était sérieux et avait été souligné en Angleterre en 1733 par le Dr. Arbuthnot dans un *Essay* (49) où il préconisait l'importance de la pureté de l'air respiré et où il conseillait de construire les villes de façon à ce qu'elles soient aérées et balayées par les vents. (50)

Voltaire, qui s'était intéressé au problème, dénonça les sources de pollution et fit tout en son pouvoir pour assainir les régions qu'il croyait menacées. Dans plusieurs ouvrages dont *Ce qu'on ne fait pas et ce*

qu'on pourrait faire et *Des Embellissements de Paris* il proposait des
solutions (51) pour améliorer les conditions de la vie par l'assainisse-
ment des marais, la construction de bâtiments salubres, l'extension des
cités suivant les règles d'un urbanisme bien compris. En 1760 il demanda
l'appui du médecin du roi, le Dr. Sénac, et obtint l'assèchement d'un
marais qu'il tenait pour responsable d'une menace d'épidémie de fièvres.
(52)

      D'autres mesures hygiéniques, suggérées par Arbuthnot comme
l'emplacement des cimetières hors des villes, devenant pressantes par la
gravité de leurs conséquences, attirèrent l'attention de Voltaire et
furent l'objet d'une propagande active de sa part. Les églises au sol
jonché de cadavres et les cimetières, véritables charniers infectieux
dont on comptait une vingtaine à Paris, entretenaient des foyers d'infection. Le plus ancien des cimetières, celui des Innocents, était capable
à lui seul d'infecter toute la ville. Servant de lieu de sépulture à
plus de vingt paroisses, il recevait une moyenne de trois mille corps par
an dont cent cinquante à deux cents seulement avaient une sépulture particulière. Le reste était entassé dans des fosses communes de cinq à
six mètres de profondeur. (53) La terre imbibée jusqu'à saturation de
cet engrais humain, ne pouvait en absorber davantage; une vapeur méphi-
tique s'élevait de ces fosses. Dans son *Tableau de Paris* Mercier (54)
raconte que dans les maisons situées près du cimetière, le bouillon et
le lait se gâtaient en peu d'heures.

      Devant le nombre des plaintes, un premier arrêt du Parlement
ordonnait en 1763 le transfert des cimetières en dehors des villes. Deux
ans plus tard, un nouvel arrêt interdisait toute inhumation dans les cimetières existants et à l'intérieur des églises, exception faite pour les
membres du clergé. (55) Cet arrêt n'obtenait guère plus de résultat que
le premier, tant les préjugés étaient enracinés, et Voltaire n'exagérait
pas en écrivant au Dr. Paulet, trois ans plus tard: "Les exhalaisons des
morts tuent les vivants dans vos églises" (56) et en qualifiant les
charniers des Innocents de "témoignage de barbarie qui nous met fort au
dessous des Hottentots et des nègres". (57) Dans *Le Monde comme il va,*
(58) Voltaire avait déjà attiré l'attention sur cette coutume répugnante
d'enterrer les morts dans les églises. Il y revenait dans les *Fragments
Historiques sur l'Inde* où par quelques exemples frappants il mettait en
garde contre les dangers trop réels des exhalaisons, montrait la nécessité
de la ventilation et insistait sur les dangers mortels encourus dans les
prisons, dans les salles de spectacles, et surtout dans les églises. (59)

      Mais c'est l'article "Enterrement" du *Dictionnaire philosophique*
qui exprime la révolte de Voltaire par son réalisme saisissant: "Vous
entrez dans la gothique cathédrale de Paris; vous y marchez sur de vilaines
pierres mal jointes [...], on les a levées mille fois pour jeter sous elles
des caisses de cadavres. Passez par le charnier qu'on appelle Saint-
Innocent, les pauvres [...] y sont enterrés pêle-mêle; les chiens y viennent
quelquefois ronger les ossements; une vapeur épaisse, cadavéreuse, infectée
s'en exhale; elle est pestilentielle dans les chaleurs de l'été après les
pluies". (60) Constatant que la législation n'avait pu opérer la suppression

de ces abus, tant les racines de l'habitude et de la sottise étaient profondes, Voltaire conseillait de suivre l'exemple donné par un citoyen de
Versailles, M. Pacou, qui, ne pouvant supporter davantage l'infection
du cimetière de la paroisse, excita ses concitoyens et adressa aux autorités un *Mémoire* (61) pour demander le transfert du cimetière. (62) Il
avait obtenu satisfaction grâce à l'appui de Voltaire. (63)

Les hôpitaux étaient une autre source d'infection. Les descrip-
tions que nous avons des salles de l'Hôtel-Dieu de Paris au XVIIIe
siècle, témoignent des conditions lamentables de l'hospitalisation et des
souffrances que durent subir les malades. Voltaire ne pouvait être le
témoin silencieux d'une pareille ignominie qu'il révèle dans l'article
"Air" du *Dictionnaire philosophique* "... cet Hôtel-Dieu, devenu l'hôtel
de la mort, infecte le bras de la rivière sur lequel il est situé. O
Velches! vous n'y faites nulle attention et la dixième partie du peuple
est sacrifiée chaque année". (64)

Les plaintes de Voltaire étaient loin d'être exagérées. Louis
Mercier dans son *Tableau de Paris* (65) et le célèbre chirurgien Tenon (66)
dans les *Mémoires* qu'il rédigeait ne nous épargnent aucuns détails et con-
firment la multiplicité des défauts de l'Hôtel-Dieu. Le réalisme poignant
de l'article "Hôtel-Dieu" de l'*Encyclopédie* ne laisse aucun doute sur
l'imminence du danger: "Qu'on se représente une longue enfilade de salles
contiguës, où l'on rassemble des malades de toute espèce, et où l'on en
entasse souvent 3, 4, 5 et 6 dans un même lit; les vivants à côté des mori-
bonds et des morts; l'air infecté des exhalaisons de cette multitude de
corps malsains, portant des uns aux autres les germes pestilentiels de
leurs infirmités; et le spectable de la douleur et de l'agonie de tous
côtés offert et reçu. Voilà l'Hôtel-Dieu". (67)

C'est dans l'article "Charité" du *Dictionnaire philosophique*
que Voltaire expose le scandale d'une telle situation et proteste contre
les abus de l'administration. L'entassement des malades sans distinction
d'aucune sorte et la contagion qui en résulte, rendent inutile le secours
de la médecine. (68) La colère de Voltaire est d'autant plus justifiée
que d'autres hôpitaux mieux gérés ont une mortalité bien inférieure.
D'après les relevés de Chamousset la mortalité à l'Hôtel-Dieu s'élevait
à un quart des malades, pour un huitième à l'hôpital de la Charité (où
les salles étaient vastes et où chaque malade avait un lit), un neuvième
dans les hôpitaux de Londres, et un trentième dans ceux de Versailles.
Voltaire est exaspéré du refus de l'administration du plan de réforme
de M. de Chamousset, philanthrope célèbre qu'il connaissait et dont il
estimait les projets. (69) Il ne peut accepter que les réformes de
l'Hôtel-Dieu aient échoué par manque d'argent, alors que l'hôpital a des
revenus immenses qui augmentent chaque année. (70) Il condamne l'administration des hôpitaux de Paris, où trop de gens s'enrichissent, et la
tient seule responsable de cet état lamentable. Aussi propose-t-il en
exemple les hôpitaux modèles de Lyon et d'Amsterdam gérés par le gouvernement municipal de ces villes. (71)

En 1772 un incendie ayant détruit l'Hôtel-Dieu, d'autres philosophes joignirent leurs plaintes à celles de Voltaire. Marmontel, dans une épître au roi dont Voltaire le félicita, (72) demanda le transfert de l'hôpital en dehors de Paris. (73) Il n'obtint pas gain de cause, mais une commission de l'Académie des Sciences fut chargée d'étudier un plan de reconstruction, et adopta un système de pavillons séparés et parallèles. La révolution ajourna le projet qui ne fut mis en exécution qu'au milieu du XIXe siècle. (74)

D'autres maladies tout en n'étant pas aussi meurtrières, n'en faisaient pas moins des ravages lents et quelquefois définitifs, réduisant l'être humain à un état dégradant. Par leurs conséquences sociales extrêmement graves l'alcoolisme et les désordres mentaux suscitèrent l'intérêt de Voltaire.

Bien qu'il ait souligné l'alcoolisme de la classe aisée dans le *Dépositaire*, (75) c'est surtout l'ivrognerie à la campagne que Voltaire combattit car il diminuait la production du travail et maintenait les paysans dans la misère.

Seigneur de Ferney et de Tournay il avait constaté les ravages de l'alcoolisme aux niveaux individuel, familial et social, le tenait responsable de crimes divers (76) et les exposait dans le portrait plein de réalisme qu'il nous brossait d'un ivrogne dans le "Catéchisme du Curé", où il n'oubliait pas de signaler les méfaits de l'alcool sur le corps et sur l'esprit. (77)

Persuadé que le désoeuvrement des paysans les jours de fête était la cause du problème (78) et pour essayer de mettre fin à cet abus, Voltaire dans une *Requête à tous les magistrats du royaume* demanda la permission de travailler pendant la multitude des jours de fête afin de ne pas forcer les hommes à se livrer à la débauche et à l'ivresse. (79)

Voltaire fut d'autant plus fasciné par la recrudescence de théurgie et de démonomanie qu'elles offraient un champ à sa lutte contre les prêtres et la superstition. Dans plusieurs articles (80) du *Dictionnaire philosophique* et dans ses oeuvres historiques il souligne la réapparition en France des troubles névropathiques collectifs, en particulier ceux qui mettaient aux prises jansénistes et molinistes qui rivalisaient d'ardeur pour faire des guérisons miraculeuses. On ne parlait plus que des convulsions sur la tombe du diâcre Pâris au cimetière de Saint-Médard. (81)

Pendant longtemps les maladies mentales, ayant été attribuées à une influence démoniaque, avaient été du ressort des prêtres qui avaient eu recours à la torture, au bûcher et à l'exorcisme. Les médecins s'étaient trouvés dans une situation délicate et peu avaient osé parler de maladie lorsque l'opinion générale affirmait que le surnaturel était en cause.

Au XVIIIe siècle ces théories ne pouvaient être acceptées par les philosophes. On commence à exiger une explication scientifique des troubles de l'esprit. On assiste à un début de prophylaxie mentale grâce aux efforts des médecins comme Lorry, Hecquet, Tissot, et même à un commencement de psychologie pathologique sous l'influence de Locke, puis de Condillac qui voit dans la folie des troubles de l'association des idées. Pour certains, les troubles mentaux sont dûs à des lésions cérébrales. L'*Encyclopédie* ne donnait guère de définition précise et scientifique de la folie "Dépravation de la faculté pensante". (82) Elle était quelquefois le prélude de la manie et se différenciait de la mélancolie. (83)

A l'article "Folie" du *Dictionnaire philosophique*, Voltaire la définit "avoir des pensées incohérentes et la conduite de même". (84) Voltaire, dont les tendances au biomécanisme physico-chimique lui faisaient considérer l'organisme comme un mécanisme complexe, avouait à Mme du Deffand: "Nous ne sommes peut-être que des machines qui pensons avec la tête, comme nous marchons avec les pieds. Nous ne marchons point quand nous avons la goutte, nous ne pensons point quand la moelle du cerveau est malade". (85) Il faisait observer à l'article "Folie" que les troubles cérébraux entraînaient la privation des fonctions mentales: "La faculté de penser [...] est sujette au dérangement comme les autres sens. Un fou est un malade dont le cerveau pâtit [...]. On a la goutte au cerveau comme aux pieds". (86) La maladie n'était donc "ny plus surprenante ny plus humiliante que la fièvre et la migraine". (87)

Considérant la folie une maladie du cerveau, Voltaire s'émouvait du manque d'assistance et de thérapeutique des aliénés malgré quelques efforts de traitement: "Ne pouvant gérer son bien", s'indignait-il dans l'article "Folie" du *Dictionnaire philosophique*, "on l'interdit; ne pouvant avoir des idées convenables à la société, on l'en exclut; s'il est dangereux, on l'enferme; s'il est furieux, on le lie. Quelquefois on le guérit par les bains, par la saignée, par le régime". (88) Faisant allusion aux préjugés et au manque de connaissances de la maladie dans l'antiquité, Voltaire remarquait que l'usage du sang d'ânon par Hippocrate ne lui faisait guère honneur. (89) Par contre dans l'article "Démoniaque" il montrait un grand intérêt pour les travaux de Pomme en névropathie et les conseils judicieux de sa thérapeutique qui consistait à relâcher des nerfs trop tendus et trop secs. Un exercice modéré, le calme et quelques distractions expliquaient le succès de sa réussite. (90)

Jusque-là la maladie était due, pensait-on à une humeur qui obstruait certains organes; on en expulsait les vapeurs peccantes par les saignées, les purgations et les émétiques sans trop de résultats.

C'est dans la littérature engagée, qui servit à Voltaire à défendre des causes devenues célèbres, que la médecine lui rendit de plus grands services, grâce à la connaissance de ses experts dans un champ relativement neuf: la médecine légale. En combattant par une publicité tapageuse les vices de la législation dans les procès Calas, Sirven, Montbailli et bien d'autres, et en exposant ses idées juridiques, il

provoqua la révolte de l'opinion publique et fut responsable selon
Masmonteil (91) de la réforme de la législation criminelle en France.
Dans quelques-uns de ces procès, Voltaire avait été frappé par les fautes
et l'ignorance grossière des soi-disant experts médicaux, ignorance d'autant plus regrettable qu'elle avait été responsable de la vie et de l'honneur de plusieurs hommes.

     Dans l'affaire Calas, le rapport du chirurgien Lamarque était
en contradiciton avec les explications des accusés. Le cadavre était
froid dès neuf heures et demie. L'état des aliments dans l'estomac éta-
blissait qu'il s'était écoulé quatre heures entre le repas et la mort.
Allier rapporte dans la *Revue de Paris* que Lamarque avait fait deux rapports. Le premier, assez sommaire où il n'envisageait pas la possibilité
d'un crime et où le célèbre chirurgien Louis voyait la preuve du suicide,
ne fut pas mentionné par l'instruction, qui utilisa un second rapport,
"modèle d'ignorance solennelle et de fantaisie pédantesque", (92) qui
servait plus facilement ses desseins. Fort de tous ces faits, Voltaire
démontrait que l'ignorante déposition du chirurgien avait été un des
principaux facteurs de l'erreur judiciaire. (93) Il ne manquait pas de
faire remarquer dans le *Mémoire de Donat Calas* que le procès-verbal
n'avait pas été fait sur le lieu où le corps avait été trouvé, le capitoul
ayant fait transporter le cadavre à l'hôtel de ville, (94) et que le
chirurgien Lamarque, chargé de faire l'autopsie, s'était trompé de deux
heures sur l'heure du repas, selon les affirmations de la famille Calas.
(95) Il ne pouvait accepter le manque de modestie et la fausse précision
des conclusions de ce prétentieux chirurgien "Il est clair, faisait dire
Voltaire à Donat Calas, qu'il voulait se faire valoir en prononçant quel
temps il faut pour la digestion, que la diversité des tempéraments rend
plus ou moins lente. Cette petite erreur d'un chirurgien devait-elle
préparer le supplice de mon père? La vie des hommes dépend donc d'un
mauvais raisonnement!" (96)

     Dans la *Déclaration de Pierre Calas*, Voltaire continuait à
accabler les médecins légistes. Le chirurgien Gorse qui avait ôté au
cadavre son tour de cou de taffetas, le déclare étranglé, en voyant l'impression d'une corde. (97) Le médecin Latour et les chirurgiens Lamarque
et Perronet, après examen du cadavre, ne purent trouver aucune meurtris-
sure sur le corps et firent un rapport secret au Capitoul. Le cadavre
et les habits furent transportés à l'hôtel de ville au lieu d'être laissés
sur place. Le rapport médical fut fait le lendemain. (98) Enfin Voltaire
soulignait le ressentiment du chirurgien Lamarque contre le jeune Pierre
Calas, qui lui avait fait remarquer une erreur dans un de ses rapports,
où il avait pris l'oeil droit pour le gauche, ce qui amenait Voltaire à
conclure que Calas avait été sacrifié à l'ignorance autant qu'aux préjugés.
(99)

     Devant les dangers que faisaient courir à l'humanité les erreurs
et l'ignorance de ces rapporteurs, Voltaire conseillait aux hommes de se
méfier et souhaitait dans *l'Avis au public sur les Calas et les Sirven*
que quelques médecins arrivent à remédier à cette situation. (100) Ce

médecin, il allait le trouver en la personne de Jean Lafosse qui fut avec
Louis, le précurseur de la médecine légale. On est frappé à la lecture
des travaux de Lafosse par la similitude de vues qui existe entre ses
convictions et celles de Voltaire. Persuadé que la plupart des erreurs
judiciaires avaient été commises par la fausseté ou l'incompétence des
rapports médicaux, il recommande aux médecins légistes, dans son article
"Médecine Légale" du *Supplément de l'Encyclopédie,* une grande prudence
et l'utilisation de preuves scientifiques afin de garantir la certitude
et la justice. (101) Il les met en garde contre tout esprit de système
dans le choix de leurs opinions (102) et insiste sur les qualités qu'ils
doivent posséder, telles que la plus exacte probité, l'impartialité, la
défiance de soi-même, l'application la plus opiniâtre et l'attention la
plus réfléchie. (103) Enfin il préconise l'importance de solides connaissances en anatomie, en physiologie, en pharmacologie et en chimie.
(104)

        Né à Montpellier le 13 novembre 1742, après de brillantes
études chez les Jésuites et à l'Université de Médecine de Montpellier,
Lafosse y avait reçu son bonnet de docteur en 1764. L'affaire du malheureux Calas allait avoir un retentissement profond dans sa vie car
elle l'aiguilla sur la voie de la médecine légale. "... frappé des inconséquences que l'Anatomie lui faisait apercevoir dans la rédaction
des rapports qui avaient constaté l'état du cadavre de Calas fils",
rapporte Gaston Vidal, "et effrayé des suites que pouvaient avoir de
tels rapports propres à égarer les juges", (105) Lafosse avait essayé
d'y pallier en exposant ses idées dans un ouvrage concernant *le Suicide
examiné du point de vue médical.* Nous savions par le brouillon d'une
lettre (106) à un de ses amis, médecin comme lui, lettre qui vient seulement d'être publiée dans l'édition définitive de Besterman, (107) qu'il
avait fait lire son essai (108) à un procureur général; et, devant les
éloges qu'il avait obtenus, il l'avait envoyé à Voltaire, accompagné
d'une lettre fort longue, un peu avant la réhabilitation de Calas qui eut
lieu le 9 mars 1765.

        Si, comme semble en être convaincu Masmonteil, Voltaire "n'était
pas sûr le moins du monde de l'innocence de Calas", (109) il ne pouvait
qu'être vivement intéressé par le livre du docteur Lafosse qui, persuadé
du suicide du fils, lui apportait une preuve scientifique de l'innocence
du père. Bien que l'essai de Lafosse n'ait jamais été retrouvé, il en
avait développé les idées dans quelques articles du *Supplément de l'Encyclopédie* où il s'élevait contre l'insuffisance du constat médical du cadavre et en soulignait les fautes. (110) Le cadavre de Marc-Antoine Calas
avait été détaché et n'avait point été examiné sur les lieux où il avait
été trouvé. L'examen ne s'était fait que quelque temps après. La corde
n'ayant pas été appliquée sur les traces qu'elle y avait laissées, la
position, si importante pour porter un jugement, ne put être déterminée
avec certitude. On ne s'était pas assuré si la suspension volontaire
était possible. La constriction causée par la corde n'était pas suffisante selon Lafosse pour provoquer l'étranglement ou arrêter la respira-
tion. (111) En ce qui concerne les ecchymoses trouvées par la suite sur

la poitrine du cadavre, elles étaient produites par du sang dissous. (112)
Les ecchymoses permettaient souvent à tort de conclure que l'on se
trouvait devant un cas qui ne relevait pas du suicide. Lafosse concluait que la mort était due à la lésion de la moëlle épinière, et
affirmait que l'état naturel de tous les organes et le peu de marques
que présentait le cadavre semblaient établir la vraisemblance du
suicide. (113) C'est en appliquant les lois de l'anatomie aux rapports médicaux existants que le docteur était arrivé à cette conclusion.

Voltaire lui conseillait de faire imprimer son ouvrage sans
délai et de "dire la vérité comme elle doit être dite, sans ménage-
ment aucun pour l'erreur".(114) Puis il lui demandait des détails au
sujet d'une affaire qui ressemblait à celle des Calas. Par le brouillon
de la réponse de Lafosse datée du 1er octobre 1765, qui vient d'être
publié par M. Besterman, nous apprenions qu'il s'agissait de l'affaire
Colrat où un père avait été accusé d'avoir tué son fils au cours d'une
querelle qui avait mis au prise ses trois fils. (115) Contrairement à
l'affaire Calas, les juges se rendirent compte de leur erreur, et Colrat
ne fut pas poursuivi. Le docteur demandait alors à Voltaire de lui pro-
curer les rapports médicaux faits au sujet du cadavre d'Elisabeth Sirven,
car il avait cru constater des inconséquences dans les extraits qu'il
en avait lus mais auxquels il ne pouvait faire confiance pour une étude
sérieuse.

Lafosse représentait donc un allié précieux dans la lutte que
Voltaire menait contre l'intolérance. Aussi sa déception fut-elle
grande quand l'impression de l'Essai sur le suicide, commencée à Liège,
fut suspendue par des ordres supérieurs. Voltaire lui proposa un autre
libraire, un nommé Bassompière qui imprimait tout sans privilège. (116)
Mais l'anonymat étant la condition nécessaire pour éviter les poursuites,
on comprend qu'elle ne dut guère tenter le jeune médecin, son Essai ne
fut jamais imprimé. M. de Ratte dans son Eloge de Lafosse nous apprend
qu'au cours d'un voyage à Paris en 1769, le jeune médecin s'arrêta à
Ferney où Voltaire "le retint le plus longtemps qu'il put". (117) Muni
de lettres de recommandation pour d'Alembert, son séjour dans la capitale
lui fut très profitable et c'est sur les conseils des Encyclopédistes que,
de retour à Montpellier, il se livra à l'examen approfondi de quelques
questions importantes de médecine légale.

La mort interrompait bientôt son travail. Une maladie pul-
monaire l'emportait le 22 février 1775 à l'âge de 32 ans, au moment où
il se proposait de donner un traité complet de ses découvertes dans le
champ de la médecine légale.

Avant d'avoir obtenu la réhabilitation des Calas, Voltaire
prenait en mains une autre affaire judiciaire, celle des Sirven (1762-
1771), protestants de Castres accusés d'avoir jeté leur fille dans un puits.
Les rapports du médecin et du chirurgien qui concluaient que la mort avait
été occasionnée par strangulation, avaient été responsables de cette accusation.

Bien que, ne remarquant aucune contusion, ni rien qui dénotât
aucune violence, (118) le médecin Galet-Duplesis et le chirurgien Husson
avaient conclu dans leur relation du 4 janvier 1762 qu'elle avait été
étouffée avant d'être jetée dans le puits. Ils avaient écarté l'hypothèse
du suicide sur le simple fait qu'à l'autopsie il n'était sorti aucune
goutte d'eau du ventre et des intestins. Devant la gravité des conséquences
du rapport médical, Voltaire soulignait l'importance de la connaissance
de la physique pour les experts médicaux. Il écrivait dans *L'Avis au public
sur les Calas et les Sirven*,"Pour plus de sûreté, ce fanatique imbécile
(il s'agit du juge) fait visiter le cadavre par un médecin aussi savant
en physique que le juge l'est en jurisprudence. Le médecin tout étonné
de ne point trouver l'estomac de la fille rempli d'eau, et ne sachant pas
qu'il est impossible que l'eau entre dans un corps dont l'air ne peut
sortir, conclut que la fille a été assommée, et ensuite jetée dans le puits."
(119)

Au cours de la révision du procès le docteur Galet-Duplesis
eut la bêtise de reconnaître que l'examen des poumons n'avait pas été fait.
L'écume trouvée dans les bronches était pourtant la seule preuve qui
n'était pas contestée par les experts médicaux. Dans l'article "Noyés"
du *Supplément de l'Encyclopédie* Lafosse expliquait que par ses travaux,
Louis avait démontré que les bronches et les poumons des animaux noyés con-
tenaient une quantité plus ou moins grande d'une eau écumeuse. (120)
Lafosse dans le même article rapportait les expériences du professeur
Bohn de la faculté de Leipzig qui tendaient à prouver qu'il n'entrait point
d'eau dans l'estomac de ceux qui ont été noyés vivants. (121)

Mais pour condamner les médecins légistes, et les accuser d'incompétence, il fallait des preuves. Voltaire les obtint grâce à sa coterie
et au nombre toujours croissant des protecteurs de Sirven. Ses disciples
se montrèrent d'une efficacité remarquable.

Interrogé, le célèbre professeur Louis, secrétaire perpétuel
de l'Académie royale de chirurgie, dans une savante consultation du 3 juin
1769, concluait au suicide d'Elisabeth et à l'ignorance totale des experts.
(122)

La consultation de Louis fut confirmée par celles de la Faculté
de médecine de Montpellier du 18 juillet 1769 (signée entre autres docteurs
par Lamure, Leroy, Venel et Barthez) et du Collège royal de chirurgie de
Montpellier du 31 juillet 1769, qui affirmèrent unanimement la non validité
du rapport médical.

Reconnaissant devant l'intervention des savants de Montpellier,
Voltaire remerciait personnellement l'un d'eux, le professeur Leroy, le
16 avril 1769: "Je suis, monsieur, aussi sensible que Sirven à la justice
que vous lui rendez [...]. Je me flatte que votre rapport ne contribuera
pas peu à venger les Sirven et la France. Tous les bons citoyens vous
béniront, et je vous aurai, monsieur, une obligation particulière, moi
qui suis occupé, depuis six ans, à tirer la famille Sirven de l'oppression
et de la misère. Il est bien cruel que la vie et l'honneur d'un père de
famille dépendent d'un chirurgien ignorant et d'un juge idiot". (123)

Limités par le temps nous bornerons à ces exemples le travail de criminologie de Voltaire et ne ferons que signaler son intérêt pour les cas d'empoisonnements dont il discute dans ses oeuvres historiques. Là encore les travaux des experts médicaux, des toxicologues en particulier, l'aidèrent à rétablir la vérité historique. Il était convaincu, comme il l'affirme dans l'article "Empoisonnement" du *Dictionnaire philosophique* qu' "Il y a toujours eu moins d'empoisonnements qu'on ne l'a dit; il en est presque comme des parricides. Les accusations ont été communes, et ces crimes ont été trés rares." (124)

Le service que Voltaire rendit à la médecine est inestimable. "Ce serait un grand service à rendre à l'humanité," souhaitait le Dr. Lafosse, "que d'éclairer la Médecine d'un rayon de la vraie philosophie qui a tant fait de progrès [...] et à laquelle toutes les sciences ont de si grandes obligations". (125) Voltaire a comblé le voeu de ce jeune docteur avec lequel il avait en commun ce souci d'un monde meilleur à l'abri de l'injustice. "Il y a souvent des hommes," constatait-il, "qui, sans avoir acheté le droit de juger leurs semblables, aiment le bien public autant qu'il est négligé quelquefois par ceux qui acquièrent, comme une métairie, le pouvoir de faire du bien et du mal". (126) Voltaire était de ceux-là. Son humanisme avait sa source dans "l'amour de l'humain comme d'une chose fragile et perfectible" (127) pour reprendre les termes de Raymond Naves.

N'eût-il été qu'un humaniste, ce serait un titre suffisant à l'immortalité.

NOTES

1. Raymond Naves, *Voltaire: l'homme et l'oeuvre* (Paris, 1942), p. 65.

2. Renée Waldinger, "Voltaire and Medicine" *SVEC* LVIII, (1967), 1805.

3. Raymond Naves, p. 165.

4. Best. D 924, (4 octobre 1735).

5. *A.B.C.*, 2e entretien, M. XXVII, 367.

6. *Lettres à son altesse M^{Gr} Le Prince de ^{xxxxxx}*, M. XXVI, 488.

7. *Dictionnaire philosophique*, M. XX, 264.

8. *Ibid*,. p. 265, 266.

9. *Jusqu'à quel point on doit tromper le peuple*, M. XXIV, 71.

10. *Ibid.*, p. 71.

11. *Dictionnaire philosophique*, M. XVII, 121.

12. Best. D 5780 (16 avril 1754); Best D 5780 (16 avril 1754).

13. François Millepierres, *La Vie quotidienne des médecins au temps de Molière* (Paris, 1964), p. 131.

14. *Dictionnaire philosophique*, M. XIX, 463.

15. *Ibid.*, p. 464.

16. *Ibid.*, p. 464.

17. *A.B.C.*, M. XXVII, 334.

18. Best. D 19577 (27 juillet 1775).

19. *Dictionnaire philosophique*, M. XVIII, 469, 470; *Essai sur les moeurs*, M. XI, 96.

20. M. XV, 365, note 4.

21. M. XI, 356.

22. Best. D 18728 (3 janvier 1774).

23. M. XXI, 36.

24. *Dictionnaire philosophique*, M. XX, 25.

25. *Ibid.*, p. 299.

26. *Essai sur les moeurs*, M. XI, 322.

27. *Ibid.*, p. 59; M.XII, 21.

28. *Ibid.*, p. 21.

29. *Dictionnaire philosophique*, M. XVII, 95.

30. *Ibid.*, p. 95.

31. Best. 14025 (23 avril 1768).

32. *Essai sur les moeurs*, M. XI, 574.

33. *Prix de la Justice et de l'humanité*, M. XXX, 565.

34. *Dictionnaire philosophique*, M. XIX, 574.

35. M. X, 509.

36. Traduit en français en 1740.

37. Astruc, *Traité des Maladies vénériennes*, 4e éd. rveue et augmentée par
    M. Louis (Paris, 1777), I, xi.

38. *Dictionnaire philosophique*, M.XIX, 573.

39. *Essai sur les moeurs*, M. XII, 383.

40. M. XXI, 145.

41. *Ibid.*, p. 355.

42. Astruc, *op. cit.*, IV, 41-85.

43. M. XII, 143.

44. *Ibid.*, 352-353.

45. *Lettres de M. de Voltaire à la noblesse du Gévaudan*, M. XXIX, 74.

46. M.XXI, 356.

47. Laignel-Lavastine, *Histoire Générale de la médecine*, (Paris, 1936),
    III, 109.

48. Best. 14025 (23 avril 1768).

49. Arbuthnot, *Essay concerning the effects of Air in Human Body*, traduit en français par Boyer de Prébandier (Paris, 1742).

50. J. McKenzie, *Histoire de la Santé*, (Lyon, 1761), pp. 333-336.

51. *Ce qu'on ne fait pas et ce qu'on pourrait faire*, M. XXIII, 185-187; *Des Embellissements de Paris*, M. XXIII, 297-304.

52. Best. D 9648 (24 février 1761).

53. Franklin, *L'Hygiène* (Paris, 1890), p. 196.

54. Louis Mercier, *Tableau de Paris*, (Amsterdam, 1783), IX, 324.

55. Franklin, p. 198.

56. Best. 14025 (23 avril 1768).

57. *Ibid.*

58. M. XXI, 4.

59. *Fragments historiques sur l'Inde et sur le général Lally*, M. XXIX, 124.

60. *Dictionnaire philosophique*, M. XVIII, 551-552.

61. Pacou, *Mémoire concernant le cimetière de la paroisse Saint-Louis de la ville de Versailles*.

62. *Dictionnaire philosophique*, M. XVIII, 552.

63. Best. 14267 (30 septembre 1768); Best. 14279 (3 octobre 1768).

64. *Dictionnaire philosophique*, M. XVII, 96.

65. Mercier, III, 217.

66. M. Tenon, *Mémoires sur les hôpitaux de Paris* (Paris, 1778), p. 156.

67. *Encyclopédie ou Dictionnaire raisonné des sciences, des arts et des métiers*, publié par Diderot (Paris, 1751), nouvelle impression Friedrich Frommann Verlag (Stuttgart-Bad Cannstatt, 1966), VII, 319-320.

68. *Dictionnaire philosophique*, M. XVIII, 135.

69. *Ibid.*, p. 136.

70. *Ibid.*, p. 137.

71. *Fragments des instructions pour le prince royal de* ^{xxx}, M. XXVI, 445-446.

72. Best. D 136 (15 février 1773).

73. Epître intitulée *La voix des pauvres* (Paris, 1773).

74. Laignel-Lavastine, III, 692.

75. *Le Dépositaire*, M. VI, 91.

76. *Dictionnaire philosophique*, M. XIX, 115.

77. *Ibid.*, M. XVIII, 80.

78. *Ibid.*, M. XIX, 115.

79. *Requête à tous les magistrats du royaume*, M. XXVIII, 341.

80. Entre autres: Convulsions, Démoniaques, Possédés, Superstition etc...

81. *Dictionnaire philosophique*, M. XVIII, 269.

82. *Encyclopédie*, VII, 44.

83. *Ibid.*, p. 44.

84. *Dictionnaire philosophique*, M. XIX, 159.

85. Best. 14497 (3 février 1769).

86. *Dictionnaire philosophique*, M. XIX, 160.

87. Best. D 2519 (1er août 1741).

88. M. XIX, 159.

89. *Ibid.*, p. 161.

90. M. XVIII, 336-367.

91. E. Masmonteil, *La Législation criminelle dans l'oeuvre de Voltaire*
    Paris, 1901), p. 3.

92. Allier, "Voltaire et l'affaire Calas", *Revue de Paris*, (15 janvier 1898),
    418, note 1.

93. *Mémoire de Donat Calas*, M. XXIV, 393.

94. *Ibid.*, p. 387.

95. *Ibid.*, p. 388.

96. *Ibid.*, p. 388.

97. *Déclaration de Pierre Calas*, M. XXIV, 393.

98. *Ibid.*, p. 399.

99. *Ibid.*, p. 396.

100. *Avis au public sur les Calas et les Sirven,* M. XXV, 520.

101. *Supplément à l'Encyclopédie*, III, 877.

102. *Ibid.,* p. 880.

103. *Ibid.,* p. 881.

104. *Ibid.,* p. 879-880.

105. Gaston Vidal, "Un Médecin montpelliérain: le Dr. Lafosse, ami et
      correspondant de Voltaire", *Monspeliensis Hippocrates* N$^{\circ}$ 16,
      (été 1962), pp. 17-18.

106. Gaston Vidal "La correspondance de Voltaire avec le Dr. Lafosse",
      ami et correspondant de Voltaire", *Monspeliensis Hippocrates*
      N$^{\circ}$ 16, (édé 1962), pp. 17-18.

107. Best. D 12913 (1er octobre 1765, Lafosse à Mallet de la Brossière).

108. *Essai médicinal sur le suicide.*

109. Masmonteil, *op. cit.*, p. 47.

110. *Encyclopédie,* IV, 850-857, "Suspension".

111. *Ibid.*, p. 856.

112. *Ibid.*, p. 851.

113. *Ibid.*, p. 856.

114. Best. D 12905 (28 septembre 1765, Voltaireà Lafosse).

115. Best. D 12912 (14 octobre 1765, Lafosse à Voltaire).

116. Best. D. 13519 (28 août 1766, Voltaire à Lafosse).

117. M. de Ratte, *Eloge de M. Lafosse* (Société royale des sciences,
      Assemblées publiques, Extraits des registres, Mémoires Divers,
      vol. IV, 1776-1779), p. 16.

118. Elie Galland, *L'Affaire Sirven* (Paris, 1911) pp. 484-6.

119. *Avis au Public sur les Calas et les Sirven,* M. XXV, 518.

120. *Encyclopédie,* Suppl. 4. p. 65.

121. *Ibid.*, p. 65.

122. Galland, p. 378.

123. Best. 14845 (16 avril 1769).

124. *Dictionnaire philosophique*, M. XVIII, 529.

125. *Encyclopédie*, XX, supplément 3, p. 880.

126. *Ce qu'on ne fait pas et ce qu'on pourrait faire*, M. XXIII, 185.

127. Naves, pp. 164-165.

VOLTAIRE POETE: CITATIONS ET ADAPTATIONS

Par Charles Fleischauer

        Toute sa longue vie durant Voltaire s'est appelé
poète. Nous tenons tout d'abord à ignorer sa poésie; nous la
méconnaissons ensuite en lisant *Le désastre de Lisbonne*, par exemple, comme de la prose; et nous arrivons enfin à ne pas appré-
cier les vers à leur juste valeur, à dire à la manière de Monsieur
Jourdain que Voltaire n'est pas poète. Mais même en laissant de
côté sa poésie dramatique, la *Henriade* et la *Pucelle*, il reste un
corpus énorme de vers à examiner.

        De nos jours une poésie est plutôt courte et personnelle;
pour les classiques elle visait à une universalité objective à
l'aide d'un développement narratif. Mais pour eux ces qualités-ci
n'excluaient pas celles-là. Même quand il est long Voltaire n'est
jamais ennuyeux; on peut le relire une vingtaine de fois pour le
travail textuel sans se lasser. L'expression demeure noble et élevée
le vocabulaire poli dans le goût de l'époque qui permettait toujours
l'esprit gaulois.

        A part le fait que le verbe grec ποιεῖν veut dire créer,
la poésie, c'est l'expression, dont Voltaire est bien le maître,
en vers comme en prose. Il est donc poète, de tous les temps aussi
bien que de son temps. Il connaissait parfaitement les techniques,
car les vers étaient alors plus un moyen de communication que de
nos jours. Tout le monde en faisait, voulait en faire de bons, mais
c'est Voltaire qui en a fait les meilleurs, qui a su satisfaire ce
besoin de la société. Chez lui, ce moyen d'expression prend la
plus grande variété. Il comprend des odes, des épîtres, mais aussi
des vers gais, badins et parfois licencieux. On les découvre partout;
il y a peu d'ouvrages où il ne s'en trouve pas, mais à cause de
leur qualité communicatrice par excellence, les vers de toutes les
sortes se trouvent dans la correspondance. Recevoir une lettre en
vers est une distinction réservée à une élite parmi ses amis et

ses connaissances, une flatterie ou le remerciement de son correspondant. Ces petites pièces sont souvent développées plus tard,
comme les quelques vers de la lettre à Richelieu qui deviennent le
Poème de Fontenoy (1).

       Au contraire des poètes inspirés, Voltaire retravaille
ses ouvrages manuscrits et se corrige continuellement après la
publication, pour la plupart sur les pages de l'édition précédente.
Pour s'attaquer à un poète classique, le travail textuel sera donc
révélateur des processus de composition, là où il y a des manuscrits,
et des corrections après la publication dans les éditions successives.

       Un aspect bien déterminé de ce classicisme est représenté
par les citations et les adaptations. Il fallait qu'un poète classique connaisse les techniques d'après les modèles, qu'il imite ces
exemples et qu'il redéveloppe les mêmes thèmes. Le concept du
plagiat existait, on pouvait en accuser un ennemi, mais puisqu'il
n'y avait pas de droit d'auteur, il n'avait aucun statut légal.
Il était plus honnête de l'admettre ouvertement, mais on avait le
droit de tout prendre et d'en faire ce qu'on voulait.

       Un Voltaire avait donc ses coudées franches. En poète
classique il cite de mémoire les auteurs qui l'ont précédé, français
et étrangers, anciens et modernes, de bons exemples du voltairianisme.
Il avait trouvé qu'il était prudent de citer, bien ou mal, quelqu'un
d'autre sur un sujet épineux, surtout si l'autre n'était plus vivant
et restait donc hors d'atteinte des autorités, et il pouvait l'adapter
sans que la censure s'en aperçut. Il fait parfois les mêmes mauvaises citations toute sa vie, ce qui mènerait à croire qu'il n'avait
pas un bon texte, mais ce texte reste introuvable. On ne peut pas
toujours lui faire confiance quand il dit qu'un certain auteur a
écrit les vers qu'il cite, et encore moins peut-on croire ses éditeurs,
qui tendent à corriger ses mauvaises citations, mais sans le dire.

       Il est donc parfois difficile de dire si on a affaire à
une citation ou à son développement dans une adaptation. Est-ce
qu'il est parti d'un mauvais texte? Est-ce qu'il a tout simplement
mal appris, là sur les bancs de Louis-le-Grand, ou mal entendu dans
son fauteuil du théâtre ou surtout de l'opéra? Est-ce qu'il a mauvaise
mémoire, est-ce qu'il a inventé quelque chose pour boucher un trou,
ou est-ce un changement voulu? Il est tout aussi difficile de vérifier les citations que de savoir si un ouvrage est vraiment de
Voltaire. Sauf pour le théâtre et la *Henriade* une édition des oeuvres
non-désavouées tiendrait dans un volume.

       Il y a d'abord les véritables citations, vérifiées non
pas dans l'édition la plus moderne et la plus scientifique d'un
auteur latin, mais dans celle que Voltaire avait sous la main. On

n'a qu'à consulter les catalogues de la bibliothèque de Ferney
pour trouver le texte dont il s'est servi, du moins dans les dernières années de sa vie. Il serait bon d'établir un jour le cata-
logue de la vraie bibliothèque de Voltaire, des livres et des éditions qu'il a consultés pendant toute sa vie. Il arrive même que
la citation par Voltaire ne provienne pas du texte d'un auteur mais
du *Dictionnaire de Trévoux* ou d'une autre source, et que ce ne
soit pas lui qui a changé ou ajouté quelque chose. Par contre,
plusieurs adaptations de Voltaire sont devenues une sorte de folklore où sa version est citée comme la véritable par d'autres auteurs.

       Il y a donc une citation en faux indien (2), traduite
à la Molière de l'italien. Il n'y a que la traduction depuis
l'anglais pour une citation du poète persan Sadi (3). Une citation hébraïque (4), transcrite assez exactement dans notre alphabet, est un exemple de l'usage de la rime, tiré des *Psaumes*,
mais aussi de la confusion de la superstition. Plusieurs passages
en grec, exacts dans la langue d'origine ou assez corrects en trans-
litération parce que Voltaire ne savait pas le grec, viennent, pour
le théâtre, d'Eschyle, de Sophocle et d'Euripide (5); pour Mme
Dacier, d'Homère (6); pour Richelieu, d'Hésiode (7).

       Le cas est différent pour les centaines de citations
latines. Voltaire lisait, écrivait, comprenait le latin. Il
savait assez bien la versification pour improviser, pour remplir
un vide. De plus, il faut être généreux dans le jugement de ce qui
est un vers latin; en partant d'un bon vers, Voltaire a peut-être
cru faire un autre bon vers. D'autre part, il ne faut pas être
sévère concernant l'orthographe parce que la prononciation du latin
était à l'époque plus francisée, et encore les secrétaires, les
copistes et les éditeurs n'ont pas toujours saisi ce que Voltaire
voulait dire. Il y a donc une grande catégorie de ce qu'on pourrait
appeler fautes typographiques dans toutes les langues que cite Voltaire, en particulier en latin, étant donné la fréquence de ces
citations. Parmi une bonne vingtaine d'auteurs depuis Plaute et
Ennius jusqu'à Prudence et Claudien, on trouve même deux empereurs,
César et Auguste, le dernier comme exemple de lubricité, et le
prosateur Cicéron, cité d'après l'édition de l'abbé d'Olivet.

       Mais les préférés sont Lucrèce, Ovide, Virgile et surtout
Horace. Les deux premiers livrent des citations sur la religion
et sur le matérialisme. "Tantum relligio potuit suadere malorum,"
vers puisé dans le *De natura rerum*, paraît plusieurs fois (8).
Ovide formule les idées même de Voltaire sur Dieu contre la superstit-
tion: "Colitur pro Jove forma Jovis (9)," et en faveur du machi-
nisme: "Sanctius his animal mentisque capacius altae (10)."

       Virgile, connu depuis l'école, s'avère plus utile, à
cause de leurs situations semblables, à Genève et à Ferney. Le

poète latin chante les plaisirs de la vie à la campagne: "Humiles habitare casas (11)," ou même les regrets de la ville: "Ducite ab urbe domum, mea carmina, ducite Daphnim (12)." Il fournit aussi des vers sur les *res publica*: "Nos patriam fugimus (13)," à Tressan, et plus tard, pensant sans doute à un retour à Paris, Voltaire cite plusieurs fois: "Romanos rerum dominos gentem que togatam (14)." Mais Virgile pose aussi la question philosophique sur les connaissances: "Felix qui potuit rerum cognoscere causas (15)," et c'est lui qui répond provisoirement: "Mens agitat molem et magno se corpore miscet (16)."

C'est Horace qui présente le plus grand nombre de citations latines. Le flatteur de Mécène sert dans deux lettres à d'Argenson, dans une autre à Frédéric II avec: "O et praesidium et dulce decus meum (17)!" Il exprime la supériorité de la vie à la campagne sur celle à la ville: "Hodie que manent vestigia ruris (18)." Bien entendu, on trouve beaucoup de conseils sur l'art de faire des vers, et d'autres maximes et sentences sur la chose publique.

Ensuite, il y a quelques citations de latin médiéval, de Sannazar (19) et de Halley (20), et beaucoup de vers non identifiés. Ce qu'on appelle la prose des morts (21), des vers de la fête de l'âne (22) ou des vers liturgiques (23) servent à railler les cérémonies superstitieuses, mais ceux en l'honneur de Newton soulignent l'importance de ses découvertes scientifiques.

Parmi les citations en langues vivantes étrangères, on trouve plus de vers anglais que d'espagnols, mais les vers italiens sont de loin les plus nombreux. Les vers du *Cid* (24) de Diamante peuvent être comparés à ceux de Corneille qu'il a imités, mais Voltaire cite Lope de Vega (25) sur l'art théâtral. Il répète George Keate, mais dans une lettre à Keate (26), et Pope (27) contre la tyrannie. Plus intéressants, cependant, sont les vers d'auteurs inconnus, et qui pourraient être attribués à Voltaire lui-même. Sur Shakespeare nous trouvons: "Within that circle none durst move but he (28);" et tout naturellement c'est l'anglais qu'il emploie pour une observation sur l'église: "The priests eat roast beef, and the people starve (29)," ou une autre sur le gouvernement: "Those gracious kings are all a pack of rogues (30)."

Il est surprenant que les vers italiens soient plus nombreux, mais c'est affaire de poésie plutôt que de pensée philosophique, et l'italien prime sur l'anglais pour les sonorités et pour la régularité classique. Il cite Pulci (31) pour railler les croyances religieuses, et deux chansons de Marini (32) tirées de la correspondance de Costar comme exemples de légèreté et de grâce. Dans la *Dissertation sur les tragédies anciennes et modernes*, on trouve quatre passages des opéras de Metastasio, dont deux sont de vives images sur les forces de la nature, le troisième traite de

l'ambivalence d'un souverain ami et le quatrième relève l'opposition
entre le don de la vie et le droit de mort, privilèges des dieux et
des rois. Pétrarque fournit deux proverbes: "Povera e nuda vai, filo-
sofia (33)," et l'exhortation: "Non lasciar la magnanima tua impre-
sa (34)," tandis qu'*Il Pastor fido* de Guarini exprime pour Voltaire
les conforts de la vie (35), et fournit pour l'article 'Honneur'
des *Questions sur l'Encyclopédie* un spécimen de la richesse de la
langue italienne. Dans la *Lettre à Maffei* sur *Mérope*, Voltaire
cite les vers de l'Italien pour démontrer sa *maestria* en traduisant
l'*endecasillabo* en alexandrins.

Le Tasse est pourtant mieux connu, malgré le jugement
de Boileau. On le trouve dans l'article 'Critique' du *Dictionnaire
philosophique* aussi bien que dans les articles 'Epopée' et 'Franc'
des *Questions*, mais de plus dans le *Supplément au Siècle de Louis XIV*.
Il va sans dire que l'Arioste est le plus souvent cité parmi les
auteurs italiens, non seulement dans le *Roland furieux* mais aussi
dans les *Satires*. Il sert d'exemple de ce que Voltaire cherche
dans la poésie italienne. L'article 'A' des *Questions* présente le
cas de trois voyelles qui se suivent: "Tanto girò che venne a una
riviera." Dans l'article 'Droit' il cite un passage qui comprend
plusieurs mots abrégés, ce qui peut se faire à volonté dans la pro-
sodie italienne.

Les quelques quatre-vingt-dix auteurs français depuis
Marot forment le groupe le plus nombreux, preuve de la connaissance
des textes par Voltaire. Marot se présente chez Voltaire comme chez
Boileau pour son élégant badinage. Frédéric est cité littéralement
en réponse à ses lettres, et c'est d'ailleurs une façon d'exprimer
des idées dangereuses par la bouche d'autrui. Louis Racine est
représenté dans le *Préservatif*, dans la *Raison par Alphabet*, dans les
Questions sur l'Encyclopédie, mais surtout dans les *Conseils à
M. Racine sur son poème de la Religion*, où Voltaire oppose des
vers des *Discours* à ceux de Racine, qui avait imité des passages
de Voltaire. Racine est diffus et pesant, et Voltaire se montre
supérieur pour l'expression aussi bien que pour l'idée, sans fausser
les vers de son rival ni dans le choix ni dans la forme.

La Motte est présent depuis le *Préservatif* jusqu'à l'article 'Vers et Poésie' des *Questions sur l'Encyclopédie* de l'édition
encadrée. C'est en effet pour des raisons de versification et de
poésie qu'il cite ce défenseur des Modernes, mais pour les dernières
citations c'est un mauvais exemple. Il le goûte pour ses sentences:
"L'ennui naquit un jour de l'uniformité," dans les *Conseils à Racine*,
ou "Un ennemi nuit plus que cent amis ne servent," dans une lettre
à Damilaville (36). Son badinage intéresse dans l'article 'Critique'
du *Dictionnaire philosophique*, mais dans l'article 'Esprit' des
Questions Voltaire raille son emphase précieux.

Quinault est choisi, malgré le jugement de Boileau, pour
les étourderies amusantes de ses opéras, mais Quinault va plus loin;

des lettres à d'Alembert (36a) et à La Harpe (36b) aussi bien qu'une
note à *Tancrède* portent les vers austères:

> "Qui n'a plus qu'un moment à vivre
> N'a plus rien à dissimuler."

Ce ne sont pas seulement ses auteurs préférés qu'on trouve
cités chez Voltaire, mais aussi ses ennemis, par exemple, Rousseau,
c'est-à-dire l'autre, Jean-Baptiste. Il y a six passages de lui dans
'Critique' du *Dictionnaire*, tous exacts, mais qui témoignent un
usage maladroit. Ce n'est pas la même chose pour l'article 'Atomes'
des *Questions*; Voltaire s'y sert de Rousseau pour exprimer des idées
anti-systématiques et matérialistes. Il n'a qu'à le citer dans les
articles 'Enthousiasme' et 'Figure' pour montrer les bizarreries de
son style, et en effet on est peu porté à l'imiter.

Crébillon est un rival qu'on doit ménager parce qu'il est
censeur royal. Dans la *Dissertation sur les principales tragédies anciennes et modernes* il est cité pour sa préciosité boursouflée, ce
qui est également le cas dans 'Amplification,' 'Franc,' 'Tonnerre'
et 'Vers et Poésie' des *Questions*. On le trouve dans une note de
l'*Orphelin de la Chine* pour sa morale héroïque, mais une lettre à
Campi (37) décrie les vers machiavéliques de *Xerxès*. Crébillon
n'est guère plus à approuver que Rousseau.

Bien entendu, les grands auteurs du dix-septième siècle
paraissent le plus souvent. De La Fontaine, nous trouvons *Philémon
et Baucis*, les *Amours de Mars et de Vénus*, *Daphné*, les *Contes* seulement dans la correspondance, et une vingtaine de *Fables*. Voltaire
en aime la bonhomie, l'expression soignée et les vers proverbiaux. Les
Questions sur l'Encyclopédie ne peuvent pas le passer sous silence
dans l'article 'Fable,' mais on trouve aussi ses arguments matérialistes
dans l'article 'Corps.' La Fontaine réussit à surcharger ses vers
d'une façon dont Rousseau et Crébillon étaient incapables.

Molière paraît depuis *Zaïre*, dans une note, jusqu'à une
lettre à d'Argental du mois de février 1778, pour la plupart dans des
lettres, ce qui est insolite parce que, d'ordinaire, Voltaire fait
des adaptations dans la correspondance. Mais les vers de Molière
sont très faciles à retenir, et les constatations mi-comiques très
applicables à la vie journalière de Voltaire. Il a sans doute connu
les pièces de Molière au théâtre d'abord, mais il en est arrivé à une
connaissance plus intime en écrivant la *Vie de Molière*. Parmi une
douzaine de comédies il préférait les *Femmes savantes*, le *Misanthrope*
Amphitryon et *Tartuffe*. Un passage des *Femmes savantes* égaie le sérieux
des *Singularités de la Nature* sur la 'Formation des montagnes.'

Le législateur du Parnasse paraît dès la première *Lettre* sur
Oedipe, et on le trouve dans la *Lettre à l'Académie* en dédicace

d'*Irène*, citation qui a déjà servi d'ailleurs dans le *Discours sur la Tragédie* en tête de *Brutus*. Les trois quarts des citations paraissent dans des ouvrages publiés, et la sixième partie reparaît ailleurs. Il est représenté dans deux articles du *Dictionnaire philosophique* et dans une vingtaine des *Questions sur l'Encyclopédie*, dans des préfaces et des épîtres dédicatoires, dans des discours, des dissertations, des mémoires, dans la *Vie de Molière*, dans le *Supplément au Siècle de Louis XIV* et dans le *Précis du procès de M. le comte de Morangiès*. Boileau est toujours plein de substance, soit qu'il se prononce sur l'histoire, sur l'Eglise, sur la morale ou sur le goût. Plus de la moitié des citations a trait aux questions littéraires. On trouve les vers qui satirisent des littérateurs, La Serre, Chapelain, Scudéry, Cotin, Quinault, l'abbé de Pure, Gombaud, Costar, Neufgermain, ou qui défendent des Molière et des Racine. Une vingtaine de passages cite une cinquantaine des vers de l'*Art poétique*, dont tous les 'meilleurs vers' qu'on trouvait cités autrefois dans les éditions scolaires. Voltaire goûte surtout les avis du troisième chant sur le théâtre.

C'est son intérêt pour l'art dramatique qui le porte vers Racine, qui est présent depuis la troisième *Lettre* sur *Oedipe* jusqu'à la *Lettre à l'Académie* qui précède *Irène*, mais les deux tiers des citations viennent après l'édition de Corneille, quand Voltaire change d'avis en corrigeant le "Corneille mon maître" de l'*Epître sur l'Agriculture* en "Racine mon maître." Les dix dernières pièces de Racine sont représentées, *Les Plaideurs*, *Athalie*, *Iphigénie*, *Andromaque*, *Bajazet*, *Phèdre* et surtout *Bérénice*, dans une vingtaine de lettres, quatre articles du *Dictionnaire philosophique*, treize sections des *Questions sur l'Encyclopédie*, dont beaucoup dans 'Style,' mais particulièrement dans les préfaces ou les notes de seize des pièces de Voltaire. Sauf trois petits passages, les vers des *Plaideurs* se trouvent dans la correspondance pour leur rapport direct avec des procès. *Athalie*, au contraire d'*Esther*, fournit des exemples de l'intolérance religieuse dans des notes à *Mahomet*, à *Sémiramis*, à *Olympie*, dans le *Discours historique et critique à l'occasion de la tragédie des Guèbres* et dans 'D'Athalie' de l'article 'Art dramatique' des *Questions*. Une suite de citations d'*Iphigénie* pourvoit l'étoffe d'une analyse 'De la bonne tragédie française' de cet article, tandis que *Bajazet* ne présente que de mauvais exemples dans l'article 'Style.' *Andromaque*, qui présente des vers modèles pour des préfaces, y offre des exemples de préciosité et, dans 'Vers et poésie,' de sensibilité. *Phèdre* n'offre rien de frappant, mais on rencontre des vers dans six articles des *Questions*. *Bérénice*, représentée dans des lettres et des notes, livre de mauvais exemples pour 'Style,' et corse toute une série de parangons du mauvais usage (38). Somme toute, cependant, Racine fournit des modèles de style, de beauté et de force.

C'est Corneille qui paraît de loin le plus souvent en citations ou en adaptations. Il est naturel de le trouver si bien représenté chez Voltaire à cause de l'édition que Voltaire a fait de

son théâtre et de la familiarité nécessaire à une telle préparation,
mais aussi parce que Corneille est si fécond à la fois en bons et
en mauvais exemples. Il le cite pour la première fois, bien entendu,
dans les *Lettres* sur *Oedipe* et pour la dernière dans une lettre
à Mme de Saint-Julien du 5 décembre 1776. Son emploi comprend
dix tragédies, deux poèmes et une citation (39) puisée dans le
Dictionnaire de Trévoux, attribuée à Corneille mais qui ne se
trouve pas dans ses oeuvres. Avant d'entreprendre l'édition du
théâtre, Voltaire ne cite que six des tragédies, dont deux, *Oedipe*
et *Rodogune*, ne paraîtront pas après, et parmi les dix pièces
citées ensuite il y en a six, *Le Cid*, *Héraclius*, *Nicomède*, *La Toison
d'or*, *Sophonisbe* et *Suréna*, qui n'avaient pas paru auparavant.
Horace, *Cinna*, *Polyeucte* et *La Mort de Pompée* sont cités à la fois
avant et après, et à part *Oedipe* sont les pièces les plus fréquemment
citées.

On n'a qu'à lire la comparaison entre *Pertharite* et *Andromaque* dans le *Commentaire sur Corneille* pour se rendre compte de la
sensibilité de Voltaire à l'égard de Corneille. Il avait débuté
en se mesurant contre lui dans *Oedipe*, et la quatrième des *Lettres
écrites par l'auteur qui contiennent la critique de l'Oedipe de
Sophocle, de celui de Corneille et du sien* s'efforce de démontrer
les insuffisances, les contradictions et les exagérations du modèle
qu'il corrigeait. L'analyse est bonne, et prouve, sans offenser
Corneille, que le goût a évolué et qu'il y a des progrès à faire
dans la tragédie.

Mais l'édition du théâtre de Corneille semble marquer un
tournant, car les emprunts postérieurs à sa parution sont, pour la
plupart, des exemples héroï-comiques et emphatiques. Ce qui l'avait
d'abord attiré chez Corneille, à savoir une certaine élévation
théâtrale, lui apparaît désormais comme rebutant, comme une exagération plutôt burlesque. Six cas de fautes de langage dans *Cinna*
servent dans la lettre du 9 auguste 1764 à Blin de Sainmore, mais
c'est à la *Mort de Pompée* que Voltaire emprunte des vers pour les
articles 'Amplification,' 'Esprit' et 'Goût' des *Questions sur
l'Encyclopédie*.

Pour servir de pont entre les citations et les adaptations
nous pouvons prendre le cas de Voltaire qui se cite. Cela arrive
souvent, parfois sans qu'il se nomme, et on trouve en particulier
La Henriade dans l'une ou l'autre de ses versions, car la liberté
du choix est un avantage dans ce genre d'emploi. Il utilise des
vers du *Mondain* dans l'*Homme aux quarante écus*, de la *Défense du
Mondain* dans l'article 'Luxe' de la *Raison par Alphabet*, et de la
Guerre civile de Genève dans 'Beker' des *Questions*. Mais le vers de
Charlot ou la Comtesse de Givry: "Et voilà justement comme on
écrit l'histoire" bat le record de fréquence; il paraît dans l'*Homme
aux quarante écus*, dans le *Pyrrhonisme de l'histoire*, dans les
Oreilles du comte de Chesterfield et dans cinq articles des *Questions*:

'Ana, Anecdotes,' 'Assassin,' 'Bulgares,' 'Celtes' et 'Population.'

Cependant Voltaire prend d'autres libertés que celle du choix des versions d'un ouvrage. Il fabrique des alexandrins automatiques pour les *Questions* (40): "Egayer la chagrine, & fixer la volage," ou "C'est à ce jour heureux qu'il fixa son retour," vers qui ne font que démontrer sa facilité. Dans une lettre à d'Alembert du 20 avril 1761, se trouve cité un autre alexandrin qui sent bien son Voltaire: "Sur un tas de bigots immolés à mes pieds." De plus, il y a les faux. Il cite (41) une tragédie de *Curius* et nous donne du faux Corneille: "J'aime mieux commander à ceux qui les possèdent," [répondit - il]"aux Ambassadeurs des Samnites qui lui offraient des richesses." On a du faux Molière dans une lettre à Mme Denis (42): "Eh bien! Il faut vouloir tout ce que vous voulez," et dans la *Lettre sur l'Esprit,* du faux Racine dans un faux alexandrin: "Que les Scythes sont moins cruels qu'Hermione," où il manque une syllabe et où l'hémistiche tombe mal. Il y a aussi des vers italiens dans la *Seconde Lettre à Falkener sur Zaïre* qui sont peut-être de Voltaire lui-même:

> "La leggiadra Couvreur sola non trotta
> Per quella strada dove i suoi compagni
> Van di galoppo tutti quanti in frotta,
> Se avvien ch'ella pianga, o che si lagni
> Senza quegli urli spaventosi loro,
> Ti muove si che in pianger l'accompagni."

Il est naturel que Voltaire adapte les auteurs et les vers latins qui lui sont les plus familiers et qui lui semblent les plus intéressants. Ainsi on trouve souvent dans des lettres l'adaptation de vers qu'il a bien cités ailleurs. "Benè qui latuit, benè vixit" des *Tristes* d'Ovide est cité exactement dans une lettre à Formont du 24 juillet 1734, mais à partir de 1749 la mémoire de Voltaire change l'ordre des mots dans cinq lettres (43) jusqu'en 1776: "Qui bene latuit, bene vixit," exemple de sa confiance dans son ressouvenir. Il change le caractère d'un vers de Lucrèce en substituant pour *miseras*: "O *vanas* hominem mentes, o pectora caeca!" dans une lettre à Cideville (44) en 1733.

Virgile est une vieille connaissance, sans doute depuis Louis-le-Grand. Voltaire le cite donc avec beaucoup d'assurance, mais parfois il se trompe. Dans l'article 'ABC' des *Questions* il remplace *vel* par *de* pour rendre plus clair, même si le résultat est un peu macaronique: "Carmina *de* celo possunt deducere lunam." Il affectionne les vers des *Géorgiques*: "Me vera primum dulces ante omnia musae," qu'il adapte trois fois (45) en vingt-sept ans. Les trois fois il met un verbe en ôtant *primum*; deux fois il remplace *Me* par *Nos*, l'autre par *Te*, ce qui donne: "*Te* vero dulces *teneant* ante omnia musae." Cette version tenait mieux dans sa mémoire et se communiquait plus facilement aux autres. D'autres tours, destinés

à flatter ses correspondants, sont plus personnels. Là où
l'*Enéide* dit *maestissimus Hector*, Voltaire dit à Frédéric *pul-
cherrimus heros* (46). A Elie de Beaumont (47) il remplace les
mots *judicium Paridis* par une allusion à son ami:

> "Manet alta mente repostum.
> *Baumonti eloquium* spretae que injuria formae."

Il faut rappeler que ce n'est pas seulement Voltaire qui connaît
tous ces textes par coeur; ses correspondants et ses lecteurs les
reconnaissent au moins, et goûtent le jeu de mots, même en latin.

      Parmi les auteurs latins, Horace est le premier pour
le nombre d'adaptations comme pour les citations. Il y a aussi le
plus de répétitions, comme si Voltaire se servait d'un texte
fautif, sinon d'une mémoire inexacte. A cause de leur nature intime, augmentée par l'adaptation, les vers d'Horace sont envoyés
le plus souvent à ses amis de vieille date, Cideville et Thieriot.
Le "*Justum* et tenacem" bien cité dans le *Siècle de Louis XIV* devient
"*Fortem* et tenacem propositi virum" dans deux lettre (48) après
une quinzaine d'années. Voltaire transforme Horace le plus souvent
dans ses lettres; il est facile de l'adapter à ses besoins avec
une légère pointe d'ironie. Dans une lettre à Thieriot (48),
"*Principibus* placuisse" et "*ultima* laus" ne sont pas propres à
la situation présente, et Voltaire écrit: "*Jesuitis* placuisse viris non
maxima laus est." Dans l'intervalle de trente-deux ans, Voltaire
cite à Frédéric (50), à Thieriot (51), à Cideville (52), à Hastings (53)
et deux fois à Darget (54) ce même vers: "Durum, sed levius fit
patientia," mais *per Federicum* remplace *patientia* dans une autre
lettre (55) au roi de Prusse, et il corrige le même mot en *amicitia*
dans une autre lettre (56) à Cideville.

      Voltaire semble affectionner certains vers d'Horace en
particulier. Sur la littérature, le "*Sermonum* nostrorum candide
judex" se trouve dans des lettres à d'Argental (57) et à Bernis (58)
et dans deux lettres (59) à Thieriot, mais Voltaire l'adapte en
"*Operum* nostrorum candide judex" dans une lettre à Cideville (60)
pour l'encourager à porter un jugement sur une plus grande variété
d'ouvrages. Sur l'attirance exercée par la ville on trouve six
fois (61) (dont deux à Thieriot):

> "Omitte mirari beatae
> Fumum et opes strepitumque Romae;"

il change le verbe en *omitto* à Ruffey (62), en *omittere* à Thieriot (63)
(encore une fois), et le verbe, l'infinitif et l'adjectif tombent
pour *miraris*, ce qui rend la prescription plus directe à Dargens (64).
A Hennin (65) et à d'Olivet (66) il corrige la ville en *Genève* et
en *Paris*, mi-moqueur pour le premier mais tout à fait sérieux pour
le second.

Voltaire pousse la hardiesse jusqu'à corriger les auteurs modernes étrangers. Dans l'article 'Art dramatique' des *Questions* Voltaire italianise le premier vers de Lope de Vega et renverse les objets du second; au lieu de *como las trataron* et du simple *al vulgo*, on lit:

> "*Mas come le servieron* muchos barbaros
> Che ensenaron *el bulgo a* ses rudezas?"

Il corrige Pope (67) en retirant l'option du mot *or*: "Who greatly think, *and* bravely die," parce que les deux choses ne sont pas exclusives. Il reconstruit de façon semblable les deux vers à demi oubliés de Dryden dans l'article 'Blasphème;' c'est un exemple de la clarté française qu'il fournit en précisant en toutes lettres ce qui ressort en anglais par l'intonation. 'The Medal' avait donné:

> "This side today and *that* tomorrow burns
> *So* all are god-a'mighties in their turns."

Sans changer le sens, qui est déjà voltairien, ni rompre la versification, il rend plus clair et plus logique:

> "This side today and *the other* tomorrow burns
> *And they* are all gods *almighty* in their turns."

La même chose vaut pour Milton; dans 'Epopée' il fait un verbe d'un substantif et un passé d'un présent pour donner plus de mouvement au vers: "No fear lest dinner cool" devient "No*r* fear*'d* le*a*st dinner cool*'d*." Il est poète même en anglais.

L'italien lui permet les mêmes libertés. Voltaire remplit le vide dans une lettre à Diderot (68) où Berni avait mis *Ciascun faccia* par l'équivalent pour le sens avec le même nombre de syllabes: "*Faccia ogn'uno* secondo il suo cervello." Il matérialise *il lor Giove* d'un vers de Maffei dans une lettre à d'Alembert (68): "Hanno *lor legg*'i malandrini ancora." Les luttes et la marche de l'histoire chez le Tasse prennent un caractère littéraire chez Voltaire. Sur la chute des empires, le Tasse avait écrit:

> "Moiono le città, moiono i regni,
> Copre *i fasti e le pompe* arena ed erba;"

Voltaire voit (70) au contraire les révolutions culturelles:

> "Moiono le città, moiono i regni,
> Copre *la prosa e i versi* arena ed erba."

L'Arioste, au contraire, est si familier que Voltaire peut le corriger. Il trouve une protestation contre les abus où il change (71)

128

frati en *Preti*, parce qu'ils sont plus dangereux:

> "Non sa quel che sia amor, non sa che vaglia
> La caritade; e quindi avvien che i *Preti*
> Sono si ingorda e si crudel canaglia."

On voit que Voltaire est non seulement capable mais avide de
faire des vers dans d'autres langues.

   Les auteurs français sont cependant les plus adaptables
parce que plus familiers, à Voltaire et à tout le monde. Avant
d'examiner les grands auteurs, commençons par classer les adaptations.
Il y a d'abord les cas où une défaillance de mémoire occasionne une
reconstruction que Voltaire fait presque sans le savoir. Cela
arrive le plus souvent dans la correspondance, où il ne prend pas
le temps de vérifier. Une autre catégorie est le discours indirect, que nous pourrions indiquer aujourd'hui par des crochets,
où Voltaire supplée un relatif pour un autre mot. Il remplace le
possessif *son* par l'équivalent relatif dans un passage de Mal-
herbe sur Richelieu pour l'article 'Flatterie' des *Questions*:

> "*Dont l*'âme toute grande est une âme hardie,
> Qui pratique si bien l'art de nous secourir,
> Que pourvu qu'il soit cru, nous n'avons maladie
> Qu'il ne sache guérir."

   Il y a d'autres exemples qui tombent dans la catégorie
que nous traiterions par des crochets, qui ne changent vraiment
rien à l'original mais qui le développent ou l'expliquent. Il
remplace *Et* par *Car* pour rendre Marot plus marotique dans une
lettre à Saurin (72):

> "*Car* est le peintre indigne de louange,
> Qui ne sait peindre aussi bien diable qu'ange."

   Intéressants sont les cas où il corrige son correspondant (73)
même en ne faisant que citer les vers tels qu'ils auraient dû
subsister. De façon semblable, il remplace *facile* (74) dans les
Saisons de Saint-Lambert:

> "Et le soc enfoncé dans un terrain docile
> Sous ses robustes mains ouvre un sillon *fertile*;"

Voltaire savait en fermier que même si la terre était obéissante,
il valait mieux que le sillon fût fertile.

   On trouve aussi un groupe assez important de révisions
pour perfectionner l'expression poétique par un choix de mots
plus exacts ou par une meilleure versification. Dans la *Dissertation*

sur les principales tragédies anciennes et modernes il change
par bienséance *voicy le* de *Pyrame et Thisbé* de Théophile:

> "Ah *voilà ce* poignard qui du sang de son maître
> S'est souillé lâchement, il en rougit, le traître."

L'article 'Esprit' rétablit la première leçon mais révise le
second vers:

> "Ah! voici le poignard qui du sang de son maître
> *Est encor tout sanglant;* il en rougit, le traître;"

l'arme a honte d'avoir servi, mais n'est pas coupable du crime.
Toutes ces corrections sont plus ou moins naturelles et permises
par les normes pour la citation de l'époque.

Nous trouvons cependant des adaptations voulues où il
se sert de l'idée de base d'autrui pour en adapter l'expression
à des expériences semblables mais non pas identiques. Vers la
fin du *Voyage* de Bachaumont et Chapelle, on lit sur d'Assoucy:

> "Mais *enfin me voilà* sauvé;
> *Car je suis* en terre papale."

Les vers sont assez bien connus pour permettre à Voltaire d'écrire
à d'Olivet (75):

> "Mais *je crois qu'il n'est pas* sauvé;
> *Quoiqu'il soit* en terre papale."

Parfois il généralise, car il aime l'universalisme
classique. Souvent le singulier est plus englobant que le
pluriel; quand une note d'*Oreste* emploie, au lieu du pluriel
dans une tirade de l'*Electre* de Longepierre, *le crime* et même
sa victime (dans le vers suivant), le sens est plus large:

> "Le temps auprès des dieux ne prescrit point *le crime,*
> Leur bras sait tôt ou tard atteindre *sa victime;*
> Ce bras sur le coupable est toujours étendu
> Et va frapper un coup si longtemps attendu."

Voltaire est prudent, il aime se cacher en citant les
vers d'autrui, s'associant à la fois à une plus grande opinion,
mais il y met souvent du sien. Par exemple, il a remplacé le dernier de quatre vers de Chaulieu: *"Je ne suis libertin, ni dévot à demi,"*
par son propre témoignage (76):

> "Plus j'approche du terme et moins je le redoute.
> Sur des principes sûrs mon esprit affermi,
> Content, persuadé, ne connaît plus le doute,

Des suittes de ma fin je n'ai jamais frémi."

Parfois l'autorité de Voltaire impose sa version et les
transformations deviennent une sorte de folklore. Son adaptation
de La Motte, dans l'article 'Epopée,' où il change le verbe *irrite*
pour qu'il ne paraisse pas dans deux vers de suite, est ainsi
citée dans les *Oeuvres* de Racine:

> "On *offense* les Dieux, mais par des sacrifices;
> De ces Dieux irrités on fait des Dieux propices."

L'histoire d'une épigramme de La Rochefoucauld est plus complexe
et un autre exemple de son empire poétique; dans le *Supplément au
Siècle de Louis XIV*, Voltaire signale que les vers cités sont tirés
de l'*Alcyonée* de Duryer. Eh bien, les mots sont différents, malgré le sens presque identique, et le cas démontre ce qu'on voulait
dire par une citation. Chez Duryer nous trouvons:

> "Pour obtenir un bien si grand, si précieux,
> J'ai fait la guerre aux Rois, je l'eusse fait aux Dieux."

La Rochefoucauld reprend bien l'idée, y ajoute du sien, et les
Mémoires nous disent:

> "Faisant la guerre au Roi, j'ai perdu les deux yeux;
> Mais, pour un tel objet, je l'aurois faite aux Dieux."

Il est censé avoir révisé ces vers lui-même après la rupture avec
la duchesse de Longueville, mais en gentleman il ne les a pas
couchés par écrit. Voltaire, qui n'est pas si délicat un siècle
plus tard et qui n'a pas les *Mémoires* sous la main, mais qui
possède bien, selon la *Biblioteka Voltera*, le Duryer, nous fournit
les deux versions, mais à sa façon:

> "Pour mériter son coeur, pour plaire à ses beaux yeux
> J'ai fait la guerre aux Rois, je l'aurais fait aux Dieux."

Et l'amant dépité aurait ainsi exprimé son aigreur:

> "Pour ce coeur inconstant, qu'enfin je connais mieux,
> J'ai fait la guerre aux Rois, j'en ai perdu les yeux."

Cela doit être le sentiment sinon les mots précis. Mais il arrive
que la première version de Voltaire soit encore plus accessible
que celle même de La Rochefoucauld, et c'est celle que cite
Algarotti dans une lettre à Muzio Spada (77).

Voltaire adapte les mêmes grands auteurs pour les
mêmes raisons qu'il les cite. Marot, par exemple, est modernisé,
mais dans le même esprit de badinage; *puis un peu* est vétuste, et

Voltaire écrit à Marin (78):

> "Car *depuis que* j'ai bâti à Clément,
> Et à Marot, qui est un peu plus loin."

Voltaire fait couler plus librement des vers de Frédéric dans une
lettre à d'Argental du 11 décembre 1750; le roi de Prusse avait
écrit: *"Que je sus* distinguer," *"Que* je fus," et Voltaire ne
fausse pas le sens:

> *"J'appris à* distinguer l'homme du souverain,
> *Et* je fus roi sévère et citoyen humain."

Louis Racine est d'abord corrigé dans les *Conseils à M.
Racine sur son poème de la religion.* Il n'est pas permis au
janséniste d'enlever la part personnelle et humaine des punitions;
Voltaire remplace *condamne* par *nous juge:*

> Mais pour quelque douceur rapidement goûtée,
> Qui console en sa soif une âme tourmentée,
> Croirons-nous qu'en effet il s'irrite si fort,
> Et pour un peu de miel *nous juge-*t-il à mort?"

Beaucoup plus tard, dans l'article 'Catéchisme du Japonais (79)" il
joue sur les vers de *La Grâce* en remplaçant *L'Angleterre:*

> *"Le Japon* où jadis brilla tant de lumière,
> N'est plus qu'un triste amas de folles visions."

Le Motte aussi est sujet à correction de la part de Voltaire.
Là où il s'était servi de la seconde personne dans la *Fable* xvii
du quatrième livre, Voltaire rend les vers plus particuliers en
utilisant la première dans le *Préservatif:*

> "Et *notre* être même est un point
> Que *nous sentons* sans connaissance."

Quinault sert par ses opéras à égayer la vie, même dans
les adaptations. Malgré la passion de Voltaire pour l'opéra, sa
mémoire lui fait défaut; 'De l'opéra' dans 'Art dramatique' des
Questions rend cependant plus plats trois vers de *Cadmus.* Quinault
avait écrit:

> "Ah, vraiment je vous trouve bonne!
> Est ce à vous petite Mignone
> De reprendre ce que je dis?"

Voltaire enlève l'ironie en supprimant la questions:

> "Ah! vraiment, petite mignonne
> Je vous trouve bonne

De reprendre ce que je dis."

Mais Voltaire utilise Quinault presque toute sa vie.

Jean-Baptiste Rousseau est assez bien traité dans les adaptations. Il est toujours difficile de trouver les textes de toutes les poésies, en particulier des épigrammes, et Voltaire joue *fair play* en le citant de mémoire. Dans la *Lettre à la Bibliothèque Française* (80) où il le maltraite en prose et même en vers, il change assez peu le sens de quatre vers de Rousseau en les comprimant en trois. L'*Epitre à M. le Comte D*. C*.* dit dans le texte:

> "*Et se disoient*: ô qu'il chansonne bien!
> Seroit-ce point Apollon Delphien?
> Venez, voyez, tant a beau le *visage*.
> Doux le regard, & noble le corsage."

Sauf l'ordre des vers, Voltaire les change à peine en ajoutant quatre syllabes:

> Venez, voyez, tant a beau le *Corsage*,
> *Qu'il est joyeux.* Oh qu'il chansonne bien!
> Seroit-ce point Apollon Delphien?"

Dans l'article 'Critique' du *Dictionnaire philosophique*, il affirmit les vers d'une épigramme contre La Motte en remplaçant *frisent* par *sentent* et *Perraut* par *Quinaut*, et de plus changeant l'ordre des vers parce qu'il se fie à sa mémoire:

> "Je n'y vois qu'un défaut,
> C'est que l'auteur les devait faire en prose.
> Ces odes-là *sentent* bien le *Quinaut*."

C'est un vers que Rousseau lui-même n'aurait pas désavoué. En somme, Voltaire, qui a la réputation de dissimuler, n'a pas du tout maltraité son ennemi dans l'adaptation de ses vers.

Crébillon, son rival de longue date, n'est pas déformé non plus. Il l'adapte bien à ses besoins dans une lettre à d'Argental et dans une autre à Campi, mais sans changer l'idée et presque sans toucher aux mots. Il le corrige cependant deux fois dans la *Dissertation sur les principales tragédies anciennes et modernes sur le sujet d'Electre*. Le second est le plus évidemment nécessaire; *garder à* présente le double sens de *garder pour* et *préserver de*. Voltaire préfère le verbe *donner*:

> "Pour cet heureux hymen ma main est toute prête,
> Je n'en veux disposer qu'en faveur de ton sang,
> Et je la *donne* à qui te percera le flanc."

Si Voltaire le dessert sans doute un peu en citant de tels vers
hors contexte, au moins il ne les empire pas.

La Fontaine se trouve parmi les cinq grands qui sont les
plus familiers à Voltaire. Il les cite, les adapte et même les
corrige le plus, peut-être parce qu'ils méritent d'être perfectionnés.
La Fontaine paraît deux fois plus souvent dans les lettres où
Voltaire peut l'adapter plus librement, le pasticher ou jouer d'une
autre façon sur ses vers. Il l'adapte la première fois dans la
Vie de Molière où il réduit le premier vers en octosyllabe en ôtant
le mot *petit* pour faire conformer les deux vers:

> "Tout [..] Prince a des Ambassadeurs,
> Tout Marquis veut avoir des Pages."

Dans trois lettres, à Mme Denis (81), à Mme Du Deffand (82) et à
d'Hornoy (83), il remplace pour parallélisme *qu'on fît* par *fesant*
dans trois vers du *Mort et le mourant*:

> "Je voudrais qu'à cet âge
> On sortit de la vie ainsi que d'un banquet
> Remerciant son hôte et *fesant* son paquet."

Molière aussi est traité avec cette liberté qui vient de
la familiarité, et les deux tiers des adaptations se présentent
dans la correspondance. Un vers de *Tartuffe* sert avec une légère
retouche dans une lettre à d'Argental (84); ce n'est plus *Vous
marchez* et *vous*, mais *Le temps va* et *le* qui conviennent mieux à
la situation de Voltaire: "*Le temps va* d'un tel pas qu'on a peine
à *le* suivre." A Palissot (85) il comprime trois vers d'*Amphitryon*
en deux, ce que nous indiquerions par des points de suspension,
en laissant tomber "*d'avoir* [/] *Des curiosités*," et ces deux se
lisent bien:

> "La faiblesse humaine est[..] d'apprendre
> Ce qu'on ne voudrait pas savoir."

Boileau paraît souvent dans les adaptations, presque
toujours sur des questions littéraires, plus de la moitié se
trouvant dans la correspondance, où Voltaire a plus de liberté. Il
n'y a guère de remaniements en discours indirect ou de mots précis
pour remplacer des expressions vagues. Mais Voltaire corrige
assez fréquemment l'usage. Dans la onzième *Satire*, l'évangile était
féminin, et l'article 'Dévot' (86) révise facilement *elle dit* en
mais il dit:

> "L'évangile au chrétien ne dit en aucun lieu;
> Sois dévot; *mais il dit*: sois doux, simple, équitable."

Encore, dans une lettre à Laurent il (87) se sert de deux vers de

la première *Epître* mais en remplaçant un participe passé, *frustrés*,
par un verbe, et un adjectif, *serviles*, par un autre plus expressif:

> "Et *priva* nos voisins de ces tributs *utiles*
> Que payait à leur art le luxe de nos villes."

Somme toute, il est fidèle à Boileau même dans ses adaptations.

Racine est plus exploité, pour ce qui est des adaptations,
dans les ouvrages publiés que dans la correspondance. Il est intéressant de voir Voltaire ajuster un autre grand poète aux cir-
constances d'un extrait sans le déformer. L'article 'Langue' (88)
le fait sur des vers de *Mithridate*, où *Jusqu'ici* n'est pas assez
précis et *Mais ce temps-là* manque de qualificatif:

> "*Autrefois* la fortune & la victoire mêmes
> Cachaient mes cheveux blancs sous trente diadêmes.
> *Cet heureux tems* n'est plus."

Cependant il sait adapter Racine à sa situation personnelle. A
d'Argental il change les adjectifs d'*Athalie*, "plomb *vil*" et "l'or
pur": "Comment en un plomb *lourd votre* or s'est-il changé?" Il
connaît Racine d'après ses lectures, mais aussi suivant les repré-
sentations; est-ce que quelques-unes de ces versions seraient
celles de la Comédie Française?

Corneille est adapté deux fois plus souvent que tout
autre écrivain, presque trois fois plus dans les ouvrages publiés
que dans la correspondance, et la moitié plus dans les dix-huit
années après l'édition de Corneille. Voltaire l'apprécie pour sa
force primitive, et il l'adapte au contexte plusieurs fois sans
changer le sens. Mais parfois Corneille se laisse emporter par son
enthousiasme et tombe dans le mauvais usage. Dans la quatrième *Lettre
sur Oedipe*, deux vers de la pièce de son prédécesseur donnent:
"qu'*étale* ici la peste," et Voltaire doit corriger le langage:

> "Quelque ravage affreux que *fasse* ici la peste,
> L'absence aux vrais Amants est encor plus funeste."

Ailleurs il faut ajouter une pointe théâtrale à l'expression de
Corneille. L'article 'Faveur' de l'*Encyclopédie* cite deux vers de
Polyeucte dans lesquels *Car je voudrais mourir* doit être remplacé;
Car renvoie aux vers qui précèdent la citation, et le voeu s'ex-
prime mieux par une exagération théâtrale:

> "Je *mourrais mille fois* plutôt que d'abuser
> Des lettres de faveur que j'ai pour l'épouser."

Le quart des adaptations sont à sa situation personnelle et
se trouvent dans la correspondance. Deux fois, à d'Argental (89) et à
Richelieu (90), il modifie ces deux vers de *Rodogune*:

> "Et pour vous souhaiter tous les *malheurs* ensemble,
> *Puisse naître de vous un fils* qui *me* ressemble."

Dans les deux cas il remplace *malheurs*, mais il adapte le second
vers à chaque situation. A d'Argental il écrit:

> "Et pour vous souhaiter tous les *plaisirs* ensemble,
> *Soit à jamais hué quiconque leur* ressemble."

A Richelieu, c'est:

> "Et pour vous souhaitter tous les *bonheurs* ensemble
> *Aiez un petit* fils, *seigneur*, qui *vous* ressemble."

On se pose la question si Voltaire a gardé toutes les nombreuses citations dans sa mémoire ou s'il en avait une collection
imprimée. Il y en a quelques-unes dans le *Sottisier* et dans ses
autres cahiers, mais assez peu, à tout prendre. En tout cas, il
a choisi ce qu'on appelle les bons modèles de poésie, ou parfois
les mauvais pour enseigner le contraire. Ses connaissances dans
toute la littérature, dans plusieurs langues, non seulement idée
par idée mais mot par mot, sont bien vastes. C'est une anthologie
de littérature engagée, à la fois belle et utile, pleine de vol-
tairianismes. Pour la plupart, après avoir pris le soin de
vérifier, il cite, assez exactement pour un siècle moins pointilleux
que le nôtre, dans ses ouvrages publiés. Il adapte ou développe,
toujours de façon poétique, dans sa correspondance, le plus souvent
sous le rapport de sa propre situation. Nous dirions aujourd'hui
qu'il est injuste de sortir un vers de son contexte, mais pour
Voltaire un vers devait tenir par lui-même, ce qui explique pourquoi tant de ses vers à lui sont passés en proverbes. Nous voyons
aussi un côté de son caractère; lui qui a la réputation d'être
trompeur se montre loyal, même avec ses rivaux et ses ennemis,
pour maintenir même dans les adaptations l'élévation nécessaire à
la poésie. Voilà un Voltaire sensible et compréhensif, personnage
dont on se doutait bien, mais qui commence à prendre forme par
le détail.

NOTES

1. *Oeuvres*, éd. Lequien, XIII, 231-232.

2. *Lettres d'Amabed*, Dix-neuvième Lettre d'Amabed.

3. *Essai sur l'histoire générale et sur les moeurs et l'esprit des nations*, s. 1. 1757, II, 57.

4. *Questions sur l'Encyclopédie* (Supplément 1772), art. 'Rime,' IX, 233.

5. Surtout dans la *Dissertation sur les principales tragédies anciennes et modernes qui ont paru sur le sujet d'Electre et en particulier sur celle de Sophocle, par M. Dumolard, membre de plusieurs académies*, mais aussi dans les *Remontrances du corps des Pasteurs du Gévaudan* aussi bien que dans l'article 'Patrie' (Section seconde) des *Questions*.

6. *Questions* (Supplément 1772), art, 'Scoliaste,' IX, 272.

7. *Lois de Minos*, Epître dédicatoire à Mgr le duc de Richelieu.

8. Dans plusieurs lettres: Best. 8789, 9764, 9789, 9837, 11716, 12293; dans les *Questions*, art. 'Art dramatique;' dans les *Lettres de Memmius à Cicéron*; dans les notes des *Lois de Minos*.

9. *Dictionnaire philosophique* (et *Raison par Alphabet* et *Questions*), art. 'Idole, Idolâtre, Idolâtrie.'

10. *Questions*, art. 'Faculté,' mais aussi, accompagné d'autres vers, dans l'article 'Histoire' du *Dictionnaire*.

11. Best. 9176.

12. Best. 3919

13. Best. 1169.

14. Best. 16779 et les articles 'Loix' et 'Eglise' des *Questions*.

15. Best. 9999 et 13223; avec des vers suivants dans Best. 1272, 7134, 7547, 7729, et l'article 'Enfer' des *Questions*.

16. Best. 14229; *A, B, C,* ('Sur des choses curieuses,' 'Les Adorateurs,

ou les louanges de dieu'); arts. 'Causes finales' et
'Eternité' des *Questions*; Best. 17537, et, pour les
trois premiers mots, art. 'Puissance' des *Questions*.

17. Best. 1923, 1926, 2926.

18. *Lettre de M. de Voltaire sur l'ouvrage de M. du Tot et sur
celui de M. Melon*; Best. 2160 et 11500; arts. 'A' et
'Ortographe' des *Questions*.

19. *Questions*, art. 'Venise, et par occasion de la liberté;'
citation de l'épigramme 'De mirabili urbe Venetia,' 6.

20. Best. 1551, 11655, 14147, 18210.

21. *Questions*, art. 'Apocryphes. XXX°. Des sybilles.'

22. ibid., art. 'De l'âne de Vérone.'

23. Best. 14337.

24. *Questions*, art. 'Exagération.'

25. ibid., art. 'Art dramatique. Du théâtre espagnol.'

26. Best. 8268.

27. *Questions* (Supplément 1772), art. 'Larmes.'

28. *Discours sur la tragédie à mylord Bolingbroke* qui précède
Brutus.

29. *Lois de Minos*, n. 12; et *Raison par Alphabet*, art. 'A, B, C.
Cinquième entretien. Des manières de perdre & de garder
sa liberté, & de la Théocratie.'

30. Best. 14179.

31. *Questions*, art. 'François Rabelais. Section seconde. Des
anciennes facéties italiennes qui précédèrent Rabelais.'

32. ibid., art. 'Goût.'

33. Best. 14417, 19075.

34. Best. 7134.

35. Best 16714.

36. Best. 13754.

36a. Best. 8876.

36b. Best. 17081.

37. Best. 17909.

38. *Scythes*, préface.

39. *Questions*, art. 'Ardeur;' *Ardeur* dans le *Dictionnaire de Trévoux*.

40. Art. 'Franc, ou Franq; France, François, Française. Langue française. '

41. *Brutus*, n. 2.

42. Best. 4809.

43. Best. 3348, 4224, 14252, 17219, 19026.

44. Best. 634.

45. Best. 604, 1579, 8722.

46. Best. 2071.

47. Best. 15200.

48. Best. 13966, 19196.

49. Best. D9416.

50. Best. 1899.

51. Best. 2507.

52. Best. 4922.

53. Best. 16316.

54. Best. 4202, 6932.

55. Best. 1818.

56. Best. D5567.

57. Best. 7060.

58. Best. 13223.

59. Best. 971, 7627.

60. Best. 2765.

61. Best. 4248, 6577, 7178, D7887, 8590, 9207.

62. Best. 6878.

63. Best. 1418.

64. Best. 4467.

65. Best. 12501.

66. Best. 8904.

67. Best. 9163.

68. Best. 16696.

69. Best. 10898.

70. Best. 5519.

71. *Lettres d'Amabed*, Dix-neuvième Lettre d'Amabed.

72. Best. 8830.

73. v. Best. 17960.

74. Best. 14702.

75. Best. 1751.

76. Best. 14415.

77. Algarotti, *Opere*, IX, 114.

78. Best. 18689.

79. Du *Dictionnaire philosophique portatif*.

80. Best. D1150.

81. Best. 13889.

82. Best. 14554.

83. Best. 17705.

84. Best. 8146.

85. Best. 8214.

86. Des *Questions sur l'Encyclopédie* (Supplément 1772).

87. Best. 16450.

88. Des *Questions sur l'Encyclopédie*.

89. Best. 8357.

90. Best. 10854.

LE RYTHME COMIQUE, ACCELERATION ET

RALENTISSEMENT DANS LES *CONTES* DE VOLTAIRE

Par Jean Sareil

　　　Pour son siècle, Voltaire fut d'abord et avant tout un
poète. Dans la seconde moitié de sa vie, le philosophe et le défenseur des opprimés s'imposèrent aux contemporains étonnés d'une
telle variété de talents mais sans jamais faire oublier l'auteur
de *la Henriade*, de *Zaïre* et de *la Pucelle*. Survint la Révolution. Voltaire et Rousseau devinrent les instigateurs de 1789
et 1793; ils ne furent plus jugés qu'en fonction des opinions
politiques et religieuses de leurs critiques, ce qui explique la
violence des polémiques engagées autour de leur nom pendant tout
un siècle après leur mort. L'établissement de la Troisième Ré-
publique, la victoire progressive des démocrates et la partielle
déchristianisation de la France firent perdre à Voltaire de son
actualité. On se mit à le lire comme un auteur classique, avec
bien entendu toutes les réserves que semblait demander une oeuvre
aussi polémique. Et du coup les jugements qu'on portait sur
elle se trouvèrent singulièrement modifiés. Tout ce qui avait
fait l'admiration des contemporains, les épopées, les tragédies,
cessa d'être admiré, malgré la place importante que continuaient
à lui faire les manuels scolaires. Les romans, la correspondance,
un certain nombre de ses livres de combat vinrent prendre la place
des grandes machines poétiques et, du coup, l'image d'un Voltaire
railleur, caustique, qui existait déjà à l'arrière-plan, effaça
celle du poète pathétique qui savait si bien émouvoir son public.

　　　On se pencha sur ses oeuvres et ce furent d'abord à ses
idées que les critiques s'intéressèrent. Qu'avait pensé cet
homme qui représentait si bien son siècle et une certaine forme
de l'esprit français? Et l'on découvrait avec surprise, et non
sans quelque agacement, que cet écrivain si clair d'apparence,
dont chacun vantait la limpidité, devenait plus compliqué à
mesure qu'on tentait de le mieux saisir. Le rire venait obscurcir
l'image, et nombre de ses plus zélés admirateurs se seraient

volontiers débarrassés de cette continuelle moquerie qui empê-
chait de saisir à coup sûr la pensée sérieuse de Voltaire.

Aujourd'hui on commence tout juste à s'intéresser à
l'artiste, au conteur, au merveilleux polémiste qui domine son
siècle non pas par l'originalité de ses idées mais par le talent avec lequel il les a exprimées, répétées, renouvelées et
qui lui a permis de tenir en haleine pendant soixante ans un
public toujours plus vaste.

Jusqu'à présent, et aussi extraordinaire que cela
puisse paraître, il n'existe aucune étude solide sur le comique
de Voltaire. Cela vient d'abord, comme je l'ai dit, de ce que
les meilleurs spécialistes se sont penchés sur la pensée de Voltaire, sur ses croyances, sur son rôle politique. Mais cela
pourrait encore plus s'expliquer par la difficulté de l'entre-
prise. Rien n'est moins aisé que de vouloir isoler le comique.
Un ouvrage qui provoque le rire sans susciter la réflexion est
au mieux un ouvrage de troisième ordre, un divertissement. Toutes
les oeuvres comiques de valeur cachent un mystère, abondent en
ambiguïtés qui viennent justement du conflit entre les idées et
leur expression. Que veulent dire Rabelais ou Cervantes, Molière
ou Voltaire? Et comment se limiter à n'étudier dans un chef-
d'oeuvre comme *Don Quichotte* ou *Candide* que les procédés qui
déclenchent le rire?

D'ailleurs le comique résiste aux analyses. Sans entrer dans une discussion sur les manifestations esthétiques du rire,
je voudrais simplement faire remarquer une évidence: c'est qu'une
histoire comique ne se distingue d'une histoire tragique que par
le parti pris de l'auteur de vouloir faire rire. On l'a dit plus
d'une fois, le sujet de *l'Avare* est très proche de celui de *Mithridate*; une même tension dramatique est nécessaire à la création d'une
histoire, quelle que soit la manière dont on la raconte. Quoi de
plus sérieux que le sous-titre *Zadig ou la destinée*? Quoi de plus
mélodramatique que les catastrophes qui accablent Candide et ses
compagnons au cours de leurs voyages? Il serait d'ailleurs intéressant de regarder de près le théâtre de Voltaire afin de voir
si les procédés qu'il utilise pour émouvoir le spectateur ne sont
pas ceux qui serviront à faire rire le lecteur des contes.

On a dit que l'univers comique, malgré tous les dangers
qui menacent les protagonistes, est rassurant, ce qui permet au
spectateur ou au lecteur de suivre le déroulement des événements
avec tranquillité, avec la certitude que rien n'arrivera aux
marionnettes ineptes et sympathiques dont on lui montre la vie.
Mais d'une part une même convention existe dans les films d'aventure, dans les romans policiers sans pour autant détruire le
suspense dramatique. Et d'autre part il est inexact de dire que
le malheur est banni des oeuvres comiques. Si en général, tout

s'arrange au théâtre, il n'en est pas ainsi dans le roman, où
le lecteur est moins proche des personnages. Dans *Candide*
par exemple, le bon anabaptiste meurt, le frère de Cunégonde
est exclu du jardin de Constantinople. Il y a donc des malheurs
dans une oeuvre comique, mais ils sont sans importance: les
personnages souffrent mais abstraitement. Nous assistons à leur
souffrance, nous n'y participons pas. Question d'atmosphère.

L'atmosphère est en effet un élément capital pour la
création du rire. Il faut établir entre l'auteur et le lecteur
un sentiment de complicité, qui fait que dès les premières lignes
celui-ci est prêt à rire, désireux de s'amuser. Voilà pourquoi
l'abondance des plaisanteries est la première qualité d'un auteur
comique. Il faut ne jamais laisser au lecteur le temps de se
reprendre, de cesser de jouer son rôle de partenaire.

Voyons, par exemple, de quelle manière Voltaire crée l'atmosphère dans ses histoires. Comme le récit tout entier tient en
quelques pages, il lui faut entrer en matière aussitôt. Dès les
premiers mots le comique doit s'imposer au lecteur. Voici
comment, dans *le Crocheteur borgne,* un conte délicieux qui méri-
terait d'être mieux connu, il amorce la narration, après un bref
préambule pseudo-philosophique sur les yeux et le bonheur.
"Il aurait fallu être aveugle pour ne pas voir que Mesrour était
borgne." Deux termes complémentaires, *aveugle* et *borgne,* séparés
par un verbe qui fait dissonance: voir, suffisent pour ôter son
sérieux à l'aventure. Désormais c'est le sourire aux lèvres qu'on
assiste aux malheurs du pauvre crocheteur. Le même procédé sert
à mettre en route le célèbre conte, *Memnon:* "Memnon conçut un
jour le projet insensé d'être parfaitement sage. Il n'y a guère
d'hommes à qui cette folie n'ait quelquefois passé par la tête."
Insensé et *folie* marchent de pair, et c'est *parfaitement sage*
qui vient créer l'opposition. Remarquons combien ce procédé si
visible—et de ce fait peu employé par Voltaire—est ici utilisé
discrètement grâce à la répartition des trois mots dissonants sur
deux phrases. Chez lui le rire est toujours subordonné au mouvement; à aucun prix l'effet comique ne doit arrêter le lecteur.
C'est peut-être la raison pour laquelle Voltaire, avec tout son
esprit, a assez médiocrement réussi dans l'épigramme où tout le
texte est construit pour le mot final. Lorsqu'on regarde une
satire comme *le Pauvre Diable,* on s'aperçoit avec surprise que
les vers célèbres comme celui sur les *poèmes sacrés* de Lefranc
de Pompignan "sacrés ils sont car personne n'y touche" ou sur l'abbé
Trublet: "il compilait, compilait, compilait" n'arrivent pas en
fin de tirade, mais au milieu sans qu'on puisse les souligner par
un temps d'arrêt.

C'est que la rapidité est l'un des traits caractéristiques
de la prose voltairienne, celui que les commentateurs ont toujours

signalé. Mais si, sans s'arrêter à la constatation d'une évidence
on cherche à observer les mécanismes qui permettent d'obtenir
et de maintenir ce rythme si vif, on s'aperçoit qu'il s'agit d'un
phénomène complexe, et que ces textes, dont on vante toujours la
limpidité et la simplicité ne sont simples qu'à force de sophis-
tication. Il faut beaucoup d'art pour paraître naturel. Le même
phénomène se retrouve chez La Fontaine et n'a guère plus été étudié.
Il est bien certain que la narration est menée grand train, que
les événements se succèdent et s'enchaînent, qu'ils sont racontés
en petites phrases courtes, peu reliées entre elles, que les
commentaires sont toujours incorporés à l'action. Mais, lorsque
dans un journal vous lisez les nouvelles en trois lignes, ce
qu'on appelle les faits-divers, et qui ne comportent aucune digression,
ce n'est pas une impression de rapidité qu'on éprouve mais une
impression de sécheresse et de froideur. La vitesse en littérature est une illusion qui est donnée par une manipulation du texte,
par une succession d'accélérations et de ralentissements, et
souvent même par une combinaison de ces deux éléments. Chose
curieuse et pour le moins paradoxale, nous allons même constater
que les coups de frein sont plus nombreux que les coups d'accélé-
rateur. Le procédé peut être employé dans un passage sérieux;
il fera tout au plus sourire. Pour devenir comique il faut
qu'une incongruité s'y ajoute. Voici un exemple tiré d'un ouvrage
historique de Voltaire, *le Précis du Siècle de Louis XV*: "Les
magistrats municipaux firent des remontrances sur les contribu-
tions que le vainqueur leur imposait; ils se dirent dans l'impuis-
sance de payer: on les mit en prison, et ils payèrent." Même
accélération, compliquée cette fois d'une malice anti-religieuse
dans ce passage sur les quakers dans *les Lettres philosophiques*
et du coup le rire surgit: "Il leur fallait des miracles, ils en
firent." La manipulation vient de ce que, généralement, c'est
Dieu qui fait les miracles, non les croyants, à moins, évidemment,
d'être pressés par la nécessité. L'esprit de Voltaire réside ici
dans le naturel du ton, dans l'absence de tout commentaire, laissant
supposer que c'est là ce que les sectes religieuses font toujours.
Les procédés d'accélération se retrouvent dans les contes. Au
cours de ses voyages Scarmentado arrive à Constantinople. Voici
ce qui lui arrive: "Les chrétiens grecs et les chrétiens latins
étaient ennemis mortels dans Constantinople. . . Le grand vizir
protégeait alors les Grecs. Le patriarche grec m'accusa d'avoir
soupé chez le patriarche latin, et je fus condamné en plein divan
à cent coups de latte sur la plante des pieds, rachetables de cinq
cents sequins. Le lendemain le grand vizir fut étranglé; le
surlendemain son successeur, qui était pour le parti des Latins,
et qui ne fut étranglé qu'un mois après, me condamna à la même
amende, pour avoir soupé chez le patriarche grec." Ce sont les
précisions temporelles, le lendemain, le surlendemain, le mois
d'après, qui donnent l'impression de rapidité, renforcée encore
par l'absurdité d'une même sanction pour une faute contraire.

Si l'on me demandait les raisons de la supériorité de
Candide sur les autres contes, je dirai que c'est avant tout une
question de tempo. Jusqu'à l'arrivée en Eldorado, je ne vois pas
la moindre défaillance dans le rythme du récit. Il n'y a donc
qu'à ouvrir le livre pour y trouver des exemples d'accélération.
Très souvent la sécheresse voulue du ton, le parti pris d'indifférence viennent renforcer la précipitation du mouvement. Ainsi
dans le récit de la vieille: "Je touchais au moment de mon bonheur, quand une vieille marquise qui avait été maîtresse de mon
fiancé l'invita à prendre du chocolat chez elle. Il mourut en
moins de deux heures avec des convulsions épouvantables. Mais
ce n'est qu'une bagatelle." Le comique ici vient de ce qu'aucun
rapport n'est établi entre le chocolat et la mort, le mot poison
n'est pas prononcé. Au lecteur de rétablir la chaîne des événements.
Un chapitre plus loin, les janissaires sont assiégés par les Russes.
Pour ne pas mourir de faim, ils décident de couper une fesse à
chacune des femmes qui sont avec eux, dont la Vieille, et de la
manger: "A peine les janissaires eurent-ils fait le repas que
nous leur avions fourni que les Russes arrivent sur des bateaux
plats: il ne s'échappa pas un janissaire." Le technique est
le même, on élimine les relations de cause à effet, ici le combat,
pour ne donner que le résultat.

Candide est fouetté par ordre de l'Inquisition. C'est
par une progression de quatre adjectifs qu'est décrit le traitement que lui a infligé l'Eglise. Le procédé est d'autant plus
remarquable que c'est le verbe en général qui exprime l'action et
non l'adjectif: "Il s'en retournait, se soutenant à peine, prêché,
fessé, absous et béni." Trois de ces adjectifs, *prêché, absous* et
béni, constituent bien une progression. Il est entré pécheur dans
la grande machine de l'Inquisition, il en ressort purifié. Mais
fessé vient introduire la note d'incongruité.

Voici maintenant une scène remarquable par sa complexité
sous son apparente simplicité. Cunégonde, partagée entre le juif
Don Issachar et le grand Inquisiteur, vient de retrouver Candide.
Ils se sont raconté leurs malheurs, ils se sont aimés. Le Juif
les a surpris et Candide l'a tué. Que faire?

> Consultons la vieille. Elle était fort prudente et
> commençait à dire son avis quand une autre petite porte
> s'ouvrit. Il était une heure après minuit, c'était
> le commencement du dimanche. Ce jour appartenait
> à Monseigneur le grand Inquisiteur. Il entre et
> voit le fessé Candide, l'épée à la main, un mort
> étendu par terre, Cunégonde effarée, et la vieille
> donnant des conseils.

Voici dans ce moment ce qui se passa dans l'âme
de Candide, et comment il raisonna: "Si ce saint

homme appelle du secours, il me fera infailliblement brûler, il pourra en faire autant de
Cunégonde; il m'a fait fouetter impitoyablement;
il est mon rival; je suis en train de tuer;
il n'y a pas à balancer. Ce raisonnement fut
net et rapide; et, sans donner le temps à
l'inquisiteur de revenir de sa surprise, il le
perce d'outre en outre, et le jette à côté
du juif.

En dépit de sa rapidité, la scène se déroule sur quatre plans:
d'abord nous sommes avec les trois personnages interrompus
par l'entrée du grand Inquisiteur. Aussitôt c'est par ses yeux
que nous voyons la scène, une scène figée dans son mouvement
par cette arrivée inattendue et pourtant logique dans le contexte saugrenu de l'histoire. Et puisque la scène est vue par
le grand Inquisiteur, on comprend qu'il soit question du *fessé
Candide,* qui est le seul détail qu'il connaisse du jeune homme.
Ensuite l'auteur nous apprend les pensées du héros; enfin nous
voyons à nouveau la scène sous l'angle initial et c'est le meur-
tre du grand Inquisiteur. Toute l'histoire tient en douze lignes.
Mais la rapidité résulte en grande partie de tous les détails
inutiles dont l'histoire est émaillée. J'ai déjà signalé le
fessé Candide. Mais une grande partie de son raisonnement est
incongru: quel mot trouve-t-il pour qualifier son ennemi: *saint
homme;* il emploie de longs adverbes *infailliblement, impitoyablement* qui n'ont pas grand sens si on examine de près le texte;
ainsi il devrait plutôt dire *certainement* qu'*infailliblement,*
mais le mot a des connotations amusantes appliqué à un haut digni-
taire de l'Eglise; enfin cette accumulation de motifs de valeur
inégale est comique, on n'a pas besoin de tant de raisons pour
tuer, mais cette accumulation, loin de ralentir le rythme, sert
à montrer avec quelle rapidité le cerveau du jeune homme fonctionne.

    Je voudrais donner un dernier exemple de cette accélération
factice, c'est-à-dire qui n'est que dans le style, et qui donne
l'impression que l'on va plus vite, alors que le récit se poursuit
sur son rythme habituel: "Candide, Cunégonde, et le vieille,
étaient déjà dans la petite ville d'Avacéna, au milieu des montagnes de la Sierra-Morena: et ils parlaient ainsi dans un
cabaret." Ici interruption de l'auteur qui coupe à dessein son
chapitre en pleine action. "Chapitre dixième, Dans quelle dé-
tresse Candide, Cunégonde et la vieille arrivent à Cadix, et de
leur embarquement." Et aussitôt le récit repart: "Qui a donc
pu me voler mes pistoles et mes diamants? disait en pleurant
Cunégonde; de quoi vivrons-nous? comment ferons-nous? où
trouver des inquisiteurs et des juifs qui m'en donnent d'autres?"
    Ici l'accélération est obtenue par le procédé du *flash-
back* qu'aucune nécessité littéraire n'imposait et qui n'a pour
effet que de faussement dramatiser la situation. Le mouvement ainsi
créé permet à Cunégonde de ralentir le récit par ses questions rhé-

toriques, rhétoriques puisqu'elles se succèdent sans que personne n'y réponde, dont la dernière est une absurdité voulue, *où trouver des inquisiteurs et des juifs qui m'en donnent d'autres?* Comme si seuls les juifs et les inquisiteurs avaient le monopole d'entretenir les jolies filles.

J'arrive maintenant aux effets de rapidité obtenus par ralentissement du récit, par l'introduction de mots, d'idées, de remarques inutiles et invraisemblables.

Nous en avons déjà vu quelques exemples, mêlés à des procédés d'accélération. Mais d'abord comment expliquer ce résultat paradoxal qu'un allongement du texte contribue à donner une impression de brièveté? Je crois que la réponse est simple dans sa subjectivité: lorsqu'on s'ennuie le temps s'écoule lentement; que l'on s'amuse et il passe vite, la durée réelle n'ayant que peu à voir avec le sentiment éprouvé. Si donc l'auteur charge son récit de détails superflus, l'incongruité qui naîtra de cette présence inutile sera ridicule, provoquera le rire, et loin d'alourdir la narration l'allégera de tout le plaisir ainsi créé. Encore faut-il que ces rajouts soient amusants, qu'ils se glissent dans l'action sans se faire remarquer, ou du moins sans qu'on remarque leur caractère surajouté; le naturel apparent est donc ici nécessaire. Bien entendu, le recours à cette technique suppose un lecteur complice, c'est là un point sur lequel il faut toujours revenir, prêt à quelques concessions sur la vraisemblance pourvu que la plausibilité soit maintenue et que le rire soit assez fort pour balayer les résistances éventuelles de l'esprit critique.

Le moyen le plus simple d'allonger un texte est d'y introduire des adjectifs parasites, c'est-à-dire des adjectifs tellement attendus qu'on remarque à peine leur présence: "O mon cher Candide! vous avez connu Paquette, cette jolie suivante de notre auguste baronne." Il y a trois noms dans la phrase, chacun d'eux reçoit un adjectif dont aucun n'aurait été utilisé dans un dialogue véritable. Mais ici, comme je le montrerai un peu plus tard, le ton est tellement faux que la légère enflure provoquée par ces adjectifs ternes disparaît dans la pseudo-poésie du passage. Quelquefois Voltaire sûr de son pouvoir, appuie un peu sur l'effet comme dans cette vilaine allitération voulue du *Dictionnaire philosophique*: "Ce fut par vanité que les hommes bâtirent la belle tour de Babel."

Cet emploi de l'adjectif sans couleur se trouve surtout dans ce que j'appellerais les leitmotive des contes, c'est-à-dire les résumés de toutes les catastrophes éprouvées déjà par les personnages: "O, mon cher Pangloss! le plus grand des philosophes, faut-il vous avoir vu pendu, sans que je sache pourquoi! O mon cher anabaptiste! le meilleur des hommes, faut-il que vous ayez été noyé dans le port! ô mademoiselle Cunégonde! la perle des filles, faut-il qu'on vous ait fendu le ventre!"

      Il est bien évident que l'auteur ne veut pas qu'on s'apitoie sur le sort de ses personnages. Le mal est partout présent, comme cela n'est que trop prouvé par le récit des événements, mais c'est un mal en quelque sorte abstrait, puisqu'à aucun moment il ne parvient à nous émouvoir. Voilà pourquoi Voltaire a soin de compléter chaque illustration par des précisions ridicules qui dédramatisent la situation. Et alors, au lieu de se laisser prendre à la tristesse de cette évocation, nous n'en sentons plus que la fausse poésie, justement par l'abus qui y est fait des qualificatifs fades: les trois *ô* vocatifs, les deux *mon cher* (et non trois pour éviter trop de monotonie), le commentaire-cliché qui accompagne chaque personnage, Pangloss, le plus grand des philosophes, Jacques, le meilleur des hommes, Cunégonde, la perle des filles, les trois *faut-il*, toutes ces répétitions qui font du passage une sorte de litanie, contredite aussitôt par le *sans que je sache pourquoi, le noyé dans le port* et l'incongru *fendu le ventre*.

      De même que, en fin de compte, ces lamentations prêtent au rire, de même toutes ces précisions hors de propos contribuent à donner une impression de rapidité par le constant renouvellement qu'elles imposent et par l'amusement qui en résulte. N'oublions pas que si, dans une oeuvre comique, le ressort est le même que dans une oeuvre dramatique, il n'en demeure pas moins que l'effet produit est tout à fait différent. Ici le suspense est banni: le lecteur est sans inquiétude et sans espérance sur le sort des personnages; il vit le récit dans son présent le plus immédiat. Ce qui l'occupe ce n'est pas de savoir ce qui va arriver, mais comment les choses vont arriver. Du moment que l'histoire ne donne pas l'impression de s'arrêter, ou de se répéter, du moment que les détails restent variés et divertissants, nous n'aurons jamais une impression de longueur. Voilà pourquoi peut-être le cinquième acte d'une tragédie a tant d'importance, et celui d'une comédie si peu.

      Ces leitmotive, qui allongent la narration, et que je ne puis envisager ici que sous cet aspect d'allongement, faute de temps, permettent d'amusants effets de raccourci, puisque le lecteur sait exactement ce qui s'est passé. L'auteur n'a plus qu'à prendre les deux extrêmes du raisonnement, qui aboutissent à une incohérence, en laissant au lecteur le soin de compléter ce qui manque et de rétablir lui-même la logique apparemment bouleversée. Ainsi, dans *Zadig*, le roi devient jaloux de son ministre Zadig: "Il crut tout ce qu'il voyait, et imagina tout ce qu'il ne voyait pas. Il remarqua surtout que les babouches de sa femme étaient bleues, et que celles de Zadig étaient bleues, que les rubans de sa femme étaient jaunes, et que le bonnet de Zadig était jaune; c'était là de terribles indices pour un prince délicat." Il ordonne donc de tuer Zadig qui est sauvé par un billet de la reine où l'on peut lire: "Fuyez, Zadig; je vous l'ordonne au nom de notre amour et de mes rubans jaunes."

Ces détails peuvent aboutir à un humour par pur non-
sens comme dans ce passage de *l'Ingénu*: "Le prieur disait à sa
soeur en regardant la mer: "Hélas! c'est ici que s'embarqua
notre pauvre frère avec notre chère belle-soeur madame de
Kerkabon, sa femme, sur la frégate l'Hirondelle, en 1669, pour
aller servir en Canada. S'il n'avait pas été tué, nous pourrions
espérer de le revoir encore." Pourquoi y a-t-il non-sens?
Parce qu'il est impossible que le prieur donne des détails que
sa soeur connaît certainement. De toute évidence, c'est au lecteur qu'il s'adresse par-dessus elle. Mais Voltaire, conscient
de l'artificialité du procédé, l'alourdit et le rend comique par
une maladresse voulue, d'abord par l'emploi des adjectifs de
bourre *pauvre* frère, *chère belle-soeur, madame de Kerkabon,*
sa femme. Et le paragraphe se termine par un mot digne de M. de
la Palisse, vous savez celui qui disait sentencieusement: "Un
quart d'heure avant sa mort, il était encore en vie.", eh bien
M. de Kerkabon ne fait pas mieux: *S'il n'avait pas été tué, nous*
pourrions espérer de le revoir encore.

Et ainsi, en regardant le texte de près, on s'aperçoit
de la continuelle illusion où le lecteur est maintenu. Dans un
roman comme *Candide*, chef-d'oeuvre de rapidité, il existe comme
dans certains grands airs d'opéras, des morceaux de bravoure, qui
ne servent en rien à l'action, mais si bien incorporés au récit
que personne, à ma connaissance, n'a signalé leur inutilité
--je ne dirais pas leur gratuité car ils contribuent à la propagande
de l'auteur--. Voici, pour conclure cette section, la célèbre
généalogie de la vérole, telle que la raconte Pangloss, atteint
de ce mal redoutable, et dont le premier objectif est moins de
chercher à guérir que d'expliquer comment cette calamité peut
s'intégrer dans le système du *Tout est bien* de son grand Leibniz.

> "O mon cher Candide! vous avez connu Paquette, cette
> jolie suivante de notre auguste baronne; j'ai
> goûté dans ses bras les délices du paradis, qui
> ont produit ces tourments d'enfer dont vous me
> voyez dévoré; elle en était infectée, elle en
> est peut-être morte. Paquette tenait ce présent
> d'un cordelier très savant qui avait remonté à
> la source, car il l'avait eu d'une vieille comtesse,
> qui l'avait reçu d'un capitaine de cavalerie, qui
> le devait à une marquise, qui le tenait d'un
> page, qui l'avait reçu d'un jésuite qui, étant
> novice, l'avait eu en droite ligne d'un des compagnons
> de Christophe Colomb. Pour moi, je ne le donnerai
> à personne, car je me meurs."

Vous avez certainement remarqué les étranges déviations
par lesquelles la maladie s'est communiquée, vous avez pu noter

aussi la lourdeur des constructions; *qui le devait, qui le tenait*
afin d'accentuer le caractère mécanique de la chose. Il faut
noter ce *le* pronom, et non *la* qui serait une référence à la maladie. *Le* ici remplace le mot *présent*, qui est comique, quand on
songe au cadeau qu'il représente. Signalons enfin l'indifférence
du narrateur: *elle en était infectée, elle en est peut-être morte.*

Il ne m'est pas possible, faute de temps, d'étudier
tous les procédés d'allongement qu'emploie Voltaire: répétitions,
énumérations, définitions, mots de liaison impropres, périphrases,
sans parler du commentaire incessant qui accompagne l'action.
Je voudrais, après vous avoir parlé du rythme, envisager la question du ton, qui contribue à donner cette impression de rapidité.

La première règle est que ce ton n'est jamais en accord
avec le récit, il est toujours à côté, trop haut ou trop bas.
Jamais le fond et la forme ne s'accordent. Si le sujet est insigni-
fiant, soyez sûr qu'il sera décrit de la manière la plus emphatique,
la plus exagéré, avec naturellement ce qu'il faut de logique pour
justifier cette contradiction. Voici, à titre d'exemple, l'extrait
d'un conte peu connu, *Aventure indienne*:

"Que je suis malheureuse d'être née herbe: A
peine suis-je parvenue à deux pouces de hauteur
que voilà un monstre dévorant, un animal horrible
qui me foule sous ses larges pieds; sa gueule
est armée d'une rangée de faux tranchantes,
avec lesquelles il me coupe, me déchire et
m'engloutit. Les hommes nomment ce monstre un
mouton. Je ne crois pas qu'il y ait au monde
une plus abominable créature."

Au contraire, lorsque l'histoire devient vraiment dramatique, les personnages ont pour habitude de décrire leurs
souffrances sur le ton le plus simple, le plus uni, comme si la
mort, les fléaux, les tortures étaient la chose la plus naturelle
du monde, que l'on raconte presque en s'excusant tant l'auditoire
va trouver l'histoire banale. Il résulte de cette attitude
constante que le lecteur ne saurait être ému par le récit de malheurs traités avec tant d'indifférence par ceux-là mêmes qui les
ont subis. D'autre part ce détachement suppose l'admission
résignée de la méchanceté ordinaire des hommes, de l'aveuglement
du destin, de la dureté de la condition humaine. Toutes les
explications à priori viendront se heurter à cette malfaisance
universelle. Ainsi, le rire ne constitue plus une fin en soi,
un simple moyen de mettre des sujets difficiles à la portée du
public, il devient une arme. Grâce à lui, la présence du mal est
fortement soulignée, mais en même temps l'émotion est détruite
qui risquait de détourner le lecteur de la démonstration philosophique poursuivie par Voltaire.

Cette froideur avec laquelle les personnages décrivent leurs réactions, cette façon de se raconter comme si leurs aventures étaient arrivées à quelqu'un d'autre, contribue à créer un climat d'objectivité. Or l'objectivité est la première qualité d'un bon témoin. On croira celui qui saura raconter avec ce détachement tous ces exemples de bêtise, d'intolérance, de fanatisme. Là encore le rire est un atout du propagandiste.

Il est d'ailleurs curieux de constater à quel point l'exagération, passé une certaine limite, a pour effet de détruire le suspense qu'elle devrait théoriquement augmenter. Qu'il y ait un ou deux morts dans une histoire, c'est une situation dramatique. Mettez des cadavres partout, sous les tables, dans les armoires, derrière les portes, vous êtes sûr de provoquer le rire. Voici de quelle manière exagérée Voltaire décrit un personnage, dont nous saurons bientôt qu'il s'agit de Pangloss. Impossible qu'une description aussi chargée puisse éveiller notre commisération: "le lendemain, en se promenant, il rencontra un gueux tout couvert de pustules, les yeux morts, le bout du nez rongé, la bouche de travers, les dents noires, et parlant de la gorge, tourmenté d'une toux violente, et crachant une dent à chaque effort."

Je vous l'ai dit, dans un conte de Voltaire, le ton ne correspond jamais à la situation. Pour cacher cette artificialité, l'un des procédés les plus fréquemment employés, consiste à faire succéder les effets d'élévation et d'abaissement, au point qu'on peut se douter que tout langage noble appelle une grossièreté ou une sottise. Le spectateur s'y attend, mais il doit être surpris de la manière dont le résultat est obtenu. Candide vient de découvrir Pangloss dans l'état que vous savez. Il a appris de lui que Cunégonde avait été tuée et voici au moment le plus mal approprié l'étonnant duo lyrique que les deux personnages vont nous donner: "Candide s'enquit de la cause et de l'effet, et de la raison suffisante qui avaient mis Pangloss dans un si piteux état. "Hélas! dit l'autre, c'est l'amour: l'amour, le consolateur du genre humain, le conservateur de l'univers, l'âme de tous les êtres sensibles, le tendre amour. –Hélas! dit Candide, je l'ai connu, cet amour, ce souverain des coeurs, cette âme de notre âme; il ne m'a jamais valu qu'un baiser et vingt coups de pied au cul." Ce lyrisme est si faux, tellement hors du contexte qu'il semble une parodie. N'oublions pas que Voltaire est le premier poète tragique de son temps et qu'il lui suffit de laisser aller sa veine poétique mal à propos pour obtenir ce résultat. Il y a d'ailleurs de nombreux alexandrins isolés dans cette prose; *ce souverain des coeurs, cette âme de notre âme* en est un. Il n'a de ridicule que la façon dont il est utilisé. Et par exemple, dans *le Siège de Calais,* un des plus gros succès tragiques du dix-huitième siècle, on trouve *cette âme de notre âme,* qui ne fit rire personne, et dont l'auteur dut être très fier. Inutile que je revienne encore sur tous les mots inutiles dont ce dialogue est rempli.

       Comment pouvons-nous croire à une histoire qui n'est pas racontée au rythme naturel, dont le ton est continuellement trop haut ou trop bas, dont les personnages sont des marionnettes, dont les événements sont incroyables tant il se produit de catastrophes en quelques pages? C'est d'abord que le lecteur d'une oeuvre comique n'exige pas la même exactitude que pour un livre disons psychologique. Il ne demande ni le vrai, ni même le vraisemblable, le plausible lui suffit. Je l'ai dit, il suit l'histoire dans le moment, le passé, l'avenir le préoccupent peu. Pourvu qu'il n'y ait pas contradiction flagrante, il est prêt à accepter les données du jeu, car, bien que, dans les deux cas, le lecteur soit dans un univers imaginaire et qu'il ne l'oublie jamais, il ne demande pas la même construction rigoureuse au monde comique. Qu'un épisode soit drôle tout en restant dans la ligne de l'histoire et l'auteur est justifié.

       Chaque fois qu'il en a la possibilité Voltaire va donc se montrer un écrivain extrêmement soucieux des détails réalistes. Les gestes sont finement observés, les particularités notées soigneusement, la précision du dessin est même extraordinaire lorsqu'on songe que Voltaire ne se donne jamais le temps de faire un tableau. A Venise, par exemple, Candide ne mange que des plats italiens. Dans *Zadig*, Voltaire tourne à son profit le langage fleuri des Orientaux et leur goût des images pour en faire une source de comique; *l'Ingénu* suit d'assez près l'histoire pour ne soulever aucune objection des lecteurs de l'époque, plus familiers que nous avec les événements de la fin du règne de Louis XIV. Dans un récit fantastique, comme *Micromégas*, l'élément merveilleux est réduit à une profusion de chiffres qui servent à prouver que partout la proportion est la même; et justement alors l'effort de Voltaire consiste à maintenir le climat le plus rationnel autour de ses incroyables deux géants, et naturellement à jouer de cette contradiction pour notre amusement. Car, bien entendu, ce réalisme a de curieuses et soudaines failles; après tout le réalisme n'est qu'une manière d'écrire et Voltaire se divertit tantôt à serrer la vraisemblance au plus près et tantôt à s'en éloigner sans motif plausible, sans y être poussée par les nécessités du récit ou de sa propagande. Ainsi Candide et le frère de Cunégonde parlent allemand entre eux au Paraguay, détail réaliste; le même Candide doit se servir d'un interprète Cacambo pour se faire comprendre en Amérique, mais en Europe il n'éprouve rien de tel, et le bon Westphalien, peut aller en Hollande, en France, en Italie, au Portugal, à Constantinople, il n'éprouve aucune difficulté à communiquer avec les habitants. Autre exemple, plus étonnant encore, les catastrophes de Candide ne sont pas toutes inventées et, en un sens, on peut dire que le roman est historique. Seulement, alors que dans un roman ordinaire les éléments fictifs sont combinés de manière à coincider

avec les événements véritables, dans *Candide* l'ordre chronolo-
gique n'est pas respecté, c'est l'arrivée du héros qui déclenche
les catastrophes dont il est témoin et ainsi un ordre géogra-
phique vient se substituer à l'ordre historique.

On comprend que dans un monde aussi bouleversé sous
sa simplicité apparente, où les personnages ne cherchent qu'à
survivre, il est bien évident que les protagonistes ne peuvent
être que des marionnettes. On a souvent reproché à Voltaire de
n'avoir jamais créé de personnages authentiques à trois dimensions.
Cela est vrai, mais une telle critique suppose d'abord que l'imitation de la réalité est la fin de l'art romanesque et ensuite
qu'une oeuvre comique obéit aux lois du roman psychologique.
Il n'en est rien. Les personnages ne doivent pas être, mais
paraître véritables. Le conte philosophique ne cherche pas à re-
produire la réalité, il n'a pour but que de représenter une
situation plausible qui doit servir à vérifier si une certaine
idée, une certaine théorie philosophique est viable ou non. Tout
doit donc donner l'impression d'une expérience véritable, quoiqu'on sache d'avance qu'il n'en est rien et qu'on est dans le
monde du roman, c'est-à-dire de la reconstitution, et l'art du
romancier est de le faire oublier. De faire oublier également
que cette expérience conduite avec une apparente rigueur est
truquée au départ. Avant même d'avoir introduit le personnage
de Pangloss, Voltaire a déjà condamné Leibniz, même si le lecteur a le sentiment que le verdict se dégage lentement du récit
qu'il est en train de lire. Et toute l'histoire ne servira qu'à
dégager cette conclusion, non par des raisonnements, mais par la
preuve qu'en donne le groupement des événements. Bien entendu,
le caractère uni-dimensionel des personnages ajoute à la rapidité
du récit. Qu'est-ce que le gouverneur de Buenos Ayres? Un homme
au nom impossible et qui a de belles moustaches. Il n'a besoin
d'aucune autre justification.

C'est ainsi, par exemple, que dans un conte philosophique
les personnages ne mentent jamais. Ils n'ont pas même ces ménage-
ments que l'on a toujours dans la vie pour quelqu'un à qui on
doit annoncer une mauvaise nouvelle. Voici de quelle manière
Pangloss raconte à Candide ce qui est arrivé à Cunégonde:

"Aussitôt Candide le mena dans l'étable de l'anabaptiste,
où il fit manger un peu de pain; et quand Pangloss fut refait:
"Eh bien! lui dit-il, Cunégonde? - Elle est morte, reprit l'autre."
Candide s'évanouit à ce mot; son ami rappela ses sens avec un
peu de mauvais vinaigre qui se trouva par hasard dans l'étable.
Candide rouvre les yeux." Cunégonde est morte! Ah! meilleur
des mondes où êtes-vous? Mais de quelle maladie est-elle morte?
Ne serait-ce point de m'avoir vu chasser du beau château de monsieur son père à grands coups de pied? - Non, dit Pangloss
elle a été éventrée par des soldats bulgares, après avoir été
violée autant qu'on peut l'être." Vous avez peut-être remarqué

dans cet extraordinaire passage quelques-uns des procédés que
je vous ai déjà signalés: d'abord la rapidité *eh! bien, lui dit-
il, Cunégonde?* puis le refus d'apitoiement. Comment réagit le
jeune homme en apprenant la mort de celle qu'il aime: *meilleur
des mondes où êtes-vous?* les mots inutiles qui ralentissent et
ridiculisent l'histoire: *le beau château, monsieur son père* et
enfin, la brutalité de Pangloss d'abord en annonçant la nouvelle,
elle est morte et ensuite en donnant des détails qui se révèlent
à la fois faux et dénués de sens: *éventrée* d'abord, comme si on
n'évitait pas les précisions en pareil cas et ensuite *après avoir
été violée autant de fois qu'on peut l'être.* Comment sait-il
le nombre de fois qu'une telle chose est possible?

Ce qui est peut-être le plus remarquable dans le comique
de Voltaire c'est, comme je l'ai dit au début de cette étude, son
abondance. Il est vrai que l'abondance est la qualité première de
tous les grands auteurs comiques. Mais chez eux cette abondance
est beaucoup plus visible, parce que le rythme est beaucoup plus
lent. Le verbalisme d'un Rabelais par exemple est évident; il
s'étale, s'allonge, insiste. Au contraire Voltaire a l'air de
glisser. Les mots qui reviennent le plus souvent pour qualifier
son style sont simplicité, clarté, propriété des termes. Ce
n'est là qu'une apparence; simplement Voltaire n'insiste jamais.
Ses procédés passent inaperçus parce qu'il ne les utilise jamais
isolément et qu'il ne cesse de les renouveler au cours du récit.
Un raccourci se mêle à des allongements, un détail réaliste est
suivi d'explications saugrenues, un raisonnement rigoureux part
d'une proposition fausse, si bien que le personnage développe son
erreur avec parfaite conscience et sans que personne semble s'en
apercevoir. Bien entendu, cette multiplication d'événements, de
faux sentiments, d'expressions ridicules, cette gaîté continuelle,
cette verve dans le détail et dans l'action ne peuvent être le
résultat d'un plan minutieusement organisé. Une pareille invention suppose un incroyable talent d'improvisation. Peu importe ensuite que le texte soit soigneusement revu ou corrigé, ce qui
compte c'est cette inspiration spontanée qui jaillit d'un coup,
parfaite dans sa complexité.

LA MÉTAPHYSIQUE DE NEWTON ET

LES PREMIERS CONTES DE VOLTAIRE

Par Robert L. Walters

Au lieu de m'inquiéter de la méthodologie nécessaire
pour des tâches à venir, quand les 150 volumes des *Oeuvres complètes* de Voltaire auront paru, comme Monsieur Wade le voudrait,
je dois avouer que je reste plutôt dans les voies déjà frayées
autrefois par Monsieur Wade, lui-même. Aujourd'hui mon guide
est ses *Studies on Voltaire* (1) et surtout sa discussion du
Traité de métaphysique. Il croit que cet ouvrage dont nous n'avons
qu'une première version inachevée "had in it the origins of the
Discours en vers sur l'homme from which will evolve the whole
series of *poèmes philosophiques*.

> It will give origin also to the *conte philoso-
> phique*. In a way these two literary media are
> extensions of the *Traité*, natural developments
> of Voltaire's philosophical thought. The real
> continuation of the *Traité* is in the *Métaphysique
> de Newton*, the *Dictionnaire philosophique*,
> *Philosophe ignorant*. . . ." (2)

Je voudrais examiner l'évolution de la pensée métaphysique
de Voltaire dans les *Eléments de la philosophie de Newton*, surtout dans cette première partie, que Voltaire a publiée à Amsterdam en 1740 sous le titre de la *Métaphysique de Newton ou parallèle
des sentiments de Newton et de Leibnis* et examiner les rapports
qui existent entre cet ouvrage métaphysico-scientifique et les
contes où Voltaire aborde des problèmes semblables, c'est-à-dire
Micromégas, *Zadig*, and *Candide*.

Le conte et le newtonianisme sont curieusement liés en
1727, pendant le séjour de Voltaire en Angleterre dans sa correspondence avec son ami, Thieriot. Voltaire lui suggère d'entreprendre la traduction d'anglais en français de deux ouvrages,
Gulliver's Travels (Best. D. 310), qui viennent de paraître et
A View of Sir Isaac Newton's Philosophy de Henry Pemberton, qui
devait paraître plus tard.

Thieriot ne les a pas traduits, mais neuf ans plus
tard Voltaire lui-même s'est mis à écrire un ouvrage à la Pemberton, qui mettrait Newton à la portée de "ceux qui ne
connaissent de Newton & de la philosophie que le nom seul." (3)
Peu après dans *Micromégas*, son ouvrage à la Swift, il crée une
sorte de Gulliver newtonien.

Entre son retour d'Angleterre et la composition des
Eléments de la philosophie de Newton, Voltaire publie les *Lettres
philosophiques* où il consacre quatre lettres à Newton. Il tra-
vaille sur le *Traité de métaphysique*. L'ouvrage qui préoccupe
le plus Voltaire pendant cette période de sa vie où nous le
trouvons installé au château de Cirey est le *Traité de métaphysique*.
Dans son examen des questions traditionnelles de la métaphysique.
l'existence de Dieu, le libre arbitre, la nature et l'immortalité
de l'âme, la religion naturelle ou la morale, Voltaire se révèle
souvent sceptique, incapable d'arriver à des conclusions défini-
tives. Il savait déjà, bien entendu, que la science fournissait
une alternative aux incertitudes de la métaphysique. Grâce à
l'expérience et aux mathématiques on avait découvert des lois
éternelles de la nature, qui gouvernaient harmonieusement notre
univers. Je crois que Voltaire doit à Francesco Algarotti qui
visite Cirey à la fin de 1735 et à la lecture du manuscrit de ce
dernier, intitulé *Newtonianismo per le dame*, une nouvelle vision
d'un univers maintenu par l'attraction, cette force immatérielle,
dépendant de Dieu, du Dieu que Voltaire professait sans pouvoir
prouver son existence.

En tout cas, six mois après cette visite Voltaire tra-
vaille aux *Eléments de Newton*, sans abandonner tout à fait la
métaphysique. Il semble, néanmoins, que Voltaire mette de côté
son *Traité de métaphysique* en 1737, quand il pense avoir achevé
les *Eléments de Newton*. Il envoie un manuscrit au censeur dans
l'espoir d'obtenir le privilège nécessaire pour publier son ouvrage
en France.

Nous savons que Voltaire avait consacré le dernier chapitre de son manuscrit des *Eléments* à Dieu (4). Dieu a été le
point de départ de sa pensée métaphysique, le premier principe
duquel dépendent le libre arbitre et la pensée. Dans les *Eléments*
Dieu aurait été le point culminant du monde scientifique newtonien.
Newton le proclame dans le *scholium* général à la fin de ses
Principes.

La question fondamentale pour Voltaire est Dieu, ou
l'origine de l'immatériel qu'on voit manifesté dans la pensée,

l'attraction universelle, la force, et puis, quand il écrit
sa *Dissertation sur le feu* en 1737, dans le feu.

Voltaire est tiraillé entre deux forces inégales dans
cette période de sa vie: la science, force majeure, fondée sur
la méthode expérimentale et qui provoque son admiration, et la
métaphysique, qui le frustre de plus en plus. Si Dieu est la
fin du monde scientifique et le commencement du monde métaphysique, il devrait être possible d'en faire un tout, de joindre
la métaphysique et la physique, ce qui est le but avoué de
Madame du Châtelet dans ses *Institutions de physique* (5).

Le scientiste est content de mesurer, de peser, de
disséquer et de calculer, et puis de douter quand les lumières
de la méthode expérimentale lui manquent. Voltaire le dit bien
des fois dans ses attaques contre Descartes et Malebranche dans
les *Eléments*. Voltaire n'est pas toujours ce scientiste idéal.
Même s'il sait bien qu'il est possible de calculer la force d'un
objet qui tombe sans rien savoir de l'origine de cette force, par
exemple, sa curiosité et une nécessité de savoir et de comprendre
le poussent continuellement vers des explications métaphysiques
malgré lui, vers des hypothèses vraisemblables qu'il aurait con-
damnées chez un Descartes comme indigne d'un physicien. Voltaire
devient lui-même la victime de cet esprit de système qui crée
des romans et mène aux erreurs.

Ce manuscrit que Voltaire avait soumis au censeur en
1737, était un ouvrage sur l'optique, sur l'attraction universelle,
et sur le système du monde, avec un dernier chapitre sur Dieu (6).
Même sans le dernier chapitre, qui n'a jamais été publié, les
Eléments de la philosophie de Newton étaient un ouvrage déiste,
qui même dans l'édition abrégée d'Amsterdam de 1738, que Voltaire
n'avait pas autorisée, proclamait le dieu créateur, horloger si
cher au Voltaire de Cirey. Vous vous rappelez que les éditeurs
d'Amsterdam ont demandé à un mathématicien anonyme d'écrire les
deux derniers chapitres de l'ouvrage (7).

En 1737 Samuel Koenig, un ami des Bernoulli, vient à
Cirey enseigner les mathématiques à Madame du Châtelet. Disciple
de Christien Wolff et de Leibniz, il fait des résumés en français
de certains ouvrages de Wolff, "convertit" Madame du Châtelet à
cette philosophie ou plutôt l'influence à un tel point qu'elle
refait au moins 150 pages déjà imprimées de ses *Institutions de
physique* pour y introduire la philosophie leibnizienne (8).
Madame du Châtelet, comme Leibniz, doute du vide, de l'attraction
à une distance, et du pouvoir de Dieu de communiquer l'attraction
à la matière, base même de la vision newtonnienne du déiste Voltaire.
Ce dernier, bien irrité par la trahison de sa maîtresse, craint
que, si on accepte le système du philosophe allemand, Dieu n'ait
plus de rôle à jouer dans sa création, et que cette philosophie ne
mène à l'athéisme.

Voltaire répond en publiant en 1740 la *Métaphysique de Newton, ou Parallèle des sentiments de Newton et de Leibniz*, qui a paru avec une note des éditeurs, affirmant que "Cet ouvrage, qui renferme beaucoup de choses très instructives, dans sa petitesse, peut servir de supplément aux Eléments de la philosophie de Newton que le même auteur a publiés.(9)". Ils l'ont distingué par *Première Partie*, puis ont supprimé "la seconde qui concerne *la Lumière* et la troisième qui traite de la *Gravitation*." Ils avaient déjà publié ces parties dans les *Eléments de Newton* de 1738, et il leur restait des exemplaires à vendre. La *Métaphysique de Newton*, est-elle vraiment supplément ou première partie, une partie intégrale des *Eléments* ou une addition intéressante mais peu nécessaire? Est-ce que les vues de Newton sur l'optique et le système du monde dépendent de cette introduction métaphysique?

Si je ne trouve pas de réponse claire à ces questions, c'est que Voltaire ne semble pas savoir les réponses non plus. Voltaire va de la métaphysique à la science, de la science à la métaphysique. Sceptique en métaphysique vers 1736 il passe à la physique dans l'espoir de trouver des vérités fermes. Puis ses vérités sont attaquées par les leibniziens, avec lesquels Madame du Châtelet se lie en 1739. Il ne peut pas s'empêcher d'y répondre, en raisonnant, c'est-à-dire par la métaphysique. Mais il le fait un peu à contre-coeur. En parlant des monades, il observe que "les philosophes anglais...qui ne respectent point les noms, ont répondu à tout cela en riant; mais il ne m'est permis de réfuter Leibniz qu'en raisonnant.(10)." Aussi plonge-t-il dans la métaphysique.

Voltaire-Micromégas rit volontiers, dans le dernier chapitre de *Micromégas*, de l'animalcule thomiste en bonnet carré. Cependant Voltaire, auteur des *Eléments de Newton*, tout comme le héros de son premier conte important, va et vient entre la science et la métaphysique. Voltaire, le marionnettiste par excellence qui manipule ses personnages, est, sauf pour quelques lignes où le nain est clairement Fontenelle, à la fois Micromégas et le nain de Saturne. Il fait des hypothèses, des systèmes malgré lui, puis revient aux faits, redevient disciple de Newton, pour tomber de nouveau dans l'abîme de la métaphysique. C'est pour cette raison que *Micromégas* semble réfléchir si bien le Voltaire de 1739, année de la composition de la *Métaphysique de Newton*, quoique cette incertitude sur le rôle de la métaphysique s'étende à d'autres problèmes par la suite, comme nous le verrons.

Voltaire nous dit que son géant Micromégas "connaissait merveilleusement les lois de la gravitation et toutes les forces attractives et répulsives (11)." Il est newtonien. Mais il a

écrit un livre qui l'engage dans une dispute sur la forme subs-
tantielle des puces et des colimaçons (12). C'est certainement
un beau sujet pour une dispute métaphysique. Dans les discussions
avec le secrétaire de l'Académie de Saturne nous apprenons que
"le Saturnien *et* le Sirien s'épuisèrent alors en conjectures,
après beaucoup de raisonnements fort ingénieux, et fort incertains, il en fallut venir aux faits (13);" c'est-à-dire aux
sens, aux propriétés de la matière et de la lumière. Leur
voyage philosophique vers la terre ressemble à une vraie expé-
dition scientifique à cause de leur "fort jolie provision
d'instruments de mathématiques (14)." Dans leurs conversations avec les hommes, les questions scientifiques sur le monde
extérieur sont suivies inévitablement de questions métaphysiques
sur l'âme.

En avouant la folie de se perdre dans le labyrinthe
des conjectures, dans les *Eléments de la philosophie de Newton*,
Voltaire y pénètre malgré lui. Mais rien ne le fâche plus que
la logique et la géométrie mises au service de la métaphysique,
comme dans ce passage sur les monades dans la *Métaphysique de
Newton*. Voltaire semble s'adresser directement à Madame du
Châtelet avec la ferveur du converti à la religion newtonienne.

"Est-il prouvé que tout étant plein, votre
prétendue *monade* doive   avoir les inutiles
idées de tout ce qui se passe dans ce plein?
J'en appelle à votre conscience. Ne sentez-
vous pas combien un tel système est purement
d'imagination? L'aveu de l'humaine ignorance
sur les éléments de la matière n'est-il pas
au-dessus d'une science si vaine? Quel emploi
de la logique et de la géométrie lorsqu'on fait
servir ce fil à s'égarer dans un tel labyrinthe,
et qu'on marche méthodiquement vers l'erreur
avec le flambeau même destiné à vous éclairer"(15)?

Non, Voltaire ne rit pas. Peut-on dire qu'il raisonne?
Sait-il quand la lumière de la science éclaire et quand elle trompe?

Ce n'est pas seulement dans la *Métaphysique de Newton*
que cette confusion sur le rôle de la métaphysique dans l'étude de
la science se révèle. Un exemple frappant se trouve dans la
seconde partie de l'ouvrage, celle que Voltaire a consacrée à la
lumière. Vers 1737 voulant écrire un chapitre sur la grandeur
apparente du soleil et de la lune à l'horizon et au méridien, il
a fait des expériences avec des tubes et avec l'aide de quelques
enfants (16).

"Cette expérience et plusieurs autres me déterminaient
à imaginer une autre cause; et j'avais déjà le malheur

de faire un système, lorsque la solution mathématique de ce problème par M. Smith me tomba entre
les mains et m'épargna les erreurs d'une hypothèse"(17).

A la fin du chapitre nous lisons,

"Ce phénomène est donc entièrement du ressort de
la géométrie et de l'optique, et le docteur
Smith a la gloire d'avoir enfin trouvé la solution d'un
problème sur lequel les plus grands génies
avaient fait des systèmes inutiles"(18).

Curieusement, ce chapitre, publié pour la première
fois en 1741, est remplacé par un carton dans certains exemplaires de cette même édition. Dans ce nouveau chapitre Voltaire
présente une loi en forme de question, "Cette loi ne serait-elle
pas que nous rapportons tous les objets que notre vue ne saisit
pas distinctement aux endroits, auxquels s'étend notre vue dis-
tincte (19)?" De cette loi Voltaire espère, dit-il, déduire
beaucoup de phénomènes. Il n'est plus question d'une solution
mathématique, mais d'une hypothèse. Pourrait-elle bien être
celle que Voltaire avait rejetée, après avoir lu le livre de
Robert Smith? Mais ce qui est plus curieux encore, Voltaire
laisse tomber le chapitre du carton en 1748, quand il le remplace par la première version qui sera ré-imprimée dans toutes
les autres éditions des *Eléments de Newton* du vivant de Voltaire.
Rien dans la correspondance ne nous aide à comprendre comment
Voltaire est arrivé à sa loi, pourquoi il l'a si vite abandonnée. Il a décidé de retourner à l'optique et aux mathématiques, c'est-à-dire aux faits, après avoir introduit un système
inutile.

D'autres ressemblances entre *Micromégas* et les études
scientifiques de Voltaire, discutées par Monsieur Wade dans
son édition critique, par Van de Heuvel, Sareil, et Pomeau
parmi d'autres, n'entrent pas dans ma discussion.

Les *Eléments de la philosophie de Newton* de 1738, *la
Métaphysique de Newton* de 1740, l'union des deux ouvrages et
l'addition de plusieurs chapitres dans l'édition de 1741 semblent
unir la vision scientifique, métaphysique, morale, et religieuse
de Voltaire. L'univers newtonien, son créateur divin, l'homme,
créature placée sur ce tas de boue, limité physiquement, mais
jouissant d'une certaine liberté, capable de se créer un bonheur limité mais réel, tous ces éléments font partie de cette
vision et réfléchissent l'optimisme de Voltaire pendant ses
premières années à Cirey. Le professeur W. H. Barber décrit
bien son état d'âme dans les *Studies presented to Robert
Niklaus* (20).

Avant que l'encre n'ait séché, Voltaire commence à
demander à Prault, son éditeur, de faire des cartons, d'enlever des pages, des paragraphes, des chapitres (comme dans le
cas dont j'ai déjà parlé) et d'en substituer d'autres. Les
éditions des *Eléments de Newton* dans les *Oeuvres complètes*
qu'il prépare pour Conrad Walther, Lambert, et les Cramer
semblaient révéler une transformation dans le lecteur pour qui
Voltaire écrivait, comme j'ai expliqué dans une étude précé-
dante (21). En 1738 il s'adresse aux cartésiens et aux chrétiens; il attaque les tourbillons et les miracles; en 1740
aux leibniziens. A partir de 1745 il parle plutôt aux athées.
Mais Voltaire écrit aussi pour lui-même, et cet ouvrage devient
une sorte de journal ou cahier où il examine sa foi théiste,
l'univers, et l'homme moral: sa foi philosophique dans le
sens le plus large de cet adjectif.

Avant 1745 Voltaire a voulu écrire une nouvelle conclusion à son premier chapitre sur Dieu. Evidemment les arguments en faveur de l'existence de dieu le troublent. Il fait
substituer un carton pour les pages 11 et 12 dans certains
exemplaires de l'édition de 1741, qui ont quelquefois une nouvelle page de titre avec la date 1744 ou 1745. Cette substi-
tution laisse une phrase suspendue au milieu du mot *pensants*.
Voltaire vient d'affirmer qu'il n'y a "aucune preuve métaphysique plus frappante, et qui parle plus fortement à l'homme
que cet ordre admirable qui règne dans le monde (22)." Puis
il cite ce verset des psaumes: *Coeli enarrant gloriam Dei*.
Je reviendrai tout à l'heure au passage remplacé. Son nouvel
argument est simplement que les preuves métaphysiques ne sont
que des jeux d'esprit qui préparent "des triomphes à ceux
qui ont le malheur de combattre une vérité, d'ailleurs si bien
prouvée (23)." Il finit par dire avec Platon, "jugez donc
en voyant l'ordre de l'univers, qu'il y a une âme souverainement intelligente (24)." C'est-à-dire, plus on voit l'ordre
de l'univers, plus on croit à l'existence de Dieu.

Pour l'édition de Conrad Walther, qui paraît à Dresde
en 1748, Voltaire fait peu de changements dans les sections sur
la lumière et l'attraction. Il enlève, il est vrai, de la
seconde partie un chapitre sur le "rapport des sept couleurs
primitives avec les sept notes de la musique." Il a des doutes,
évidemment, sur "cette analogie secrète entre la lumière et
le son," qui lui avait donné "lieu de soupçonner que toutes les
choses de la nature ont des rapports cachés que peut-être on
découvrira quelque jour (25)." Ainsi, l'univers de Voltaire,
sinon celui de Newton, semble moins ordonné, moins parfait.

Les additions et les variantes dans la *Métaphysique
de Newton* sont plus importantes, surtout dans les chapitres sur
Dieu et la liberté. Il enlève de son premier chapitre son attaque
contre les preuves métaphysiques, ces jeux d'esprit, et ajoute

un long passage où il plonge de nouveau dans le labyrinthe de
la métaphysique comme Micromégas et le nain. Il accepte de
dialoguer avec un nouvel adversaire. Voltaire aborde la
question du mal et les arguments de ceux qui nient soit
l'existence de Dieu, soit sa bonté, parce que le mal et la
souffrance existent. C'est la grande question de la providence.

       Les réponses que Voltaire offre à son adversaire
viennent de la *Théodicée* de Leibniz: "Ce qui est mauvais par
rapport à vous est bon dans l'arrangement général." "Il est
prouvé qu'il y a plus de bien que de mal dans ce monde puisqu'en
effet peu d'hommes souhaitent la mort." "Vous avez donc tort
de porter des plaintes au nom du genre humain, et plus grand
tort encore de renier votre souverain sous prétexte que quelques-uns de ses sujets sont malheureux (26)."

       Voltaire ajoute aussi un long passage au quatrième
chapitre, "De la liberté dans l'homme." Il suffisait de constater en 1740 que Newton ne s'engageait pas dans la question et
"ce n'est pas à nous à déterminer comment Dieu prévoit ce que
nous ferons librement (27)." Il note en 1748 pourtant, "qu'il
s'élève contre cette idée de liberté des objections qui
effrayent" et auxquelles "on ne peut guère répondre que par une
éloquence vague (28). . . ."

       Nous savons que Voltaire a envoyé ces additions à son
éditeur avec une lettre datée du 2 janvier 1748 (29). Alors
ces additions doivent dater de la fin de 1747 au plus tard, six
mois après la première publication de *Zadig* sous le titre de
Memnon et neuf ou dix mois avant sa réapparition sous le nom
de *Zadig*. Cette évidence confirme bien la conclusion de Monsieur
Van de Heuvel. "Il ne fait guère de doute que Voltaire a
écrit *Zadig* à un moment où il essayait encore de rattacher,
malgré de nombreuses difficultés, il est vrai, aux arguments
providentialistes de Leibniz (30)." J'ajouterai que les difficultés sont plus évidentes dans les *Eléments de Newton* que dans
Zadig。 Dans les deux ouvrages nous trouvons les mêmes arguments,
mais il y a des différences importantes. Zadig accuse la Providence, c'est-à-dire la bonté de Dieu sans douter de son existence.
Dans les *Eléments* Voltaire dialogue vraiment avec deux adver-
saires, celui pour qui l'existence du mal mène à l'athéisme,
ce vrai athée, et celui qui, en admettant l'habileté du Créateur,
nierait sa bonté. Zadig est plutôt ce dernier. (Considérez
le chapitre du "Souper"). Puis dans le conte Zadig est éclairé
par une révélation divine; dans les *Eléments* Voltaire est limité
par des arguments raisonnables.

       Vous vous rappelez que Zadig, l'homme parfait selon
les idéals voltairiens, cherche le bonheur. Ses aventures lui

prouvent qu'il est terriblement difficile d'être heureux dans
un monde où les vertueux sont persécutés, les méchants récompen-
sés, où tout est désordre. Il rencontre un ermite leibnizien au moment où, "rempli de désespoir", il accusait "en
secret la Providence, qui le persécutait toujours.(31)."
L'ermite offre d'abord de le consoler, puis de l'éclairer. Il
explique qu'il n'y a pas de mal dont il ne naisse un bien, que
dans l'enchaînement de notre monde tout est à sa place. Il
n'y a pas de hasard. Le monde n'est pas parfait parce que la
perfection "ne peut être que dans la demeure éternelle de
l'Etre suprême (32)." Il faut accepter, et adorer au lieu de
disputer. "Zadig adora la Providence et se soumit." Il n'est
ni éclairé, ni consolé. L'ange le laisse "hors de lui-même
comme un homme auprès de qui est tombé le tonnerre (33)."

Malgré une certaine confusion dans le chapitre sur la
liberté à cause du mot *athée*, le problème semble le même: La
Providence, sous-titre que Voltaire aurait préféré à la *Destinée*
pour son conte, s'il avait osé l'utiliser (34). Pour Voltaire
Dieu, s'il existe, doit être bon, et le problème comme celui de
Leibniz dans sa *Théodicée* est de concilier la bonté de Dieu avec
l'existence du mal.

Tout le monde n'est pas d'accord sur les explications
que l'ermite donne à Zadig. Ne sont-elles qu'une éloquence vague,
qu'un jeu d'esprit? Pouvons-nous les prendre sérieusement?
Les célèbres "mais" du héros prouvent qu'il n'est pas satisfait.
Il n'est pas convaincu qu'il y a vraiment ordre où il ne voit
que désordre. Saulnier considère l'ange Jesrad "une sorte d'Homais,
confiant dans le dieu de Socrate et de Beranger." Tout l'épisode
est "lourd de toute la pesanteur d'un symbolisme qui sent
l'huile de lampe", en grande contradiction avec la partie narrative du conte: "un allègre, alerte récit, piquant, spirituel,
pessimiste avec ironie (35)." Van den Heuvel, par contre, ne
trouve rien dans l'intrigue ni dans le style du conte qui contre-
dise l'explication de l'ange: "Le soin avec lequel l'ermite
est présenté comme le détenteur de la vérité nous indique suffisamment qu'il faut prendre à la lettre la leçon du leibnizi-
anisme (36)." L'intrigue avec son dénouement heureux la confirme. Mais dans un conte oriental où Voltaire a arrangé les
choses pour que "le monde connaisse son plus beau siècle" sous
le meilleur des rois, le monde rêvé peut se réaliser.

Dans la *Métaphysique de Newton* nous avons un dialogue
plus développé que celui de Zadig avec Jesrad. Les arguments
de l'athée sont basés sur l'existence du mal et des malheureux.

"Si j'admets un Dieu, dit l'athée ce Dieu doit
être la Bonté même; qui m'a donné l'être me doit

164

> le bien Etre; or je ne vois dans le
> genre humain que désordre & calamité,
> la nécessité d'une matière éternelle me
> répugne moins qu'un Créateur qui traite
> si mal ses créatures. . . . Je suis donc
> forcé de rejeter l'idée d'un être suprême,
> d'un Créateur que je concevrois infiniment
> bon, & qui aurait fait des maux infinis, &
> j'aime mieux admettre la nécessité de la
> matière & des générations & des vicissitudes
> éternelles, qu'un Dieu, qui aurait fait libre-
> ment des malheureux (37)."

Dans sa réponse à cet athée Voltaire emploie les arguments de
Leibniz dans la *Théodicée*, les meilleurs sans doute que Voltaire
connaisse pour concilier l'existence du mal avec la bonté de
Dieu.

> "Le mot de bon, de *bien-être*, est équivoque.
> Ce qui est mauvais par rapport à vous est bon
> dans l'arrangement général. . . . . Vous,
> qui ne pouvez être parfait en rien pourquoi
> prétendriez-vous être parfaitement heureux. . . .
> Il est prouvé qu'il y a plus de bien que de mal
> dans ce monde puisqu'en effet peu d'hommes sou-
> haitent la mort; vous avez donc tort de porter
> des plaintes au nom du genre humain, & plus grand
> tort encore de renier votre Souverain sous prétexte
> que quelques uns de ses sujets sont malheureux (38)."

Voltaire, dans ce même chapitre sur Dieu, utilise des
arguments encore plus subtils au fur et à mesure qu'il pénètre
dans ce labyrinthe de la métaphysique.

> "Mais je suppose que dans un bonheur continu de
> cent années, vous ayez un mal de tête; ce moment
> de peine vous fera-t-il nier un Créateur? Il n'y
> a pas d'apparence. Or si un quart d'heure de
> souffrance ne vous arrête pas, pourquoi deux
> heures? Pourquoi un jour? Pourquoi une année
> de tourment vous feront-ils rejeter l'idée d'un
> artisan suprême & universel (39)?"

Il ne pousse pas plus loin, mais on ne peut pas s'empêcher de se
demander s'il y a pour Voltaire une limite où il serait nécessaire
de rejeter la Providence. Toute une vie de souffrance, peut-être.
Voltaire y a pensé car il ajoute,

> "Enfin, si vous pouvez être heureux dans toute
> l'éternité, quelques douleurs dans cet instant

passager qu'on nomme la vie, valent-elles
la peine qu'on en parle (40)?"

Croit-il à l'immortalité de l'âme alors, au pari de Pascal, à
un dénouement après la mort? Il s'arrête, car finalement il n'est
pas plus avancé que dans le *Traité de métaphysique* dont il cite
cette phrase célèbre, "Dans le Sistême, qui admet un Dieu, on
n'a que des difficultés à surmonter & dans tous les autres Sis-
têmes on a des absurdités à dévorer. (41)." On les dévore plus
facilement dans une narration fictive que dans un dialogue
métaphysique.

Dans cette édition de Dresde l'univers newtonien, qui
révèle Dieu est presque intact, et dans *Zadig* aussi il exerce une
influence spirituelle sur le héros dans un moment de désespoir.
Vous connaissez le passage:

"La constellation d'Orion et le brillant astre
de Sirius le guidaient vers le pôle de Canope.
Il admirait ces vastes globes de lumière qui
ne paraissent que de faibles étincelles à nos
yeux. . . . Son âme s'élançait jusque dans
l'infini, et contemplait, détachée de ses sens,
l'ordre immuable de l'univers (42)."

Il se livre de nouveau à son désespoir, il est vrai. Mais l'univers
newtonien semble exercer un pouvoir plus grand sur Zadig que l'explication métaphysique de Jesrad. Quand l'homme pense à lui-même
et à ses malheurs il risque de tomber dans le désespoir. Néanmoins
l'ordre des cieux peut   toujours appuyer la foi providentielliste
et déiste de Voltaire. Le problème de la Providence est vraiment
la place de l'homme dans cette création, quand il ne se détache
pas des sens, mais quand il vit en homme.

Voltaire fait des révisions importantes pour la seconde
édition de Dresde qui paraît en 1752. Dans la *Métaphysique de
Newton* il développe ses arguments contre les athées et ajoute deux
nouveaux chapitres sur la liberté, tout en insistant sur l'insuffisance de la métaphysique. A la fin de sa discussion des monades,
il s'écrie, "o métaphysique! Nous sommes aussi avancés que du
temps des premiers druides (43)." Même si les sections sur la
lumière et l'attraction ne changent que peu, pourquoi consacre-t-il
quatre chapitres à la liberté dans un ouvrage appelé *Eléments de
la philosophie de Newton?* Est-il vraiment important de savoir si
l'homme est libre pour étudier la science newtonienne? Voltaire
semble dire que non, quand il ajoute en 1752,

"Qu'on croie la volonté libre ou esclave, la fange
organisée dont nous sommes pétris, douée d'une
faculté immortelle ou périssable, qu'on pense

> comme Epicure ou comme Socrate, les
> roues qui font mouvoir la machine de l'univers
> seront toujours les mêmes"(44).

Pour l'édition de Genève de 1756 Voltaire revoit
encore une fois le texte des *Eléments de la philosophie de Newton*.
Il laisse tomber un chapitre sur la liberté, le *Dialogue entre
un Brachmane et un Jésuite sur la nécessité et l'enchaînement des
choses*, la sixième chapitre de la partie sur la Métaphysique de
l'édition de 1752. Il aura sa place maintenant parmi les *Mélanges
de littérature, d'histoire et de philosophie*. Il modifie des
passages et en ajoute d'autres. Mais ce qui me semble plus important, il supprime un tiers de la troisième partie, de la philosophie de Newton, proprement dite, de cette section consacrée au
système du monde. Il n'est plus question de la lune, des comètes, de Mars, de Jupiter, de Saturne et des cieux audelà de
notre système solaire. A la fin du chapitre sur les marées
nous lisons,

> "On ne poussera pas ici plus loin les recherches
> sur la gravitation. Cette doctrine était encore
> toute nouvelle en France, quand l'auteur l'exposa
> en 1736. Elle ne l'est plus; il faut se confor-
> mer au temps. Plus les hommes sont devenus
> éclairés, moins il faut écrire (45)."

Oui, la France est plus newtonienne en 1756 qu'en 1736.
Il ne serait plus nécessaire d'attaquer les tourbillons de Descartes et le plein. Mais Voltaire ne supprime pas ses attaques
contre les cartésiens. Ce qu'il supprime est cette partie de
l'univers audelà de la terre, c'est-à-dire le monde de Micromégas; Sirius, le pôle de Canope, l'espace où l'âme de Zadig
"s'élançait jusque dans l'infini." Voltaire supprime aussi
l'idée fondamentale que l'attraction agit dans toutes les opérations de la nature, la vision même d'où est sortie son livre.

L'ange leibnizien espérait consoler Zadig. Le docteur
pangloss consola, nous dit le narrateur de *Candide*, les victimes
du tremblement de terre de Lisbonne par son explication toute
leibnizienne. "Tout ceci est ce qu'il y a de mieux (46)."
L'ironie de la situation dément ce ridicule porte-parole de la
métaphysique leibnizienne. Il n'existe non plus dans Candide
la possibilité de s'échapper du chaos des désastres terrestres
en contemplant l'ordre physique de l'univers. Le dénouement
heureux de *Zadig* est impensable à la fin de *Candide*. Voltaire
avait déjà détruit le merveilleux ordre physique et moral dans
l'ouvrage même où il l'avait construit avant d'écrire *Micromégas*, c'est-à-dire dans les *Eléments de la philosophie de
Newton*. Cet ouvrage est devenu aussi un chaos.

Je crois que les *Eléments* sont devenus entre 1741
et 1756 un ouvrage où la métaphysique triomphe petit à petit
sur la science, et finit par la détruire. Voltaire n'a jamais
changé le titre, mais il· aurait pu l'appeler, *Eléments de la
philosophie* (ou même de la théologie) *de Voltaire*. Il utilise
ce texte pour examiner son crédo chaque fois qu'il prépare une
nouvelle édition de ses oeuvres de 1741 à 1756. Dans chaque
révision le monde est moins bien ordonné que dans l'édition précédente, le créateur-horloger est moins évident, la vision se
fragmente, le scepticisme croît. On peut suivre cette évolution
d'autant plus facilement dans cette première partie publiée
séparément en 1740 sous le titre de la *Métaphysique de Newton*
que c'est là où Voltaire essaie de situer l'homme spirituelle-
ment et moralement dans l'univers que Newton a découvert. Deux
citations me permettront de résumer le problème.. Dans le chapitre sur les comètes publié pour la première fois dans l'édition
de 1741 et que Voltaire supprime en 1756, nous lisons,

> "Les hommes qui, par je ne sais quelle fatalité,
> représentent toujours la Divinité malfaisante,
> regardaient les comètes comme des signes de
> colère & comme des présages de destruction
> Newton au contraire les regarde avec raison
> comme des effets de la bonté Divine, &
> physiquement nécessaires aux mondes dans le
> voisinage desquels elles voyagent. . . . (47)"

Dieu est bon, l'homme n'a rien à craindre.

Dans cette même édition, comme dans la *Métaphysique*
de 1740, à la fin du chapitre sur Dieu, un passage remplacé bientôt après par le carton dont il était question plus haut, suggère
l'évolution que la pensée de Voltaire va suivre   (Ce passage
n'est pas inconnu car Pomeau et Van den Heuvel tous les deux le
citent) (48).

> "Je suppose que plusieurs êtres pensants et rai-
> sonnables, vivent quinze jours seulement, et cela
> dans une île du nord, où il y ait, ce qui arrive
> quelquefois, huit jours de glace et de brume vers
> la fin du mois de mai, qu'à cette gelée succède
> trois ou quatre jours d'un soleil ardent et d'un
> chaud excessif; qu'un grand vent survienne qui
> abbatte tous les arbres et amène des insectes qui
> ravagent les moissons et les fruits, qu'il y ait
> pendant ces quinze jours un quartier de lune très
> brillant, ensuite une éclipse de soleil, qu'après
> on perde longtemps de vue ces astres, qu'un
> tremblement de terre survienne, qu'une partie
> 'des habitants soit engloutie dans la terre, qu'une

autre meure de faim et de maladie, qu'une
autre soit dévorée par les bêtes féroces;
alors ces êtres raisonnables, ne trouvant dans
ce chaos d'horreurs que confusion et malfaisance,
croiront-ils volontiers des arguments métaphysiques qui prouvent un être souverainement
sage et bienfaisant?

Voilà la question de la Providence et un plan préli-
minaire de *Candide*. Voltaire doit attendre que l'histoire lui
fournisse un chaos d'horreurs plus terribles que celles qu'il a
imaginées dans ce passage. L'implication est claire; plus on
voit le désordre du monde, moins on croit à la Providence,
moins on est optimiste.

Les *Eléments de la philosophie de Newton* sont la continuation du *Traité de métaphysique*. Mais au lieu d'avoir un
seul texte inachevé, nous possédons toute une suite d'éditions,
revues et corrigées par Voltaire lui-même. Dans ces éditions il
est possible de suivre l'évolution de sa philosophie pendant
25 ans, d'isoler et d'étudier les idées qui se transforment en
contes philosophiques, grâce au génie de Voltaire.

NOTES

1. Ira O. Wade, *Studies on Voltaire with Some Unpublished Papers* of Mme du Châtelet (Princeton, 1947).

2. Ibid, p. 113.

3. *Eléments de la philosophie de Newton* (Amsterdam, 1738), p. 12.

4. Best. D1489.

5. *Institutions de physique* (Paris, 1740). Voyez surtout le chapitre XVI, *De l'Attraction newtonienne*, pp. 315-334.

6. Best. D1489.

7. Best. D1419 où Voltaire écrit à Maupertuis de ce "mathématicien à gages."

8. Voyez l'article de W. H. Barber, "Mme du Châtelet and Leibnizianism: the genesis of the *Institutions de physique*" dans *The Age of the Enlightenment, Studies presented to Theodore Besterman* (Edinburgh and London, 1967).

9. (Amsterdam, 1740), après le titre, s. p.

10. *Eléments* (Londres [Paris], 1741), pp. 63-64.

11. Edit Wade (Princeton, 1950), p. 121.

12. Ibid, p. 121.

13. Ibid, p. 124.

14. Ibid, p. 127

15. *Eléments* (1741), p. 65.

16. Best. D1327; *Eléments* (1741), p. 165.

17. Ibid, p. 165.

18. Ibid, p. 172.

19. La plupart des exemplaires de l'édition de 1741 ont le carton.

20. *Studies in Eighteenth-Century French Literature* (Exeter, 1975), pp. 1-13.

21. *The Triumph of Culture; 18th Century Perspectives*, editors
    Paul Fritz and David Williams (Toronto, 1972), pp. 133–155.

22. *Eléments* (1741), p. 10.

23. *Eléments* (1745), p. 11. BN Z Beuchot 242 a le carton.

24. Ibid, p. 12.

25. *Eléments* (1738), p. 184.

26. *Oeuvres* (Dresde, 1748), VI, p. 24.

27. *Eléments* (1741) p. 30.

28. *Oeuvres* (Dresde, 1748), VI, p. 37.

29. Best. D3602.

30. *Voltaire dans ses contes* (Paris, 1967), p. 165.

31. *Romans et contes*, édit. R. Groos, Pléiade (Paris, 1954), p. 57.

32. Ibid, p. 62.

33. Ibid, p. 63.

34. Best. D3784.

35. *Zadig*, édit. Saulnier (Genève, 1956), p. xxxiii.

36. Van den Heuvel, p. 174.

37. *Oeuvres* (Dresde, 1748), VI, p. 23.

38. Ibid, p. 24.

39. Ibid, p. 24.

40. Ibid, p. 25.

41. *Traité de métaphysique*, édit. Patterson (Manchester, 1957), p. 17.

42. *Roman et contes*, p. 27.

43. *Oeuvres* (Dresde, 1752), V, p. 119.

44. Ibid, p. 92.

45. *Oeuvres* (Genève, 1756), III, p. 349.

46. *Romans et contes*, p. 161.

47. *Eléments* (1741), p. 444.

48. R. Pomeau, *La Religion de Voltaire* (Paris, 1956), p. 196; Van den Heuvel, p. 163.

STATUT DES PERSONNAGES DANS *Micromégas* ET *Candide*

Par Jean Macary

Après tant de belles études sur *Micromégas* et *Candide*,
il est bien prétentieux de ma part de vouloir ajouter le moindre
grain de sel! Tout a été dit et l'on vient trop tard, si on a
derrière soi les éditions, articles et livres des Lanson, Wade,
Bottiglia, Sareil, Saulnier, Pappas et Van den Heuvel. Car enfin
je n'apporte ici aucun document nouveau sur ces oeuvres ou sur
leur auteur; je ne m'offre pas à en réévaluer la portée philosophique ou morale. Le jardin de Candide est un paradis déjà
retrouvé.

Je voudrais seulement me situer d'un autre point de vue
et risquer un "beau paradoxe" (pour utiliser l'expression de
Diderot): remonter le courant critique majoritaire en soutenant
que certains personnages des contes de Voltaire revendiquent un
statut de personnage à part entière. Ces personnages-là ne
sont pas de simples marionnettes, de purs fantoches nécessaires
aux démonstrations philosophico-optimistico-pessimistes de l'auteur
ou aux manipulations structurelles du conteur. Ils vivent d'une
vie plus complexe et échappent parfois à leur narrateur qui n'a
plus le mot de la fin. La gaîté du rire que déclenche le rusé
narrateur rythme les chapitres de *Candide*, mais en elle se fond
de la compassion, voire de la sympathie pour quelques personnages.
Bousculés et moqués, et par dessus le marché se moquant d'eux-mêmes
et se détruisant eux-mêmes, Candide et Pangloss n'en conservent
pas moins, ici et là, une certaine épaisseur ambiguë et mysté-
rieuse qui fait rêver le lecteur.

Dans un article récent sur "Le statut du narrateur dans
quelques textes dits utopiques" (1), G. Benrekassa s'interrogeait
à propos de l'incidence du statut du narrateur "sur le discours
utopique, au niveau de sa stratégie". Loin d'en considérer le
narrateur comme une des "figures plates d'un jeu de cartes", il
dégage les conséquences idéologiques "qu'entraîne la constitution

d'un sujet fictif de l'énonciation" (2). Utilisant à mon tour
certains éléments de l'approche selon G. Benrekassa, L. Marin et
E. Benveniste, je tenterai de traiter de l'incidence du statut
du narrateur sur le statut des personnages de *Candide*, en prati-
quant, sous forme de contre-expertise, une comparaison avec *Micromégas*. Mon but ne sera pas de démasquer le non-dit idéologique
du texte, mais les possibilités de lecture qu'offre le nouveau
rapport qui s'établit entre le narrateur et ses personnages: non
plus l'impérieuse emprise du narrateur de *Micromégas*, mais l'ironie
sympathique et questionneuse d'un narrateur-philosophe qui rend à
certains personnages leur autonomie dans un nouveau climat de
tolérance esthétique et morale.

      Par statut du narrateur j'entends l'incidence du narra-
teur sur le discours idéologique qu'on peut dégager du conte. A
première vue, le narrateur a pour fonction de nous rapporter une
histoire, de faire un récit. Mais il se trouve qu'un tel récit
est rarement innocent et que, au-delà et à côté du récit, se déroule un discours. L'opposition mentionnée ici entre récit et
discours est reprise de celle qu'établit le linguiste E. Benveniste.
Est nommé récit ce qui rapporte les faits, sans introduction d'aucun
élément interprétatif; est discours tout ce qui s'efforce, clairement ou non, d'influencer le lecteur, de l'émouvoir et de le
convaincre. Le récit relève du métier d'historien; le discours,
de la technique de l'orateur, de l'avocat, --du philosophe des
Lumières!

      Dans *Micromégas*, le statut du narrateur détermine assez
rigoureusement le statut des personnages. Mais il faut prendre
garde à la feinte d'un narrateur qui prétend se refuser à exercer
la moindre influence sur l'histoire philosophique qu'il
nous offre. Selon son propos en effet, le narrateur ne
serait point ici celui qui raconte des histoires, mais celui qui
rend compte de l'Histoire, --objectivement: "Je vais raconter
ingénument comme la chose se passa, sans y rien mettre du mien" (3).
Narrateur-historien. C'est, explique-t-il, que "j'ai eu l'honneur
de connaître [Micromégas] dans le dernier voyage qu'il fit sur
notre petite fourmilière" (Ch. I, p. 96). Historien et même repor-
ter: il a rencontré "Son Excellence" (Ch. I, p. 96), qui vit toujours au moment du récit, puisque le narrateur parle de lui au
temps présent: "un des plus cultivés que nous ayons; il *sait* beaucoup de choses" (Ch. I, p. 97, je souligne).

      En fait il s'agit d'un leurre; notre historien se comporte
surtout en philosophe qui analyse l'histoire qu'il raconte. Si
Micromégas a le point de vue dominant de Sirius sur le nain de
Saturne et les fourmis terrestres, le narrateur-philosophe se situe
d'emblée d'un point de vue encore supérieur: celui de juge et
d'interprète des actes et paroles de Micromégas lui-même. C'est

ainsi qu'il philosophe sur le nom du héros (petit-grand): "Micromégas, nom qui convient fort à tous les grands" (Ch. I, p. 96).
Il annonce par là le thème de la relativité si pertinemment analysé
par le professeur Ira O. Wade dans l'introduction à son édition de
Micromégas. Ce point de vue supérieur du philosophe satirique
n'est pas seulement adopté, notons-le en passant, à l'égard des
personnages du conte; le narrateur l'adopte encore pour qualifier
Pascal ("géomètre assez médiocre", "fort mauvais métaphysicien")
et égratigner Rollin, si habile pourtant à "former *l'esprit et
le coeur*" (Ch. I, p. 97). Point de vue qu'on retrouve au Chapitre
IV, lorsque, après s'être présenté comme l'historien objectif que
j'ai dit ("Je vais raconter ingénument comme la chose se passa,
sans y rien mettre du mien"), le narrateur-philosophe ajoute tout
aussitôt, d'un ton quelque peu désabusé et humoristique: "ce qui
n'est pas un petit effort pour un historien." (Ch. IV, p. 105).
Le prétendu historien détruit ainsi sa propre prétention: comme
le dirait E. Benveniste (4), le récit se fait discours, intention
plus ou moins cachée qu'a le narrateur de convaincre son lecteur.
Le narrateur ne fait plus de l'Histoire, il nous dit *son* histoire,
--son histoire et sa philosophie... Un dernier exemple montrera
comment le narrateur joue à l'historien pour mieux railler, en
accord avec la pratique d'une philosophie critique. Le narrateur-
historien rapporte que Micromégas, parcourant la voie lactée, n'y
vit point "ce beau ciel empyrée que l'illustre vicaire Derham
se vante d'avoir vu au bout de sa lunette." Piqûre d'épingle en
passant. C'est que, ajoute le narrateur, "Micromégas était sur
les lieux, c'est un bon observateur" (là encore, notons le temps
présent). Que se passe-t-il? On glisse du compte-rendu historique
au discours philosophique. Le narrateur entrelace malicieusement
le langage de l'historien et l'intention du philosophe satirique.
Et pour mieux nous perdre et nous amuser, il revient soudain au
langage du récit, concluant: "et je ne veux rien dire contre personne" (Ch. I. p. 98).

        Cette supériorité du narrateur est frappante dans le
chapitre II. Alors que Micromégas et le nain de Saturne discutent
de la relativité des mondes et des êtres qui les habitent, le
narrateur intervient pour surenchérir sur l'esprit philosophique
de ses personnages, en tirant la leçon de la conversation qu'ils
sont en train d'avoir. Le Saturnien et le Sirien, nous dit-il,
s'épuisent "en conjectures"; ils multiplient les "raisonnements
fort ingénieux et fort incertains"; mais il leur "fallut revenir
aux faits" (Ch. II, p. 99). Le chapitre se clôt avec une remarque portant sur ce que se sont communiqué les deux interlocuteurs:
"un peu de ce qu'ils savaient et beaucoup de ce qu'ils ne savaient
pas" (Ch. II, p. 101). Les voilà caractérisés eux aussi, sinon
de "fort mauvais" métaphysiciens, au moins d'imprudents auteurs
d'hypothèses: d'un sourire complice adressé au lecteur, les voilà
rabaissés.

C'est que le narrateur situe ses personnages par rapport à lui. Il toise intellectuellement le nain de Saturne et, par instants, domine Micromégas lui-même. Le nain de Saturne est traité de "raisonneur", cependant que Micromégas se voit accorder un bon point: il est "bon observateur". Le nain se trompe à mainte reprise, croyant avoir *"pris la nature sur le fait"* (Ch. V, p. 106), il se contredit ou s'étonne avec une naïve et plaisante vanité (Ch. VII, pp. 111 et 112). Notons toutefois que c'est lui qui conseille d'examiner ces insectes humains de plus près et de ne raisonner qu'ensuite. Mais l'idée ne lui vient qu'après avoir été morigéné par Micromégas, --ce qui se produit assez souvent, comme on sait. Si Micromégas a la part belle durant le voyage philosophique, le jeune homme de Sirius n'en est pas moins l'objet des critiques du narrateur: Micromégas précipite lui aussi son jugement lorsqu'il attribue aux humains, par exemple, "des joies bien pures", puisqu'ils ont "si peu de matière" à leur disposition et paraissent donc "tout esprit" (p. 109). Ridicule! Certes, il s'agit de lancer le dialogue avec les animalcules terrestres, mais l'illusion de jeunesse (toute relative) de Micromégas n'en est pas moins manifeste.

Cependant cette impérieuse domination du narrateur s'efface au fil du chapitre VII et dernier, en même temps que la hiérarchie des êtres s'oblitère. Le narrateur n'intervient pratiquement plus, si ce n'est pour situer le "petit animalcule à bonnet carré" (p. 112). Deux humains prennent alors son relais: le "petit partisan de Locke", qui fait sourire d'aise monsieur Micromégas et le secrétaire de l'Académie des sciences, qui ne s'étonne point, en conclusion, que le "beau livre de philosophie" remis aux hommes par Son Excellence soit "tout blanc" (p. 113). Le récit et la philosophie restent sur terre, --terre à terre, pourrait-on dire; aucun ange Jesrad n'emporte au ciel le mystère de l'univers et de la destinée humaine: "il ne vit rien qu'un livre tout blanc: "Ah! dit-il, je m'en étais bien douté " (p. 113).

Tout se passe par conséquent comme si la puissance du narrateur-philosophe n'était jamais déniée. Qu'il tienne le flambeau lui-même ou qu'il le passe à deux interlocuteurs du dernier dialogue, le narrateur-philosophe détient l'étalon qui servira à mesurer les propos et les actes des personnages de son histoire. Il possède un statut qu'il dénie par là même à ses personnages; lui seul possède stature et statut... Peut-on parler de personnages authentiques dans ce cas-là?

Candide commence à peu près comme *Zadig* et *Micromégas:* par la présentation fabuleuse du prétendu personnage qui donne son nom au conte. *Zadig:* "Il y avait un jeune homme" (p. 2), *Micromégas:* "Il y avait un jeune homme" (p. 96), *Candide:* "Il y avait [...] un jeune garçon" (p. 137). Quelle différence entre cette pré-

sentation minimum et le souci de vraisemblance narrative qui
caractérise le début de *l'Ingénu:*

> Il n'en fut pas de même d'un jeune homme très
> bien fait qui s'élança d'un saut par-dessus la
> tête de ses compagnons, et se trouva vis-à-vis
> de mademoiselle. Il lui fit un signe de tête
> [...] (p. 223)

Et ainsi de suite: on dirait un nouveau reportage à la manière
de la première des *Lettres anglaises.* Il n'en est pas de même de
Candide.

Et de fait, à première vue, la technique narrative de
Candide ne diffère guère de celle de *Micromégas.* Un narrateur-
philosophe y domine, analyse et juge les personnages. L'ascendant
qu'il exerce semble encore plus net, le style de *Candide* mordant
en effet plus cruellement que la relative bonhomie de celui de
Micromégas. Que l'on examine, par exemple, avec quelle autorité
le narrateur dit "admirablement" que Pangloss ne prouvait guère
"admirablement"! Que l'on examine surtout avec quelle précision
il suit les premiers pas du jeune Candide: "Candide écoutait
attentivement, et croyait innocemment"; "c'est, je crois, pour
cette raison qu'on le nommait Candide" (p. 137). Le "jeune garçon"
n'est pas nommé d'après la rectitude de son jugement, mais selon
la simplicité inférieure de son esprit. A pseudo-personnage candide,
narrateur supérieur et écrasant, malgré l'apparente retenue du
"je crois".

Il faut bien avouer qu'on a quelque difficulté à faire
échapper Candide à la tutelle du narrateur. La candeur, voire
la naïveté du jeune homme, l'emporte de loin sur sa rectitude
d'esprit. Passe encore pour le Chapitre I où Candide n'a pas
encore acquis d'expérience; mais au fil des chapitres, quand se
multiplient autour de lui catastrophes et crimes, qu'il persiste
à se raccrocher au refrain du meilleur des mondes possibles, voilà
qui nous fait douter de la qualité de son intellect. Certes, il
multiplie ses hésitations, ses doutes; il en vient même à s'indi-
gner. Toutefois, doutes et indignations ne l'empêchent pas de
revenir au meilleur des mondes panglossien, dès que quelque lumière ou quelque espoir lui apparaissent. Nous en reparlerons.
Zadig avait plus de relief, davantage d'initiatives et une pensée
plus robuste!

Néanmoins, il existe un autre aspect de Candide, aspect
qui en fait un personnage au statut indépendant de celui du narrateur, aspect qui nous plonge dans ces rêveries dans lesquelles
entraîne tout authentique personnage de roman. Ce statut donne à
Candide une dimension qui n'est pas sans ambiguïté, nous incitant
nous aussi, lecteurs, à échapper à l'emprise du narrateur. Je ne

m'appuierai que sur deux exemples: Candide et l'espérance; Candide
et le silence.

     Candide et l'espérance.   On se souvient que, revenant en
Europe, Candide, après s'être fait voler ses derniers moutons et
la plupart de ses pierreries, navigue sur un vaisseau français.   En
compagnie de Martin, il assiste alors à un combat naval meurtrier;
le vaisseau pirate du capitaine hollandais qui l'avait dépouillé
est coulé à fond.   Les passagers du vaisseau français assistent
au spectacle du combat "tout à leur aise"; le capitaine français
décrivant l'affaire en bon technicien: "le vaisseau submergeant"/
"le vaisseau submergé".   Candide, pour sa part, marque quelque
perplexité et condède à Martin: *"Il est vrai* [..] qu'il y a *quelque
chose* de diabolique dans cette affaire" (p. 187; je souligne).   Point.
C'est tout.   Mais, par la suite, quand il a recueilli le seul sur-
vivant du naufrage, un de ses moutons rouges, il redit la litanie
optimiste: "Vous voyez, dit Candide à Martin, que le crime est
puni quelquefois; ce coquin de patron hollandais a eu le sort qu'il
méritait" (p. 188).   Optimisme timide, optimisme blessé, avouons-
le, mais du plus pur Pangloss!   L'emprise du narrateur apparaît
là d'autant plus claire qu'à la phrase nigologique de Candide répond,
intraitable, la phrase manichéenne de Martin ("Oui, dit Martin; mais
fallait-il que les passagers qui étaient sur son vaisseau périssent
aussi? Dieu a puni ce fripon, le diable a noyé les autres.")

     Et pourtant, écoutons le dernier paragraphe du chapitre
XX; c'est là que le personnage de Candide reprend consistance:

          Cependant le vaisseau français et l'espagnol
     continuèrent leur route, et Candide continua ses
     conversations avec Martin.   Ils disputèrent quinze
     jours de suite, et au bout de quinze jours ils
     étaient aussi avancés que le premier.   Mais enfin
     ils parlaient, ils se communiquaient des idées,
     ils se consolaient.   Candide caressait son mouton.
     "Puisque je t'ai retrouvé, dit-il, je pourrai bien
     retrouver Cunégonde" (p. 188).

Qui est donc ce Candide dont la pensée a une fois de plus vacillé?
la marionnette du narrateur? un ridicule qui récupère l'optimisme
parce que sa petite vengeance a été assouvie? Peut-être! Mais
avant tout un être humain qu'une circonstance imprévue a rendu à
l'espoir: il a retrouvé un mouton rouge, "je pourrai bien retrouver Cunégonde", ajoute-t-il.   Dernière image d'une séquence de
cinéma, image qui fait rêver, qui a des "prolongements infinis",
comme dirait Victor Hugo: "Candide caressait son mouton".   L'espoir
est invincible.   Qui est ce Candide au mouton?   Un être humain
qui vient nous tirer par la manche pour nous rappeler à quel point,
dans ce monde ambigu, nos passions et nos idées sont inextricable-
ment liées et emmêlées.   Un personnage de roman dont l'âme s'en-
trouvre à nous pour un instant.

Le deuxième exemple sera tiré du chapitre de conclusion. Candide et le silence. On résume souvent ce chapitre
en disant que Candide, enfin guéri de ses illusions et se his-
sant au niveau du narrateur-philosophe, rassemble sa petite
colonie hétéroclite et impose silence à maître Pangloss. L'optimisme vaincu ferait place à un pessimisme modéré ou à une
invite à l'action, etc., etc. Regardons-y de plus près.

A la petite métairie, il est bien vrai que Pangloss
continue de disserter et de "porter la parole". Mais la vieille
disserte aussi, et aussi Martin. Qui leur ordonne donc bruta-
lement le silence? Ce n'est pas Candide; c'est le derviche,
s'adressant à Pangloss: "Te taire, dit le derviche." (p. 220)
C'est Martin, s'adressant encore à Pangloss: "Travaillons
sans raisonner, dit Martin." Ce n'est pas Candide. Quelles
sont les paroles de Candide? Dans un premier temps, il manifeste de l'incertitude: "C'est une grande question, dit Candide." "[Candide] n'assurait rien." (p. 219) Après la visite
au "bon vieillard" et les "profondes réflexions" qui s'ensui-
vent, Candide note tout aussi prudemment: "Ce bon vieillard
me paraît s'être fait un sort bien préférable à celui des six
rois avec qui nous avons eu l'honneur de souper." (p. 221)
Pangloss, décidément incorrigible, part alors dans une nouvelle
dissertation que Candide interrompt. Mais il interrompt notre
optimiste impénitent avec douceur, politesse et (pourquoi pas?)
avec une certaine sympathie: "Je sais aussi, dit Candide,
qu'il faut cultiver notre jardin." C'est presque la fin du
conte, lorsqu'apparaît, après une suite de passés simples nar-
ratifs, un merveilleux imparfait de répétition: "[...] et
Pangloss *disait* quelquefois à Candide: "Tous les événements
sont enchaînés dans le meilleur des mondes possibles", etc...
A quoi Candide répond par la reprise du "il faut cultiver notre
jardin" que chacun connaît, mais là encore, reprise précédée
de douceur, de politesse, reprise précédée d'un compliment et
(pourquoi pas?) reprise précédée de sympathie: "Cela est *bien
dit*, répondit Candide". On se souvient que c'était déjà ce que
disait Zadig, dans un contexte un peu différent, lorsqu'il
voulait apaiser le Grec du "Souper". Ainsi le personnage Candide
se révèle comme un maître ès conciliation et humanité, sans toutefois que nous sachions le secret de ses "profondes réflexions".
Il se sépare décidément de la ligne plus nette que suivait le
narrateur-philosophe des premiers chapitres du conte. Il acquiert
son plein statut de personnage.

Il y a quelques années déjà qu'est sorti en France
un film tiré de *Candide*. Le rôle de Pangloss était interprété
par Pierre Brasseur, c'est-à-dire par un acteur haut en couleur,

truculent, éclatant de vie et de personnalité. Grâce à cette
interprétation, Pangloss apparaissait, non plus comme servant de
repoussoir à ses propres idées ou de faire-valoir des idées du
narrateur, mais comme un individu à part entière, vivant sinon
très complexe, intéressant sinon tout à fait sympathique. Je
voudrais montrer maintenant que cet aspect de Pangloss n'est pas
une création de toute pièce due à la fantaisie de Brasseur, mais
qu'il est présent dans le texte de Voltaire.

Pangloss n'est pas un être désincarné qui radote en
psalmodiant un système qu'il aurait appris par coeur préala-
blement. Pangloss aime la vie et les nourritures terrestres. Il
tire parti de ses discours pour vivre dans le plus beau des châteaux
et manger le porc de M. le Baron l'année durant. Il est amusant
de noter comment le narrateur, dans une même phrase, fait passer
Pangloss de la raison pure à la raison pratique (mais non néces-
sairement morale!): des effets et des causes au château et à
Madame la Baronne:

> [Pangloss] prouvait admirablement qu'il n'y a
> point d'effet sans cause, et que, dans ce meilleur
> des mondes possibles, le château de monseigneur
> le baron était le plus beau des châteaux, et madame
> la meilleure des baronnes possibles. (p. 138)

Pangloss aime la vie et les femmes. On sait qu'il s'entend
à donner des leçons de physique expérimentale à la femme de chambre
de la baronne et qu'il pratique même des "expériences réitérées"
(p. 139). On sait aussi les conséquences déplorables qu'aura pour
Pangloss la réitération de ces expériences: il attrapera la vérole
et en perdra oeil et oreille! Pourtant, nulle amertume excessive
ne viendra teinter le récit que Pangloss fera des conséquences
de son affreuse maladie. Nul remords non plus!

Pangloss aime la vie et le langage. C'est sans doute
le verbe qu'il préfère à tout. Le lecteur rit des nombreuses
dissertations de Pangloss, mais on ne peut s'empêcher d'opposer
leur pétulance expressive à la sécheresse des remarques de Martin.
Si tous deux sont des obsédés, Pangloss du moins possède la
verve de Rabelais. Mais a-t-on le droit d'utiliser le vocabulaire
du psychiatre pour définir Pangloss? Cet inlassable retour à
la dissertation ne constitue-t-il pas un trait indélibile du genre
humain, un trait de grandeur (dirait Pascal), un trait que Candide,
et Martin, et Voltaire ont en commun avec Pangloss? Qu'on se
rappelle ce que le narrateur disait, -non de Pangloss, il est vrai-,
mais de Martin et de Candide, alors qu'ils étaient en train de
converser: "Ils disputèrent quinze jours de suite, et au bout de
quinze jours ils étaient aussi avancés que le premier. Mais enfin
ils parlaient, ils se communiquaient des idées, ils se consolaient."

(p. 188)   Au verbe péjoratif ("ils disputaient") fait place la
suite des verbes qui vont faire sentir au lecteur l'existence
d'une communion humaine par le langage ("ils se parlaient", c'est-
à-dire "ils se communiquaient des idées", c'est-à-dire "ils se
consolaient" eux-mêmes et mutuellement). Voilà pourquoi, me
semble-t-il, Candide marque de l'indulgence aux discours de Pangloss. Il ne le reprend pas; il l'interrompt parfois, mais il tient
à le complimenter avec une ironie bienveillante.

        Je n'ai pas parlé jusqu'ici de changement ou d'évolu-
tion dans le personnage de Candide. S'il y a évolution, en
effet, elle est très tardive et consiste plutôt en un changement
d'attitude que de pensée. Mais on peut sans doute parler d'un
changement de Pangloss. On imagine, dans le dernier chapitre,
le clin d'oeil rigolard qu'il adresse au lecteur, tout en con-
tinuant ses discours sans plus y croire dorénavant. C'est le
narrateur qui nous le dit: "Pangloss avouait qu'il avait toujours
horriblement souffert; mais ayant soutenu une fois que tout allait
à merveille, il le soutenait toujours, et n'en croyait rien."
(p. 219)

        Je n'ai pas souligné les petitesses, les vanités de
Pangloss; elles existent, et chacun les connaît. Au contraire,
j'ai tenu à souligner, au moyen des quelques exemples que je viens
de donner, le souffle de vie et d'humanité qui anime Pangloss,
--le personnage de Pangloss.

        Tirons deux remarques de ces analyses quelque peu rapi-
des. Premièrement, il existe un narrateur-philosophe qui (disons-
le, pour sortir du vocabulaire de la critique structuralo-linguis-
tique) s'appelle bien Voltaire. Ce narrateur insinue, dit et
répète; fait dire et répéter par ses fantoches, l'amère et bonne
leçon qu'il a tirée de son expérience et de ses réflexions. Par
le biais du conte, derrière la pudeur de l'ironie et du rire,
Voltaire nous communique sa vision cohérente, nuancée, du "monde
tel qu'il va".

        Mais (deuxièmement) à jouer le jeu du conte, les fanto-
ches finissent par échapper parfois à leur créateur; ils se muent
en personnages au statut indépendant. Ils entrent en conflit l'un
avec l'autre, peut-être même en conflit avec Voltaire! D'où
l'ambiguïté du conte de *Candide*, d'où la liberté qui est accordée
au lecteur.

        Je me suis donc efforcé d'éviter les deux approches qui
tendent à niveler le narrateur et ses personnages, à en faire les

éléments indifférenciés, ou peu différenciés, d'une philosophie
unique. J'ai voulu montrer que la technique narrative de *Candide*
était parfois, --et significativement--, différente de celle adoptée dans *Micromégas*. Non pas meilleure ou plus complexe: la
technique de *Micromégas* est fort subtile; il n'y a pas de "progrès"
de *Micromégas* à *Candide*. Non pas meilleure, différente.

On pourrait sans doute en tirer des conséquences pour
la pensée de Voltaire à l'époque de *Candide*. Cette technique
ne marquerait-elle pas en effet une hésitation de plus en plus
nette chez Voltaire à répondre aux questions du "philosophe
ignorant", une sympathie humaine plus riche avec l'adversaire
(fût-il ridiculisé à quatre-vingt-dix pour cent!), une indulgence
plus grande envers la forme romanesque qu'il va adopter plus ou
moins dans *l'Ingénu*? Après avoir médit du roman, Voltaire semble,
sinon s'abandonner, au moins se prêter aux prestiges du genre et
à l'indécision fondamentale qu'il permet. Du plain-chant du
discours de *Micromégas*, on passe alors à la polyphonie de *Candide*.
Du statut du narrateur-philosophe de *Micromégas*, au statut des
personnages de *Candide*.

NOTES

1. G. Benrekassa, "Le statut du narrateur dans quelques textes
       dits utopiques", *R.S.H.*, 1974 (3), no 155, *L'Utopie*,
       pp. 379-395.

2. Ibid, p. 380.

3. Voltaire, *Micromégas*, dans *Romans et Contes*, éd. H. Bénac,
       Paris, "Classiques Garnier", 1958, Ch. IV, p. 105.

4. E. Benveniste, *Problèmes de linguistique générale*, Paris,
       Gallimard, 1966.

PARTICIPANTS--COLLOQUE 76:   VOLTAIRE

NAME   UNIVERSITY

ADAMS, Leonard   UNIVERSITY OF GUELPH, Guelph, Ontario
ALLAN, Peter   MOUNT ALLISON UNIVERSITY, Sackville, New Brunswick
ANNANDALE, Eric   UNIVERSITY OF MANITOBA, Winnipeg, Manitoba
BALSE, Mohan   UNIVERSITY OF WESTERN ONTARIO, London, Ontario
BANCROFT, Jane   UNIVERSITY OF TORONTO, Toronto, Ontario
BERGENS, Andrée   CARLETON UNIVERSITY, Ottawa, Ontario
BIRNBAUM, Larry   UNIVERSITY OF WESTERN ONTARIO, London, Ontario
BLACK, George   UNIVERSITY OF WESTERN ONTARIO, London, Ontario
BUSH, William   UNIVERSITY OF WESTERN ONTARIO, London, Ontario
CARDY, M. J.   BROCK UNIVERSITY, St. Catharines, Ontario
CHEVALIER, Sister Lucille   UNIVERSITY OF WESTERN ONTARIO, London, Ontario
COLTER, Carla   UNIVERSITY OF ALBERTA, Edmonton, Alberta
CREIGHTON, Douglas   UNIVERSITY OF WESTERN ONTARIO, London, Ontario
de FABRY, Anne   UNIVERSITY OF WESTERN ONTARIO, London, Ontario
ENHORN, Janine   UNIVERSITY OF WESTERN ONTARIO, London, Ontario
ESSAR, Dennis   BRANDON UNIVERSITY, Brandon, Manitoba
FLEISCHAUER, Charles   CARLETON UNIVERSITY, Ottawa, Ontario
GAULIN, Michel   CARLETON UNIVERSITY, Ottawa, Ontario
GOBIN, Pierre   QUEEN'S UNIVERSITY, Kingston, Ontario
GOLDSCHLAGER, Alain, Liliane   UNIVERSITY OF WESTERN ONTARIO, London, Ontario
GOUMARRE, Pierre   UNIVERSITY OF WESTERN ONTARIO, London, Ontario
GRAHAM, David   ROYAL MILITARY COLLEGE, Kingston, Ontario
GRUNMANN, Minette   UNIVERSITY OF WESTERN ONTARIO, London, Ontario
HELLER, Lane   UNIVERSITY OF WESTERN ONTARIO, London, Ontario
JOHNSON, J.   UNIVERSITY OF GUELPH, Guelph, Ontario
JONES, Dorothy   UNIVERSITY OF WESTERN ONTARIO, London, Ontario

KEYPOUR, David	UNIVERSITY OF WESTERN ONTARIO, London, Ontario
KOSKI, Raija	UNIVERSITY OF WESTERN ONTARIO, London, Ontario
LECLERC, Paul	UNION COLLEGE, Schenectady, New York
LEE, Patrick	UNIVERSITY OF GEORGIA, Athens, Georgia
LENARDON, Dante	UNIVERSITY OF WESTERN ONTARIO, London, Ontario
LY, Amadou	UNIVERSITY OF WESTERN ONTARIO, London, Ontario
MACARDY, Jean	FORDAM UNIVERSITY, Bronx, New York
MELOCHE, Sister Eva	UNIVERSITY OF WESTERN ONTARIO, London, Ontario
MILLER, Valentine	UNIVERSITY OF WESTERN ONTARIO, London, Ontario
MORTIER, Roland	UNIVERSITE LIBRE DE BRUXELLES, Belgium
MOULD, Paulette	UNIVERSITY OF WESTERN ONTARIO, London, Ontario
MOUREAUX, José-Michel	UNIVERSITE DE MONTREAL, Québec
PAPPAS, John	FORDHAM UNIVERSITY, Bronx, New York
PRICE, Brian	KENT STATE UNIVERSITY, Kent, Ohio
RACEVSKIS, Karlis	WRIGHT STATE UNIVERSITY, Dayton, Ohio
RICARDO, Ilone	MASSACHUSETTS INSTITUTE OF TECHNOLOGY, Boston, Mass.
RICHMOND, Ian	UNIVERSITY OF WESTERN ONTARIO, London, Ontario
ROWE, J. G.	UNIVERSITY OF WESTERN ONTARIO, London, Ontario
SARAYDAR, Alma	UNIVERSITY OF WESTERN ONTARIO, London, Ontario
SAREIL, Jean	COLUMBIA UNIVERSITY, New York, N.Y.
SMITH, David	UNIVERSITY OF TORONTO, Toronto, Ontario
SPEAR, Frederick	SKIDMORE COLLEGE, Saratoga Springs, New York
STEWART, H. B.	UNIVERSITY OF WESTERN ONTARIO, London, Ontario
TICHOUX, Alain	McGILL UNIVERSITY, Montreal, Québec
TUCHMAIER, Henri	UNIVERSITY OF WESTERN ONTARIO, London, Ontario
VAN DER WEL, Maria	UNIVERSITY OF WESTERN ONTARIO, London, Ontario
VILQUIN, J.-C.	UNIVERSITY OF WESTERN ONTARIO, London, Ontario
WADE, Ira. O.	PRINCETON UNIVERSITY, Princeton, N. J.
WALTERS, Robert L.	UNIVERSITY OF WESTERN ONTARIO, London, Ontario
WILLENS, Lily	MASSACHUSETTS INSTITUTE OF TECHNOLOGY, Boston, Mass.
WOODRUFF, Lionel	UNIVERSITY OF WESTERN ONTARIO, London, Ontario
YANOVER, Dena	UNIVERSITY OF WESTERN ONTARIO, London, Ontario
YOUSSEF, Zobeidah	UNIVERSITY OF WESTERN ONTARIO, London, Ontario